Charles Juliet
Tagebuch

Charles Juliet

TAGEBUCH
1957—1981

Aus dem Französischen von Kay Borowsky

Heliopolis

»Unwegsames Gelände« wurde von Martin Raether übersetzt
Die Begegnungen mit Bram van Velde übersetzten Valérie Lawitschka
und Angelika Lochmann

CIP-Titelaufnahme der Deutschen Bibliothek

Juliet, Charles:
Tagebuch : 1957-1981 / Charles Juliet. Aus d. Franz. von Kay
Borowsky. — Tübingen : Heliopolis-Verl., 1988
Einheitssacht.: Journal ‹dt.›
Ausz.
ISBN 3-87324-065-3

»Unwegsames Gelände« wurde von Martin Raether übersetzt
Die Begegnungen mit Bram van Velde übersetzten Valérie Lawitschka
und Angelika Lochmann

Die Originalausgabe des »Journal« erschien in drei Bänden
1978, 1979 und 1982 bei Editions Hachette, Paris
Die Rechte der »Rencontres avec Bram van Velde« liegen bei
Editions Fata Morgana, Montpellier
Die Übersetzung ins Deutsche wurde von der Robert Bosch Stiftung
gefördert

Die Textauswahl für die deutsche Ausgabe besorgten
Kay Borowsky und Doris Keller in Absprache mit dem Autor
© 1988 by Heliopolis Verlag Ewald Katzmann, Tübingen
Redaktion: Volker Katzmann
Umschlagbild: Helga Seidenthal
Satz: DaviData, Kusterdingen und
Knipp EDV-gesteuerter Lichtsatz, Wetter
Druck und Einband: Druckerei Maisch + Queck, Gerlingen
Printed in Germany, 1988
ISBN 3-87324-065-3

Unwegsames Gelände

Durchdrungen von gutem Willen. Von dem andauernden Wunsch, Gutes zu tun. Sich der Norm anzupassen. Er liebt seine Mitmenschen. Um sich ihnen noch näher zu fühlen, bemüht er sich, sie nachzuahmen. Er liebt es, mitten in der Kolonne zu sein, kräftig mitzumarschieren, diese Brüderlichkeit, Seite an Seite, zu genießen. Er liebt es, seinen Begleitern, mit denen ihn der Weg zusammenführt, zuzuhören, und er empfindet lebhafte Freude, wenn sie sich ihm anvertrauen. Er liebt dieses Gewirr der Schritte und Stimmen, des Lachens und Singens. Er liebt es, jeden Tag eine neue Gegend, neue Landstriche zu erkunden. Er meldet sich jedes Mal freiwillig zum Holzdienst und zum Wasserdienst, und wenn ein Fußkranker nur mit Mühe folgen kann, bietet er sich an, den Tornister zu übernehmen. Am Abend, wenn die Zelte dann aufgeschlagen sind, beteiligt er sich an den Tänzen und Festen, die zwanglos um die Lagerfeuer herum entstehen. Er liebt dieses Leben in der Gruppe, die Unbekümmertheit. Und besonders schätzt er es, nicht denken zu müssen.
Aber seine Tatkraft und sein Eifer lassen bald nach. Sein Gemüt verdüstert sich. Stundenlang bleibt er alleine hinter der Kolonne zurück, mit leerem Blick, verschlossen in seinem Schweigen, aus dem er nur dann herausfindet, wenn er denen, die ihn beschimpfen, befremdende Fragen stellt, auf die sie ihm keine Antworten wissen. Manchmal wispert eine Stimme in seinem Innern, aber der Aufruhr in ihm ist so laut, daß er nicht versteht, was sie sagt. Stim-

mungen, Spannungen, stechende Schmerzen, die er nie gekannt hatte und die er nicht beschreiben könnte, überfallen ihn jetzt. Unbehagen. Und Zweifel. Plötzliche Ermüdungserscheinungen. Heftige Sehnsucht nach einem Land, das er nicht kennt und, wie ihm scheint, nie verlassen hat.

Die Truppe marschiert weiter. Müde, zutiefst verstört, unglücklich folgt er mühsam seinem Weg. Wachen und Anführer lassen keine Gelegenheit aus, ihn zurechtzuweisen, anzutreiben, zur Ordnung zu rufen. Er will genauer hinhören, und wenn es still wird, ertönt hell und laut die Stimme. Die Worte hört er zwar, aber ihren Sinn kann er nicht erfassen. Andere Male gibt sie ihm Befehle, die ihm übertrieben vorkommen und die er sich hütet auszuführen. Eines Tages dann will er Ruhe suchen, Distanz gewinnen, seine Lage überprüfen. Als er sich von der Gruppe löst und auf ein Gehölz zugeht, steht plötzlich ein Wachposten vor ihm und prügelt ihn in die Reihe zurück.

Stürme, undurchsichtige Gluttage, kaltes Sternenlicht. Die Truppe marschiert langsam weiter.

Er hat weiterhin die besten Beziehungen zu seinen Weggefährten, aber er fühlt sich allein. Es gibt nichts mit ihnen zu teilen, und was sie beschäftigt, berührt ihn nicht mehr. Er lebt in dauernder Dumpfheit, entdeckt, daß er von dem abgeschnitten ist, woraus er hervorgeht, daß er nichts über das weiß, was in ihm wimmert, bettelt, droht, tobt und dahinsiecht und das sich ihm stets entzieht und zu dem er doch so gerne vorstoßen möchte. Wiederholt wendet er sich an Kameraden, die ihn verstehen und beraten könnten, doch wenn er diese Frage auch nur anschneidet, wenden sich alle ab. Dann stürzt er kopflos von einem zum andern und wiederholt mit angsterfüllter Miene, die sie in Verlegenheit bringt, seine Fragen: »Wohin gehen wir, wohin gehen wir? Wer hat das Ziel bestimmt, den Weg festgelegt? Und du, warum gehst du? Warum geht ihr? Und wer würde es überhaupt merken, wenn wir uns eines Tages verirrten? Wer hätte den Mut, Halt zu rufen? Und was ist, wenn wir bereits den Weg, den wir gehen sollten, verlassen haben? Wenn wir schon verloren sind?« ... Alle senken die Augen, stellen sich taub. Er fühlt sich allein, anders. Er hat Angst.

Stürme, lastende Gluttage, welkes Sternenlicht. Die müde und matte Truppe kriecht langsam weiter.

Die Stimme hat an Kraft und Schärfe zugenommen. Bei den stundenlangen Märschen, die ihn jetzt ermüden, spricht er ununterbrochen mit ihr. Immer klarer und störender werden die Fragen, vervielfachen sich, bedrängen ihn, stürzen ihn in eine Verwirrung, an der er verzweifelt und von der er ein schrilles Bewußtsein hat. Welt und Mitmenschen entfernen sich, zersetzen sich, lösen sich auf, während ihn ohne Unterlaß dieses Unsichtbare anspricht und gebieterisch sein Ohr und Auge erheischt. Er versteht gar nichts mehr, wird wütend oder bedrückt. Keine Ruhe. Und wenn er zugeben muß, daß er weder die Kraft noch die Mittel besitzt, um zu widerstehen, dann muß er sich, am Boden zerstört, eingestehen, daß er das, was ihn zum unausweichlichen Zusammenbruch drängt, nicht mehr zurückhalten kann. Die schwarzen Gluttage, wenn der Durst so groß wird, daß er jede unserer Fasern verändert, daß du nur noch eine Wunde bist, eine einzige Wunde, dieser weit geöffnete, gräßlich gierige Mund, der nur noch trinken, trinken, begierig trinken, sich an der Quelle betrinken will.

Die Truppe blind. Die tausendjährige Irrfahrt geht weiter.

Im Rhythmus der Schritte kehrt eine Frage wieder, bohrt in ihm, und er ahnt, daß sie ihn so lange quälen wird, wie er das einzigartige Abenteuer, auf das sie sich bezieht, nicht zu Ende gebracht haben wird. Und mal wie eine Klage, ein Seufzer, mal wie eine Bitte oder ein Schrei, wie eine Mahnung kehrt dieses *wer bin ich wer bin ich* wieder, hämmert ihm Tag und Nacht gegen die Schläfen, nimmt ihm den Atem und erschüttert ihn in seinen Grundfesten.

Da, eines Tages bricht aus dumpfer Starre und erstickter Tiefe mit rücksichtsloser Gewalt der Wunsch, alles stehen zu lassen, alleine wegzugehen, sich nicht mehr dem Befehl der Stimme zu entziehen. Ohne überhaupt einen Beschluß gefaßt zu haben, verläßt er mit festem Schritt die Truppe. Kaum hat er einige Meter zurückgelegt, als sich seine Kameraden, denen er sich am nächsten fühlte, auf ihn werfen, ihm den Tornister, die Uniform herunterreißen, ihn beschimpfen und blutig prügeln. Er ist gebrochen. Es wird lange dauern, bis seine Wunden verheilt sind, und noch länger, bis er sich nicht mehr als ein verachtenswertes, feiges und unnützes Geschöpf betrachten muß.

Er ist brutal verstoßen. Sofort ist die Nacht über ihn hereingebrochen. Zum ersten Mal in seinem Leben ist er allein. Er ist ganz Schmerz und fühlt nur noch Furcht, Scham, Niedergeschlagenheit, Schuld, weil er einen solchen Skandal verursacht hat und unnötigerweise seine besten Kameraden vor den Kopf gestoßen hat.

Inständig hofft er, daß Krankenträger herbeirennen, ihn versorgen, ihm aufhelfen und erlauben, wieder seinen wahren Platz einzunehmen. Wie reuig würde er sie um Verzeihung bitten! Mit glühendem Eifer würde er um Freispruch betteln und ihnen versprechen, ein vorbildliches Element zu werden, jemand, der sie nie mehr mit seinen Fragen belästigen wolle.

Er wartet und wartet. Als ihm bewußt wird, daß keiner kommt, stürzt er in völlige Verwirrung. Ein unerklärbares Gefühl, verlassen, ausgestoßen zu sein. Er steht auf und wagt mühsam seine ersten Schritte als Abweichler. Er hat nur noch den einen Wunsch: zur Truppe zurückzufinden, zu ihnen zurückzukehren, nicht mehr gegen Schweigen und Einsamkeit angehen zu müssen. Plötzlich erstarrt er. Wütend verspottet und beschimpft ihn die Stimme, wirft ihm Verrat, Feigheit vor, schreit, daß sie ihm das Vertrauen entziehen und schweigen wolle, ihn seiner Ängstlichkeit und Mittelmäßigkeit überlassen werde. Er besinnt sich, dreht sich um, läuft einfach geradeaus, geht dann schnell den Weg zurück. Und so viele Dutzend Male.

In der Ferne, blind die Truppe, die führungslose Irrfahrt. Und die Stürme. Langsam, schlaff die Tage. Kaltes Sternenlicht.

Endlich trifft er die Entscheidung. Er bricht auf und sucht die Truppe. Er kommt wieder zu Kräften, schreitet aus. Er hat Vertrauen. Bald wird er ihre Spuren wiederfinden und die friedliche Freude, im Gleichschritt zu gehen und zu denken, von dieser Brüderlichkeit umgeben und getragen, die das Beste in seinem Leben war. Er marschiert, läuft und ruft dabei, daß es ihm fast die Kehle zerreißt.
Nach Monaten ist er am Ende seiner Kräfte und gibt auf. Er ist niedergeschmettert. Denn wohin soll er gehen, wohin, was tun, wie vorankommen ohne Wegweiser oder Weg? Wenn die Kräfte abschlaffen, und die Dunkelheit wie eine Wand vor ihm steht, die man abtastet?
Der Gedanke, künftig ohne seinen Tornister leben zu müssen, ist ihm unerträglich. Statt sich erleichtert zu fühlen, vermeint er, noch mehr Gewicht und Druck zu spüren, nämlich die Folgen dieses Verlustes wettmachen zu müssen. Um das zu schaffen, ist er andauernd damit beschäftigt, sich bis in die kleinsten Einzelheiten den Inhalt seines Tornisters in die Erinnerung zurückzurufen: Bücher, Andenken von überallher und aller Art, ein Logbuch, ein Messer, um sich zu verteidigen, Karten im Maßstab eins zu tausend, die vielen Teile seiner Waffe, ein Handbuch, in dem alles, was er zu tun hatte, angegeben war, und in dem

alle nur erdenklichen Situationen schon beschrieben waren. Absichtlich hat er vergessen, daß er sich damals von der Korruption des Wissens hatte reinwaschen wollen, und in seinen klareren Augenblicken wühlt er in seinem Gedächtnis, um darin das, was er sich aus den Büchern zusammengelesen hat, fester einzuprägen. Er schwelgt in Asche, Schatten, Ruinen. Allem, was sein Leben bis zu dieser Wahnsinnstat ausgemacht hat, verleiht er Sinn, Wert, Größe, und daran labt sich dann seine Sehnsucht. Wenn er in Gedanken das ungeschminkte Bild von dem, was er ist, vergleicht mit diesem Vervollkommnungswunsch, den er sich kaum eingesteht, bricht tief in ihm ein Hohngelächter los, ohne daß es seine versteinerten Lippen zu öffnen vermag, und macht ihn zunichte.

Er geht ununterbrochen. Mehr um seine Ängstlichkeit abzubauen, als um irgendwohin zu gelangen.

Bei genauerer Betrachtung entdeckt er, wie grau, häßlich, kümmerlich er ist, und es schüttelt ihn vor Ekel, daß er aus einem so unsauberen und mittelmäßigen Metall gemacht ist. Dann erwacht sein Heißhunger. Sein Verlangen nach dem Unermeßlichen. Nach dem Absoluten. Und doch hat er schon feststellen müssen, daß dieses sich zurückzieht, je mehr man sich ihm nähert. Und so wendet er sich ab und muß sich eingestehen, wie armselig er ist und wie sehr seine Suche in ihm behindert, gestört, entmutigt ist. Mit grenzenloser Bitterkeit zweifelt er daran, sich je diesem Teufelskreis entreißen zu können.

Er hat keine Ahnung, wohin er sich wenden soll. Sein Weg führt ihn durch eine endlose Wüste, dann wieder von Sumpf zu Sumpf. Immer noch gewöhnt er sich schwer an das Schweigen, die Einsamkeit, den Zwang, mit sich alleine zu bleiben, die Stimme auszuhalten, ihre Vorwürfe, Bitten und ihren Zorn. Jeden Tag sehnt er sich mehr nach den Zeiten, als er noch mit der großen Zahl war, als auf ihn aufgepaßt wurde, als von ihm nur Gehorsam und Gefolgschaft verlangt wurden.

Blind, in der Ferne, die Truppe. Und die unermüdliche Irrfahrt geht weiter. Und immer in dir, in mir, in uns diese Not, dieser Hunger, diese Erwartung. Dieses quälende Sehnen nach etwas, das man nicht einmal benennen könnte.

Er geht und geht und geht. Wiederholt hat ihm die Stimme das Eingeständnis aufgezwungen, daß er ebenso der Patient auf dem Operationstisch sein sollte wie auch derjenige, der unerschütterlich das Skalpell handhabt. Aber dazu kann er sich nicht entschließen. Aus dem Lebenden heraustrennen, -schneiden, -stemmen, Totes, Verdorbenes, Unnützes wegwerfen, all das würde er ja gerne tun, aber nur wenn er wüßte, was er dafür wiederbekommt. Denn wer wäre so unvernünftig und gäbe das Wertvollste, das heißt sich selber, her, ohne zu wissen, was ihm als Gegengabe angeboten wird, und ohne sicher zu sein, daß ihm das Tauschgeschäft etwas nützt?
Doch mehr und mehr gibt er das, was er war, auf und entfernt sich von sich selbst. Da er im Humus des Allereinfachsten noch nicht Wurzeln schlagen kann, hat er keine Grundlage mehr. Alles, was in ihm einen möglichen Sinn wünschte, wähnte und glaubte, ist jetzt zersprungen. Er weiß nicht mehr, wer er ist, er kommt aus dem Tritt und denkt angsterfüllt an die Katastrophe, die über ihn hereinbrechen muß.
Unterwegs macht er, um dieser Finsternis Herr zu werden, eilig ein paar Aufzeichnungen. Und so, wie er selber zerrissen ist, bringt er, was er sich entreißt, auch nur in Bruchstücken zu Papier. Stundenlang befragt und überdenkt er, was ihm dadurch offenbart wird. Jedes Mal fragt er sich, wie, mit welcher Hilfe, auf Grund welcher neuerlichen Erschütterung ein derart feiges, zerrissenes, armseliges Wesen diese Verwandlung herbeiführen könnte, die ihn am entgegengesetzten Ende mitten in die Fülle hineinwerfen könnte. Sein Selbsthaß wächst.
Ein Schwindelgefühl packt ihn, als er entdeckt, daß er ei-

nen fürchterlichen, einen ungeheuren Fehler gemacht hat, als er von der Truppe geflüchtet ist. Daß es ausgeschlossen ist, daß alle anderen unrecht haben und nur er allein im Recht sein soll. So zerschmettert er das Wahre, das sich zögernd in ihm Bahn brechen und ausbreiten will, und befürwortet umgekehrt mit seinem ganzen Wesen alle Werte, die in der Truppe galten. Diese zweifache Bewegung verschlimmert seine Wirrnis, Not und Verlorenheit. Eines Tages stellt er, wild vor Wut und Aufruhr, fest, daß ihm nie irgend etwas zu Hilfe kommt, daß alles, was aus seinem Innern aufsteigt, ihn unweigerlich noch mehr verwirrt.

Manchmal bricht er zusammen, bringt nicht den Mut auf, sich zu erheben, und verharrt in einem Zustand totaler Apathie. Manchmal packt ihn erneut der Durst, und er rennt und rennt, ist überzeugt, daß die Quelle schließlich doch noch hervorsprudeln wird. Dann macht er sich verbissen an die Arbeit, befreit, gräbt und erweitert das Bett und hofft, daß hier eines Tages klare Wasser brausend hinabstürzen werden.

Aber für einen unsicheren Schritt vorwärts muß er zehn zurück gehen. Fällt das Fieber und sieht er sich wieder unausweichlich dem Scheitern gegenüber, verbringt er schreckliche Stunden. Er ist entsetzt über das Ausmaß der Katastrophe. Obwohl er sich noch weit vom Nichts entfernt weiß, fragt er sich, ob er nicht doch in der systematischen Zerstörung seiner selbst zu weit gegangen ist, ob das Leben in ihm nicht doch bis in die Wurzeln hinunter ausgerottet ist.

Er weiß, daß ihm das langsame Dahingleiten im Schoß der großen ersehnten Passivität untersagt ist. Denn keinen Augenblick lang lockert sich sein angespannter Wille. So bedrohlich waren die Zerreißkräfte, daß er ihn ständig einsetzen mußte, um, wenn irgend möglich, den unsicheren Zusammenhalt zu gewährleisten. Aber jetzt fragt er, der Willensmensch, sich schon fast zwanghaft, wie er denn diesen allmächtigen Willen ausschalten könne, ohne diesen selben Willen in Anspruch zu nehmen und sich damit als unfähig zu erweisen, sich von ihm zu befreien.

Gewalttätigkeiten in der fehlgeleiteten Truppe. Unverändertes Sternenlicht. Und das Grauen der Gluttage, wenn die Spannungen hervorbrechen. Wenn der Wahnsinn wächst. Wenn das Blut fließt.

Jetzt fallen öfter als bisher falsche Fragen weg, deuten sich erste Antworten an, blenden ihn Blitze mit ihrem gleißenden Licht. Er begreift, daß seine Befürchtung, zu weit gegangen zu sein, als er sich rückhaltlos der Selbstentblößung hingegeben hatte, letztlich nur Mitleid mit sich selber war, die schlimmste Form von Selbstgefälligkeit. Wenn also alle diese Bohr- und Ausschneidearbeiten ihn nicht zur Geburt geführt haben, dann nur deshalb, weil er sie nicht sorgfältig, entschlossen und unerbittlich genug durchgeführt hatte.

Er entdeckt, wie oft man sich irrt, sich selber täuscht, wie unzuverlässig jeder Gedankenschritt ist, wie jede Schlußfolgerung systematisch angezweifelt werden muß. Eine entscheidende Gewißheit wird ihm klar: Solange der Blick sich nicht zurückgewendet hat und das Auge, aus dem er tritt, nicht gereinigt hat, bleibt das Sehen durch das, wodurch es herbeigeführt wird, verfälscht. Und es geschieht, daß sich der Blick auf dem Höhepunkt eines Schwindelgefühls, im Sammelpunkt des gesamten Wesens, am äußersten Punkt der äußersten Spannung zurückwendet, sich bohrend auf die Wahrheit heftet, das Auge durchsucht, das er läutern soll.

Vom Augenblick dieser großartigen Entdeckung an verstärkt sich sein Durst, durchglüht ihn und erfüllt ihn mit neuen Kräften, die er jahrelang pausenlos einsetzen wird, dieses Auge zu erforschen, auszuloten, zu prüfen, zu reinigen und zu schärfen, um damit zum Sehen zu gelangen. Eines Tages, am Ende dieser Jahre, ist er dann endlich so weit und versteht: Entsagen heißt so weit gehen, auch dem Nutzen des Entsagens zu entsagen.

Eine Zeitlang gibt er sich der Euphorie hin. Und da er nicht mehr unter Zeitdruck steht, tauchen in ihm die sattsam bekannten alten Fragen wieder auf. Eigentlich überflüssige Fragen, um deren Sinnlosigkeit er weiß. Und so fragt er sich, warum so viele Anstrengungen, Kämpfe, Leiden, so viel Schlaflosigkeit, Scheitern, Schmerz, Einsamkeit, warum so viele Tage der Niedergeschlagenheit, Not, Wirren, Erschöpfung, warum eine derartige Last des Grauens und der Finsternis dem auferlegt werden, der um jeden Preis danach strebt, das Wahre ausfindig zu machen, sich in die Aufrichtigkeit einzuwurzeln, darin zu wachsen und sich wie eine Eiche mit mächtigem Stamm und breiter Krone zu entwickeln.

Kaltes fernes Sternenlicht. Die schwarzen Gluttage. Und diese taumelnde Truppe, die ohne Ende am Boden dahinkriecht.

Er nimmt den Kampf wieder auf. Er weiß, daß der Teil des Weges, der noch vor ihm liegt, der steilste ist. Bei jedem neuen Vorstoß muß er sich dem Mittelpunkt nähern, sich zum Verborgensten, Verschlossensten, Intimsten des Magma vordrängen und dort das Feuer oder die Klinge einführen. Aber immer besorgter fragt er sich auch, wie er denn in sich etwas mit dem Messer abtöten könne, ohne Gefahr zu laufen, das ganze Wesen tödlich zu treffen.

Drei oder vier Mal hatte er auf seinem Irrweg Fußspuren entdeckt. Jedes Mal war er ihnen in der Hoffnung, jemanden anzutreffen, mit fieberhafter Erregung gefolgt. Vergeblich. Dann eines Tages zahlen sich seine Mühen aus. Ein Mann in hohem Alter und von stattlicher Größe. Die Wangen hohl, die Augen stechend. Grobe und schwielige Hände. Und die ganze Gestalt strahlt beeindruckend Kraft, Hellsichtigkeit, Güte und Klarheit aus.

Zwei Meter entfernt und ein wenig seitwärts setzt er sich
zu diesem alten Mann, der niemals ein Greis sein wird,
ganz ihm zugewandt, von Unruhe, Ernst und Eifer ergriffen wie jedes Mal, wenn er in engere Berührung mit dem
Leben tritt, und wartet, daß er ihm sein Erleben mitteilt,
Rat gibt, weiterhilft.
Der Mann spricht. Mit ruhiger, klangvoller Stimme. Alles,
was er sagt, ist einfach, klar, richtig, eindeutig und einsich-
tig.
Licht erstrahlt. Was ihm mitgeteilt wird, entspricht Punkt
für Punkt diesem ganzen Unausgesprochenen, das ihm
nicht bewußt war; jetzt ist es ihm offenbart. Bestürzt stellt
er fest: Wenn er hätte ausdrücken sollen, worin bisher sein
Suchen bestand, hätte er dieselben Worte, dieselben Sätze
benutzt. Dieselben Gewißheiten ausgesprochen.
Er verbeugt sich ehrfurchtsvoll, dann setzt er munter seinen Irrweg fort. Er jubelt. Nach so vielen Jahren des Zwei-
felns und Fragens weiß er jetzt sicher, daß er in seinem
Innersten weder krank noch behindert ist, sondern
schlicht und einfach jemand, dem es auferlegt ist, das
Wissen zu suchen. Jemand, der alleine bleibt, für den jedoch die Einsamkeit nunmehr ein Ende gefunden hat.
Doch das Licht, das ihm aus dieser Begegnung zuteil geworden ist, entschwindet. Neue und unvorhersehbare
Schwierigkeiten tauchen auf. Er geht immer weiter, und
doch tritt er auf der Stelle. Mit Eifer arbeitet er daran,
sich selber immer mehr auszulöschen, sich in nichts aufzulösen, sich in seinem Innern mit dem zu verschmelzen,
was nicht er selber und dennoch das Beste in ihm ist. Aber
er merkt, daß er an unsichtbare Hindernisse stößt. Daß
er nicht mehr vorankommt.
Jahre vergehen. Die heiß ersehnte Wandlung hat nie statt-
gefunden. Der Durst brennt weniger. Irgend etwas in ihm
ist endgültig zerbrochen. Er weiß jetzt, daß er nicht tief
genug hinabgestiegen ist, und daß er es auch nicht mehr
erreichen kann. Er ist jetzt frei von Zorn und Niederge-

schlagenheit. Ruhige Verzweiflung hat ihn ergriffen. Erniedrigt hat er zugeben müssen, daß es ihm niemals gelingen würde, bis zur Wahrheit vorzudringen. Sich der Zeit zu entreißen. Sich in seinem tiefsten Innern niederzuknien und seinen Durst an der Quelle zu löschen.
Und doch kann er sich nicht geschlagen geben. Er versucht, durchzuhalten.
Aber eines Tages hat er keine Kraft mehr. Hände, Knie und Füße sind blutig, nachdem er mehrere hundert Meter gekrochen ist, und er gibt auf, legt die Waffen nieder. Verlangen, Reue, Warten, Furcht, Trauer, Scheitern: das alles ist dahin, verschwunden. Was er einst war, was er vergeblich verfolgt hat, der jetzt bevorstehende Todeskampf, das alles ist ihm völlig gleichgültig. Sein Körper weiß nur noch eines: daß er keine Kraft hat, weiterzugehen.
Er gräbt seine rissigen Lippen in den Sand. Mit ausgestreckten Armen möchte er, in einer letzten Geste der Dankbarkeit, die Erde umarmen und küssen. Und in derselben Sekunde, in der er den Tod annimmt und sich ihm gefaßt und bewußt hingibt, taucht schlagartig dieses Für-immer-Verweigerte auf, das er nicht mehr erhofft hat: In hellem Licht, wie am ersten Schöpfungstag, ist der Fluß da, glänzt, seine klaren Fluten gleiten ruhig dahin, überschwemmen das Tal und beleben augenblicklich, was bislang nur Sand und Fels war.
Er richtet sich auf.

1957

20. Januar 1957
Meine wunderbare Kompromißlosigkeit, mein Gesetz des
Alles-oder-Nichts... Ich muß davon wegkommen.

Haß gegenüber der schwangeren Frau, gegenüber jeglicher
Mutterschaft. Schon der Gedanke, ich könnte Leben geben, erzeugt in mir den Wunsch, zu sterben.

23. Januar 1957
Ich langweile mich, das ist nicht zu leugnen. Und doch,
wenn ich an all das denke, was unerwartet in mir auftaucht,
mich zerreißt, mir keinen Augenblick der Ruhe läßt...
Wenn diese Langeweile, dieser Überdruß einfach Erschöpfung wäre?

25. Januar 1957
Mit meiner ganzen Energie verweigere ich mich dieser toten Welt, die verlangt, daß man aufs Leben verzichtet.

28. Januar 1957
Ein freier Nachmittag. Ich gehe hinaus. Was tun? Alles,
was mir einfällt, alle Pläne und Wünsche, schiebe ich beiseite. Was ich schon so lange erwarte — vielleicht geschieht
es plötzlich? Ich muß also immer bereit sein. Ich gehe, irre
umher, warte, bin immer auf dem Sprung. Eine Stunde
vergeht, eine weitere. Dann werde ich des Ganzen über-
drüssig, die mit der Erwartung verbundene Spannung läßt
nach, Ärger und Enttäuschung bemächtigen sich meiner.

Und schon geht der Nachmittag seinem Ende entgegen. Und ich habe nichts gemacht, und nichts ist geschehen. Ich gehe weiter, leer und verdrossen.

4. Februar 1957

Die Welt entzieht sich dem, der denkt.

7. Februar 1957

In Aix-en-Provence. Mehrere Tage lang überflutet vom Leiden, nahm ich meine Umgebung überhaupt nicht wahr. Dann erwachte ich allmählich wieder zum Leben und entdeckte von neuem meine Mitmenschen und die Szenerie, in der wir uns bewegen. Das war jedes Mal recht seltsam, dieses plötzliche Auftauchen einer Welt, zu der ich nicht mehr bewußt gehörte, in der ich gleichsam ohne mein Wissen weitergelebt hatte. Mein ganzes Dasein als Zögling einer Militärschule wurde bestimmt von diesem Rhythmus aus Leiden und Beruhigung, Verfinsterung und Wiederentdeckung der Welt.

10. Februar 1957

Nichts ist quälender, als wenn es einen zum Schreiben drängt und man nicht einen einzigen Satz aufs Papier bringt.

13. Februar 1957

Möglicherweise ist das Gegenteil des Überdrusses Gleichgültigkeit.

18. Februar 1957

Man kann nur leben, solange man es versteht, sich Illusionen zu machen, sich Ziele und Rechtfertigungen zu erfinden, der Existenz Absichten und Zwecke zu unterstellen, durch die man dem Schwindel entgeht. Für den aber, der die Fähigkeit, sich selbst zu belügen, verloren hat, gibt es überall nur das Nichts.

24. Februar 1957

Ein unablässiges, leidenschaftliches und, wie mir auch scheint, hoffnungsloses Fragen. Ja, ich habe ein starkes Verlangen nach Wissen, erhoffe mir aber nichts von der Antwort, vielmehr, ich erwarte gar keine Antwort, denn ich fühle, ich weiß, daß es keine gibt.

2. März 1957

Manchmal erlebe ich sehr kurze Augenblicke unbändiger Lebensfreude, einer fast schmerzhaften Fröhlichkeit und wahnsinnigen Leidenschaft. Doch habe ich nicht das Bedürfnis, hier eine Spur davon zu hinterlassen.

5. März 1957

Ich fahre nach Marseille. Dort begegne ich Georges C., einem Ehemaligen aus Aix. Wir gehen zusammen die Cannebière hinauf und wieder hinunter, und ich bin unsagbar glücklich, unsere Erinnerungen wieder aufleben zu lassen. Ich spreche derart erregt, daß sich die Leute auf der Straße nach uns umdrehen.

3. Mai 1957

Die Menschen, mit denen es abwärts geht, die Clochards, denen ich auf der Straße begegne: Ich halte ihren Blick nicht aus. Ich erkenne mich in ihren Augen.

5. Mai 1957

Diese Leute, die sich in der Erfüllung ihrer Aufgabe umbringen, diese Wahnsinnigen, diese nach Arbeit Süchtigen sind, wenn man's genau überlegt, Feige und Faule. Sie haben sich für die bequeme Lösung entschieden.

12. Mai 1957

Jede Moral, jeden Glauben, jede Ideologie, jeden besonderen Standpunkt in sich zerstören. Nicht aus Liebe zum Anarchismus oder aus Egozentrik — um das »Alles ist erlaubt« zu genießen —, sondern um in der Lage zu sein, sich der tiefen Bewegung des Lebens anzugleichen, mit ihr eins zu werden.

20. Mai 1957
Sobald ein Wesen dich liebt, dich schätzt, entziehst du ihm deine Achtung. Denn du kannst nicht zugeben, daß es sich mit dem begnügt, mit dem du selbst dich nicht zufriedengeben kannst.

12. Juni 1957
Michel Leiris schreibt mir aus dem Krankenhaus, in das er nach seinem Selbstmordversuch eingeliefert wurde. Er lag drei Tage im Koma.

15. Juni 1957
Wen ich auch kennenlerne, es scheint mir, daß niemand intensiv und begierig genug lebt. Ich habe das heimliche, unwiderstehliche Verlangen, mich dieser ungenutzten Lebensenergie zu bemächtigen und sie mir dienstbar zu machen.

27. Juni 1957
Michel D., einer meiner Kameraden, hat sich mit Zyanid das Leben genommen. Ich bin völlig durcheinander. Arbeit, Examen — nicht daran zu denken.

29. Juni 1957
Es gibt Dinge, die lassen einen erschauern. Heute morgen, beim Erwachen, erzählt mir M. L. einen gräßlichen Traum: Ich hatte Selbstmord begangen. Seit Tagen denke ich an nichts anderes.

12. Juli 1957
In Aix. Du kanntest dich als einen impulsiven und jähzornigen Menschen, und du lebtest immer in der ängstli-

chen Erwartung des Schlimmsten. Abends zögertest du
den Augenblick des Einschlafens hinaus, denn du hattest
Angst, deine Revolte könnte sich deinen Schlaf zunutze
machen, um loszubrechen. (Übrigens vermochtest du nur
in fötaler Lage zu schlafen.)
Durch dieses Leben in ständigem Mißtrauen gegenüber dir
selbst hast du die Neigung angenommen, dich zu hassen,
dir selbst mit Argwohn zu begegnen.

30. Juli 1957

George A. hat versucht, sich umzubringen. Er ist im Krankenhaus. Einer meiner besten Freunde, einer von den wenigen, denen ich mich ganz nahe fühle.

30. September 1957

Heute dreiundzwanzig Jahre alt. Ich habe mich entschlossen, das Medizinstudium aufzugeben, den Weg zu verlassen, auf den die Umstände mich gezwungen hatten. Ich
will von nun an nur noch schreiben.

11. November 1957

Gedanken-Selbstmord.

15. November 1957

Das Schreiben: Vielleicht das einzige Gebiet, wo das Un-
echte sofort nachweisbar ist.

Diese Leute, die »studiert« haben — was für ein Pack zumeist! Nichts haben sie kapiert, absolut nichts; über alles
aber maßen sie sich ein Wissen und ein Urteil an. Es lohnt
sich nicht, auch nur den geringsten Kontakt mit ihnen herzustellen. Um wie vieles angenehmer dagegen die wirklich
Unwissenden: Sie können sich wenigstens öffnen, sie sind
nicht verbogen und blind geworden durch ein Wissen, das
nichts anderes ist als eine Parodie des Wissens.

22. November 1957
Nur jene Menschen interessieren mich, nur mit jenen fühle ich mich verwandt, die die Kraft der Verweigerung, der Herausforderung, des Protestes haben, die stillschweigend wissen, daß es ohne Freiheit kein Leben gibt.

28. November 1957
Diese furchtbaren Anfälle von Depression, die mich hinaus auf die Straßen treiben, in denen ich mich verlieren, in denen ich gehen und gehen muß, bis endlich die Erschöpfung alles betäubt. Was ich gemacht habe, was ich zustande bringen will, die Kraft, die ich manchmal in mir spüre — nichts ist mehr da, nichts hält mich mehr. Ich gehe wie auf der Flucht, den Kopf nach vorn gebeugt, im Nacken die Scham.

1958

20. Januar 1958
Du glaubst an nichts, alles ist dir gleichgültig. Das Dumme ist nur, daß du noch ein Empfindungsvermögen hast.

22. Januar 1958
Wenn ich das Schreiben nicht hätte, könnte ich nicht leben. Dabei hindert mich gerade das Schreiben am Leben.

25. Januar 1958
Wer im Begriff steht, Selbstmord zu begehen, empfindet für den Nächsten unendliches Mitleid. Er hat das Gefühl einer Gunst, eines Privilegs, das ihm allein gewährt worden ist.

Mein Asketentum ist Ausdruck meiner Verzweiflung.

30. Januar 1958
Man begreift nichts. Aber man will begreifen. Das ist Denken. Und das ist die Hölle.

Ich beneide die andern um ihre Liebesbeziehungen, ihre Leidenschaften, ihre Leiden. Als ob es von vornherein klar wäre, daß sie ein weniger leeres Leben haben könnten als ich.

13. März 1958
Wenn man dem Selbstmord nahe genug gekommen ist,

fühlt man ganz zuletzt ein irrsinniges Verlangen zu leben, das stärker ist als alle Verzweiflung.

3. Mai 1958

Die Natur macht dir Angst. Ihre Stille erdrückt dich. Wenn du über die Felder gehst, traust du dich nicht, zu singen oder zu pfeifen; nicht einmal mit deinem Begleiter wagst du zu sprechen. Als ob du fürchtetest, die Aufmerksamkeit auf dich zu ziehen.

28. Mai 1958

Ich stelle mich vor mir auf, Auge in Auge, und sehe, wie er zusammenschrumpft, zusammenbricht, erdrückt von meinem Haß.

8. Juni 1958

Die Gewohnheit, mich zu verstellen, die ich in der Militärschule angenommen habe, hat dazu geführt, daß ich mir gegenüber mißtrauisch bin, daß ich neben mir herlebe und mich belaure. Dadurch hat sich der Prozeß der Selbsterkenntnis verzögert. Heute noch vermag ich es nicht, meine Gedanken sich frei in meinem Bewußtsein entfalten zu lassen. Immer habe ich das Bedürfnis, sie zu ersticken, mein inneres Leben zu unterdrücken, mich zu verhärten angesichts dieses Blickes, der mich prüft und mich zerreißt.

10. Juni 1958

Mein allnächtlicher Albtraum. Ich trage wieder Uniform, lebe wieder als Militärschüler.

22. Juli 1958

Schreiben, um sich auszulöschen, um sich zu bergen in der Stille und Teilnahmslosigkeit. Schlafen gehen im Tod.

29. Juli 1958

Das Denken in dir — diese Arbeit ist Erosion und durch und durch negativ. Denn sie ist darauf aus, alles zu untergraben, was Moral, Konvention, Anpassung, Sicherheit anbetrifft, ohne dafür eine Gegenleistung zu bieten.
Bei diesem Unternehmen einer systematischen Zersetzung ist die Angst auf Schritt und Tritt dein Begleiter.

19. August 1958

Während der Jahre in Aix war ich bestrebt, mich für nichts zu interessieren, gleichgültig zu bleiben, mich zu verweigern, mich fernzuhalten. Jetzt müßte ich diesen Weg zurück gehen: die Fähigkeit wiederfinden, zu vertrauen, mich zu begeistern, mir eine neue Unschuld, eine neue Jugend zu schaffen... Aber ich weiß nur zu gut, daß das unmöglich ist.

29. August 1958

Wer zur Qual des Schreibens verurteilt ist, entgeht vielleicht dem Unglück, zu leben.

6. September 1958

Die Scham über das, was ich bin, würde es mir verbieten, zu betteln.

Die Krisen, die ich in Aix durchgemacht habe, sind mir so in Erinnerung, daß ich nicht die Kraft habe, sie mit der Feder in der Hand noch einmal in allen Einzelheiten zu durchleben. Ich verzichte darauf, mit der Niederschrift dieses Buches fortzufahren. Jedenfalls im Moment.

14. September 1958

Mein Leben scheint ohne meine Teilnahme, scheint völlig außerhalb von mir abzulaufen. Das Gefühl, nicht verantwortlich zu sein, wo ich doch gerade alles nur mir, meinem eigenen Willen verdanken möchte.

15. September 1958

Ich ersticke, verstümmle M. L.

28. September 1958

Auf der Straße empfinde ich manchmal eine solche Scham, daß ich mich verstecken möchte, um den anderen meinen Anblick zu ersparen.

7. Oktober 1958

Dich in den Cafés und in den Bahnhöfen herumtreiben, wie du es so gern tust, und mit den Augen ein wenig Zärtlichkeit auffangen: wie eine Frau sich einem Mann zuwendet, eine Mutter ihr Kind liebkost. Und du fühlst dich zurückgewiesen, ausgeschlossen, du sinnst darüber nach, daß du niemals ein Recht auf Zärtlichkeit gehabt hast (was nicht wahr ist). Kaum aber nähert sich dir jemand — gleich sträubst du dich, ziehst dich in dein Schneckenhaus zurück... Was willst du eigentlich?

9. Oktober 1958

Wenn man dich hört, bist du das Opfer schlechthin. Dabei sind viele unglücklicher als du.
Wer schreibt, ist von vornherein privilegiert.

13. Oktober 1958

Was der Tod ist, ahnst du in den Augenblicken völliger Gleichgültigkeit, in denen du das Gefühl hast, daß alles sich gleicht, daß alles nichts ist.

15. Oktober 1958

Diese Kraft, die ich in mir fühle — mit ihr habe ich zu rechnen. Rückblickend erkenne ich, wie sie mein Leben bestimmt und formt.

17. Oktober 1958

Ich arbeite intensiv. Schlafe nicht mehr als drei oder vier

Stunden täglich. Trotzdem keine Müdigkeit, sondern eine
wunderbare Leichtigkeit. Ich bin in einem Zustand der
Hellsichtigkeit, schreibe nieder, was eine innere Stimme
mir leise sagt.

31. Oktober 1958
Das einzige Abenteuer, das mir bleibt, ist das innere Abenteuer. Also Ablehnung der Arbeit und der Selbstverstüm-
melung, die sie mit sich bringt. Denn handeln, arbeiten
heißt, sich verlassen, sich verlieren, das Leben verhöhnen.

5. November 1958
Beim ständigen Denken an den Tod bricht alles zusammen. Sich mit dem Bosseln von Sätzen zu beschäftigen,
kommt einem lächerlich und verachtenswert vor. Und
doch ist es richtig, daß das einzige Abenteuer, das mich
mitzureißen vermag, das innere Abenteuer ist, und daß ich
dadurch, daß ich dem Nichts unermüdlich die Stirn biete,
meine Härte erproben kann.

11. November 1958
Eines Tages — ich war zur Santé* gefahren — stand ich
vor einem kleinen Mädchen, das mit einem Ball spielte.
Der Gedanke, was das Leben aus dieser Frische, dieser Unschuld machen würde, trieb mir die Tränen in die Augen;
ich dachte an die Runzeln, an Bitterkeit und Not... Und
ich schämte mich über mich selbst; denn die Passanten
starrten mich an.

12. November 1958
Zu viel Schminke auf dem Gesicht einer Frau kann den
Ausdruck verändern, so daß man sich nach jener Nackt-

---

* Die »Ecole de Santé« in Aix-en-Provence, wo die Militärschüler Medizin
studierten. (Anmerkung des Übersetzers)

heit der Züge sehnt, die klarer spricht. Zwischen den Blick und das, woran er sich erregt, schiebt sich etwas Künstliches, etwas Verfälschendes, etwas Verlogenes. Gleiches gilt für den zu stark gefeilten oder zu brillanten Satz — er ruft nur Mißtrauen hervor.

Das Unsagbare muß so in den Satz eingehen, daß man beim Lesen ahnt, was sich ihm entzieht, was sich dem Ausdruck verweigert.

20. November 1958
Ganze Nachmittage verbringe ich in meinem Arbeitszimmer in vollständiger Dunkelheit, ohne irgend etwas zu tun, weit entfernt von Worten, Wünschen, benennbaren Gefühlen. Manchmal gelingt es mir, mich aus meiner Verzagtheit zu befreien; dann irre ich in mir umher und weiß bald nicht mehr, wer ich bin und was das alles bedeuten soll. Nichts von dem, auf das ich stoße, entspricht dem, was man mir beigebracht, entspricht den Begriffen, die man mir eingetrichtert hat.

22. November 1958
Ich habe nicht mehr die Kraft zu sprechen, bin nur noch Chaos und Verzweiflung. Aber siehe da, man legt mir meine Stummheit, mein Verlöschen als Dünkel und Hochmut aus.

2. Dezember 1958
In Aix habe ich oft daran gedacht, zu töten, um mich für die erlittenen Erniedrigungen zu rächen. Aber ich habe es nicht getan, weil ich wußte, daß ein Verbrechen nichts geändert hätte. Ich träumte von einem Akt der Auflehnung, der in Raum und Zeit zugleich unaufhörlich fortgewirkt hätte. Da ich mir einen solchen Akt nicht auszudenken vermochte, suchte ich niemals, meiner Revolte Ausdruck zu geben.

4. Dezember 1958

Ja, jede zum Ausdruck gebrachte Revolte ist kindisch, weil in ihrer Wirkung in Zeit und Raum begrenzt, wohingegen das, was sie hervorruft, seinem Wesen nach ewig ist. Besser ist es, du behältst sie in deinem Blut und läßt dich von ihr verbrennen. Sie nämlich wird dir die Kraft geben, den Kampf wieder aufzunehmen, wenn dir die Energie dazu fehlt.

9. Dezember 1958

Wenn man mich nach meinem Beruf fragt und ich gestehen muß, daß ich schreibe, erfüllt mich Scham.

24. Dezember 1958

Diese Hoffnung, dieses Vertrauen, diese Energie, die die größten Künstler auch in der schlimmsten Not aufrecht gehalten haben. Wenn du untergehst, bedeutet das: Du hattest kein Werk zu bieten.

30. Dezember 1958

Wenn ich nicht dazu fähig bin, ein Werk zu schaffen, bringe ich mich um.

1959

2. Januar 1959
Der Schriftsteller lernt die Verzweiflung erst nach Abschluß seines Werkes kennen (aber ist ein Werk jemals vollendet?), wenn er das wird, was er vorher nicht war: der Alltagsmensch, der Mensch des abgeschotteten Lebens, ohne Hoffnung.

4. Januar 1959
Als ich ein junger Mensch war, wies mich Marité auf die unersättliche Neugierde hin, mit der ich die Welt betrachte. Sie war sich sicher, daß ich das Gefühl der Langeweile und der Ernüchterung gar nicht kenne. Auch meinte sie, ich sei zu kompliziert, ich brächte es nicht fertig, mich dem Leben einfach zu überlassen. Dasselbe sagt mir Régine, manchmal sogar mit den gleichen Worten.

16. Januar 1959
Weigerung, mitanzusehen, wie das Leben einen erledigt, zu sehen, wie ein Teil meiner Existenz Vergangenheit, Tod wird. Ich kann niemals mit jemandem brechen, mit dem ich mich verbunden fühle.

19. Januar 1959
Ohne die unendliche Liebe von M. L.: Wäre ich noch unter den Lebenden?

Wenn es dem Durchlebten treu sein will, muß das Werk in sein Scheitern einwilligen.

27. Januar 1959
Gräßliche Tage. Und Gipfel der Ironie: Man sucht mich auf, um sich Rat und Trost bei mir zu holen.

1. Februar 1959
Seinem Leiden gewachsen sein. Gib acht, daß es dich nicht verzehrt, nicht einen lebenden Leichnam aus dir macht, voller Bitterkeit und Trauer. Das wahre Leiden muß Anspannung sein, Kampf, Konfrontation. Dann setzt sich in dir jener Humus ab, der dein Werk nähren und um dich herum Güte und Frieden breiten wird.

Wonach Dichter streben: geboren zu werden und sich hervorzubringen durch das Wort.

2. Februar 1959
Das Gedicht ist der Ort einer dreifachen Geburt: der Geburt dessen, aus dem es hervorgeht; dessen, was es rühmt; dessen, der kommt, um von ihm zu trinken.

3. Februar 1959
Ich nehme die äußere Welt nur mit dem Hintergedanken wahr, aus ihr Worte zu machen. Anders gesagt: Ich nehme sie nicht wahr.

Ohne das Grenzenlose, das der Mensch in sich birgt, wäre der so oft imaginierte Gott etwas sehr Geringes.

4. Februar 1959
Die Menschen lieben heißt, Opfer eines endlosen Leidens zu werden.

8. Februar 1959
Was wäre ohne M. L. aus mir geworden? Wenn ein Wesen so in deiner Nähe lebt, fühlst du dich genötigt, auf dich

zu achten, eine anständige Figur abzugeben, das Beste aus
dir zu machen.

14. Februar 1959
Mein ganzes Leben in einer Zelle verbringen, keinen Ton
von mir geben, mich nicht rühren. Schweigen und Nicht-
Handeln sind die einzigen Formen der Revolte, die ihren
Urheber nicht verraten.

16. Februar 1959
Marité. Also alles vorbei, verbraucht, verloren... Als sie
mir nach Aix schrieb, ich müsse Vertrauen haben in die
Zeit, sie werde uns Beruhigung bringen, antwortete ich ihr
mit beleidigenden Briefen. Ich weinte vor Wut, redete mir
ein, daß sie sich täusche, daß sie mir nur Leid zufügen wolle, daß sie Beweise meiner Liebe erwarte...
Nein, es ist schon so: Alles erlischt, vergeht, versenkt dich
in den Tod.

5. März 1959
Jene, die behaupten, sich umzubringen sei feige — was
wissen sie vom Leiden, von der Anstrengung, zu leben?
Von der Erschöpfung? Es kann ja so viel Liebe, ein so ho-
her Anspruch, eine solche Bejahung des Lebens in einem
Selbstmord sein.

12. März 1959
Geschieden von den Menschen durch die Liebe, die ich
ihnen entgegenbringe, erbitte ich vergebens ihre Freundschaft.

In seinem Innersten vernimmt der Dichter unaufhörlich
das Flehen des Seins, die Mahnung, es aus seiner Nacht
zu befreien.

Das Lyrische muß unbewußt in den Satz einfließen. Ein

Stil, in dem das Lyrische durch bewußt eingesetzte Mittel erzeugt wird, ist Überbleibsel einer veralteten Schreibweise.

Das Schreiben verringert die Verzweiflung, schafft vielleicht dadurch einen Zugang zu ihr.

16. März 1959
Der Frühling, aus dem Tod geboren, läßt die Saat aufgehen, die jener ihm anvertraut.

17. März 1959
Man kann nichts sagen. Das Schweigen ist die angemessenste aller Revolten, die logischste, die einzig bedeutungsvolle.

Ich brauche M. L. immer mehr.

18. März 1959
Bis jetzt ein einziger, aber echter, tatsächlich empfundener Trost: daß ich alles aufgegeben habe, um mich ganz dem Schreiben zu widmen.

24. März 1959
Meine Jünglingsträume wiegten ihren Kopf auf dem Moos deiner Brust. Dein Puls schlug an meiner Schläfe, und ich fühlte, wie dein Fleisch in mich eindrang wie ein Regen. Deine Arme wurden zu Efeu, ihre Blätter umfingen mich und deckten mich zu mit Stille und Vergessen.

26. März 1959
Deine Erde, von meinen Händen gelockert, öffnet ihre Furche, und die ungestüme Pflugschar zerreißt sie: Deine Haut wird eine einzige Sonne, dein Gesicht befreit sich, deine Augen schreien sanft. Aus dem Dunkel, das dich bewohnt, steigt eine rauhe Stimme, und mein altersloses

Fleisch pocht im Puls deines Schoßes. Und meine Nächte befruchten dich. Bald vertraut uns ein junges Gras sein Wachsen an, während der Tod am Horizont krächzt.

14. April 1959
Der große Aufbruch aus der Lethargie, begleitet von der Glut, an der er zugrunde gehen wird. Der April erwacht, der Tod erhebt die Stirn.

16. April 1959
Wenn ich sehe, wie Liebende sich küssen, habe ich Mitleid mit ihnen.

23. April 1959
Diese Kraft, dieses ruhige Vertrauen bei denen, die nicht am Leben leiden — wie stark mich das beeindruckt! Ich mit meinen Zweifeln, meinem Abtasten, meinen Vorsichtsmaßnahmen gegenüber den Mitmenschen, ich bin nicht einmal imstande, zu sprechen, ohne zu stottern.

26. April 1959
Der Dichter wiederholt Christus.

17. Mai 1959
Wenn ein Schriftsteller sich einrichtet an den Rändern des Todes, wenn sein Wahrnehmungsvermögen so geschärft ist, daß er Entlegenstes erkunden und sich in Fernen vorwagen kann, aus denen es keine gesicherte Rückkehr gibt — was wirft man ihm vor? Daß er sich von gemeinschaftlichen Unternehmungen fernhält.

18. Mai 1959
Es ist verfehlt zu behaupten, daß es ›poètes maudits‹ gäbe. Denn jeder Dichter ist ein Privilegierter. (Wenn es einen Fluch gibt, dann liegt er auf dem Privileg.) Die wirklich

Verdammten sind jene Verzweifelten, die nichts haben, um der Verzweiflung die Stirn zu bieten.

20. Mai 1959
Der Satz hat immer der bescheidene Diener dessen zu sein, was er ausdrückt, darf niemals verführen wollen. Deshalb muß der Dichter auf jegliche Leichtigkeit des Schreibens verzichten. Er darf sich der Wörter nur zögernd bedienen, mit Mißtrauen und Sparsamkeit.

22. Mai 1959
Zu einigen Gemälden von Evaristo: Farben, laut wie ein Schrei. Müde Formen — die Gesten der Mutter. Düstere Augen in den Gesichtern. Arme ohne Hoffnung versuchen eine Umarmung. Mitleidige Hände stillen die Tränen.
Daraus spricht Spanien und eine Kindheit des Hungers. (Hinkende Schafe, einäugige Ziegen, dürre Eselchen, vom Hunger auf felsige Hügel getrieben. Verkümmerte Olivenbäume. Eine irrsinnige Sonne. Eine zugrunde gerichtete Existenz. Ein Herz, gebrochen durch das glühende Eisen des Exils.)
Kreuze ragen auf. Die Dämmerung taucht die Gesichter in ein blutiges Rot.

23. Mai 1959
Die Perioden, in denen es leichter wird, sind nur ein Innehalten, damit der Organismus wieder zu Kräften kommen kann. Das wahre Leben ahnt man in seinem Mangel, in dem Riß, der durch alles geht und der aus diesem Mangel eine offene Wunde macht, eine jeden Augenblick empfundene Scham.

Worte verfälschen, treffen tödlich, schaffen Leben, geben es weiter.

24. Mai 1959

In Aix habe ich deshalb durchgehalten, weil ich mir niemals zugeben wollte, daß ich litt.

26. Mai 1959

Wäre ich ohne M. L. noch am Leben? Wenn ich mich mit ihren Augen betrachte, erscheint mir die Idee des Selbstmords verrückt, und es ist mir ein tröstlicher Gedanke, daß ich mich, was auch immer geschehe, an ihr festhalten kann. So schütze ich sie in mir vor all dem, was mich zerstört.

Es ist erst wenige Monate her, da trugst du die Uniform und hattest dich verpflichtet, sie noch lange Jahre zu tragen. Nun bist du frei und widmest dich dem, was dir das Wichtigste ist. Aber keine tiefere Freude, nur ein unbeschreibliches Gefühl der Fremdheit.

27. Mai 1959

Nein, das Leben kann dich nichts lehren, höchstens, dieses Drama der verfließenden Zeit zu durchleben. Deshalb lockt dich auch nicht die Tat.

10. Juni 1959

Du darfst nicht einmal zusammenbrechen, die Karre einfach hinschmeißen. Wenn du den Selbstmord begehen willst, den du in dir trägst, einen metaphysischen Selbstmord, bist du dazu verpflichtet, dein Leben vor dem Scheitern zu bewahren und dafür zu sorgen, daß nur innere Beweggründe dich zu dieser Tat veranlassen.
Also eine weitere Quelle des Leidens. Zwang zu noch höllischerer Qual.

15. Juni 1959

Schreiben können wirst du, wenn du nicht mehr darauf bedacht bist, gut zu schreiben.

22. Juni 1959
Über die Fragen, die der Selbstmord aufwirft, denkst du immer wieder nach, obwohl du jedes Mal glaubst, jetzt seien sie endgültig beantwortet.
Um dir keine Vorwürfe mehr machen zu müssen, solltest du dich zuerst von dem befreien, was du in dir trägst, dann dir das Leben nehmen. Aber da man mit dem Schreiben nie fertig wird: Was für eine Bedeutung könnte ein Selbstmord haben, der am Ende eines Lebens stattfände?

24. Juni 1959
Sich mit vierundzwanzig Jahren umzubringen heißt, die Vollkommenheit wählen. Weigerung, sich von der Zeit abnützen zu lassen. Nicht zusehen wollen, wie die Jugend dahingeht und der Hunger nach dem Absoluten erlischt. In gewisser Hinsicht ist es eine Verherrlichung des Lebens. Was für eine Farce! Verherrlichung des Lebens! Rächen muß man sich an ihm für seine Knickrigkeit, erschießen muß man es.

30. Juni 1959
Das Schreiben ist mir unerträglich. Wenn ich schreibe, bin ich dauernd in Gefahr, den Halt zu verlieren, und ich fürchte, dann nicht mehr auf die Beine zu kommen. Der Zustand, in dem ich mich am wenigsten unwohl fühle, ist der der Trostlosigkeit.

2. Juli 1959
Wenn ich für den Kampf gegen das Verlangen, aus dem Leben zu gehen, keine Kraft mehr in mir fühle, meide ich jene, die gerne leben, weil sie mich glauben lassen, ich sei nicht normal. So erledigen die Toten die lebenden Toten.

3. Juli 1959
Das, was wir von uns selbst erfassen, verfälschen wir, entstellen wir, interpretieren wir. Wie stellt man es nur an,

damit das Auge sich an das hält, was es sieht, das Ohr an
das, was es hört?

5. Juli 1959

Marité. Sie kannte dich noch nicht, du hattest ihr noch
nichts von dir erzählt, da sagte sie dir auf den Kopf zu:
Sie werden sich nicht umbringen, Sie lieben das Leben zu
sehr. Du warst noch keine Zwanzig damals, und wenn
auch der Gedanke an Selbstmord sich wohl schon in dir
eingenistet hatte, so war er doch noch außerhalb deines
Bewußtseins. Du kanntest weder das Leben noch die Frau-
en, und doch hat jenes Wort dich im Innersten getroffen.

16. Juli 1959

Dieses Verlangen zu scheitern: als wolle man dem Leben
eine Wunde beibringen, es erniedrigen, ihm Schande bereiten, ihm zu verstehen geben, daß man nicht gewillt ist,
auf Rabatt zu leben, diese Schmach zu erdulden.

17. Juli 1959

Bei einem bestimmten Ausmaß des Leidens überquert man
eine Schwelle. Die Verzweiflung wird aufgesaugt und führt
einen in einen anderen Raum. Und dort wird man von dem
Gefühl eines höchsten Gleichgewichts erfüllt. Eines über-
wältigenden Friedens.

18. Juli 1959

In bestimmten Augenblicken der Stille und des Friedens,
wenn die tiefen Intuitionen sich einstellen, besitzt jeder
Mensch ein genaues Wissen von dem, was er ist und was
er sein wird. Aber dieses Wissen ist manchmal so bedrük-
kend, daß einem nichts anderes übrig bleibt, als es fliehen
zu wollen, sich um ein Entkommen zu bemühen, oder
über sich selbst herzufallen, um sich dafür zu bestrafen,
daß man nur ist, was man ist.

Wie kommt es, daß du auf dem Grund dieser Not eine
unsagbare Fülle empfindest? Immer die gleiche Erniedrigung, nichts zu verstehen.

20. Juli 1959

Man zwingt dir das Leben auf, stellt dich auf die Beine,
kastriert dich, schickt dich los, stößt dich in die Arena.
Und wehe dir, wenn du dich weigerst, deine Nummer zu
lernen.

28. Juli 1959

Bei der Nachricht vom Tode Jean Reverzys überfällt mich,
noch bevor ich Schmerz empfinde, ein Gedanke, über den
ich mich schäme: Wenn das Leben so kurz ist, lebe, lebe
es, damit du krepierst, wenn du alles ausgeschöpft hast.

4. August 1959

Von kurzen Ausnahmen abgesehen, ist die Jugend die Zeit
der Täuschung, der falschen Probleme, der Verirrungen,
des Unentwirrbaren. Welches Unbehagen empfand ich
doch immer, ohne es mir einzugestehen, wenn ich in Aix
mit Gleichaltrigen zusammen war: Wie in einem Spiegel
sah ich in ihnen genau das, was ich mir zu sein vorwarf.
Ich fühlte mich immer von den Erwachsenen angezogen,
von allen, die älter und reifer waren als ich. Hatte immer
den Wunsch, älter zu sein. Und doch: dieser Schrecken,
zu sehen, wie die Zeit vergeht.

6. August 1959

Wenn du einwilligen würdest, wirklich das Unsichtbare
zu leben, vielleicht könntest du dann dem entgehen, das
dich zerreißt. Aber du willst dich ja nicht unterwerfen,
sowenig wie du auf das Äußere verzichten und dich von
ihm abwenden möchtest. Solange du nicht endgültig die
Augen geschlossen hast, kannst du nicht schreiben.

8. August 1959
Du lebst im Feuer — wie willst du da jene Geduld erringen, die das Schreiben verlangt.

Der Dichter unterstützt das Wort, ergänzt es manchmal.

15. August 1959
Deine Haut ist aus dem Stoff der Nacht. Meine Hände suchen dich, und das Dunkel gibt dich nicht heraus. Wo bist du? Ich bringe dir das Brot meines Leidens.

17. August 1959
Anfangs stand ich vor der Alternative: Schreiben oder mich umbringen. Jetzt weiß ich, daß ich schreiben muß und dann mich umbringen. Schreiben ist eine langsame Annäherung an den Tod, der Selbstmord das letzte Abenteuer auf diesem Weg.

18. August 1959
Die Vorstellung, daß der Tod ohne meine Zustimmung kommen könnte, ist mir unerträglich. Mein Tod soll eintreten, wenn ich ihm das Zeichen gebe.

20. August 1959
Besuche bei Jean Reverzy. (Um diesen Text wurde ich von den »Lettres Nouvelles« für eine Sondernummer gebeten.) Ich nahm ihm gegenüber Platz. Er sah mich prüfend an und bewahrte Schweigen. Ich wagte eine Frage. Er antwortete einsilbig, dann trat wieder Schweigen ein. Bei einem Menschen, der wie er darauf achtet, die Sprache nicht zu mißbrauchen, fällt es schwer, einen Kontakt herzustellen. Seine besorgte Schamhaftigkeit machte es unmöglich, die Themen anzuschneiden, die ihm am Herzen lagen. Ich schwieg also und respektierte den Abstand, den der Schriftsteller zwischen sich und den anderen bewahrt, um sich vor ihnen zu schützen, sich nicht selbst zu entgleiten, sich

nicht zu verlieren in der Welt. Ich ließ meine Augen über die Wände des Zimmers schweifen. Vor dem Fenster, dessen Läden immer geschlossen blieben, ein schwarzer Vorhang. In der Ecke eines Spiegels ein Blatt Papier, auf dem ein Sonett von Baudelaire geschrieben war. Auf dem Tisch die Photographie von Mallarmé. In dieses Zimmer kam Reverzy jeden Abend, um zu schreiben. Während der Wintermonate herrschte dort eine Hitze wie im Treibhaus.

Nach einigen Augenblicken riskierte ich, um die Peinlichkeit dieses beharrlichen Schweigens zu beenden, eine neue Frage. Die Antwort, die ich erhielt, war wieder ausweichend. Und das Schweigen wurde noch bedrückender. Da erinnerte ich mich daran, was in »Le Passage« über die Unfähigkeit der Menschen, miteinander zu kommunizieren, geschrieben steht. Und ich wollte gerne glauben, daß dieses Schweigen, in dem unsere Blicke aufeinander trafen, jenes Schweigen war, von dem der Schriftsteller träumt, nach dem er im Schreiben sich sehnt — die einzige Möglichkeit, eine Begegnung, eine Verständigung zu bewerkstelligen.

War unsere Zusammenkunft beendet, begleitete ich ihn manchmal, wenn er einen Besuch zu machen hatte. Dann brachte er mich mit dem Wagen in die Innenstadt zurück, und bevor wir uns trennten, machten wir ein neues Treffen aus, oder er sagte, ich sollte ihn anrufen, wenn ich Lust dazu hätte.

Er machte auf mich den Eindruck eines unendlich müden, erschöpften Menschen, der aus Gewohnheit weiterlebt und sich verschanzt hat vor allem und jedem.

Gelegentlich jedoch zeigte er sich bereit, auf meine Fragen zu antworten. Oder er ging sogar spontan aus sich heraus. So hat er mir eines Tages ausführlich erzählt, unter welchen Umständen er zum Schreiben gekommen ist.

Im Jahre 1952 — er befand sich gerade in seinem Sprechzimmer — erkrankte er schwer. In den folgenden Monaten lebte er mit dem Tod vor Augen. Wo er sich auch befand, das Gefühl, zum Tode verurteilt zu sein, verließ ihn nicht. Wenn er in sein Auto stieg, durch die Straßen fuhr, einen Kranken behandelte — immer mußte er sich sagen, daß sein Ende nahe sei. Jede Bewegung wurde ihm zu einer Anstrengung. Er fürchtete, ein Neurastheniker zu werden, und behandelte sich, aber sein Zustand besserte sich nicht. Da entschloß er sich, nach Polynesien zu gehen. Seit seiner frühen Kindheit fühlte er sich vom Meer und von den ozeanischen Inseln angezogen. Diese Reise wollte er noch machen, bevor er abtreten würde.

Als das Schiff in Marseille klar machte zum Auslaufen, gab es ihm einen Stich ins Herz: Nie mehr würde er Frankreich wiedersehen, er würde in Polynesien sterben. Seine Fahrt in die Inselwelt brachte jedoch, trotz der üblichen Reisestrapazen, unbestreitbar eine Besserung seines Zustandes. Und die Entdeckung jener Länder, von denen er so oft geträumt hatte, jener Orte, an denen Gauguin gelebt hatte, half ihm, seine Angst ein wenig zu überwinden.

Ohne Hoffnung, jemals geheilt zu werden, kehrte er nach Frankreich zurück. Er beschloß, die Zeit, die ihm noch gegeben war, dazu zu nutzen, einen Bericht über seinen Leidensweg zu verfassen. Wie alle Schriftsteller war er nicht davon überzeugt, daß die Worte gegenüber dem Unerbittlichen nichts vermögen. Und wirklich: Von dem Augenblick an, da er die Feder in die Hand nahm, verschwanden seine Symptome.

So entstand »Le Passage«, dieses Gedicht, in dem die Todesbesessenheit und die Verheißung unaussprechlichen Friedens angesichts der unendlichen Weite des Meeres in einen Dialog eintreten.

In seiner Jugend hatte sich Reverzy für die Schriftsteller begeistert, die über das Meer schreiben, und für alles, was damit zusammenhängt. Einmal gestand er mir, daß er ohne Conrads »Nigger vom Narcissus«, der früher viel für ihn bedeutet habe, »Le Passage« nicht hätte schreiben können. Von diesem Zustand der Verzückung, in den ihn die Vor-

stellung von der Unendlichkeit des Meeres versetzte, redete Reverzy nur andeutungsweise und nur dann, wenn wir
auf Gauguin oder auf Baudelaire zu sprechen kamen. (Es
gibt die Zeit vor und die Zeit nach Baudelaire, hat er mir
einmal gesagt, und er war sehr erstaunt, daß ich das Haus
nicht besichtigt hatte, in dem Baudelaire wohnte, wenn
er in Lyon war.) Die Werke und das Leben dieser beiden
großen Leidgeprüften übten auf ihn geradezu einen Zauber aus.
In seiner Jugend hatte Reverzy viel gelesen; jetzt reizte
es ihn kaum mehr, neue Werke zu entdecken. Gegen Ende
unserer Gespräche kam es jedoch vor, daß er mich um etwas zu lesen bat, und so brachte ich ihm Bücher von Leiris,
Blanchot, Bataille, Genet, Kafka... Zuletzt hatte ich ihm
das »Handwerk des Lebens« von Pavese geliehen. Ich bekam nicht heraus, wie er über dessen Selbstmord dachte
und über den Selbstmord überhaupt. Ich äußerte die Ver-
mutung, daß er vielleicht ebenfalls ein Tagebuch führte.
Er hatte mit dem Gedanken gespielt, machte aber geltend,
daß Aufrichtigkeit ein kostspieliges und schwieriges Geschäft sei; er für seinen Teil gebe der fiktionalen Literatur
den Vorzug, bei ihr fühle er sich wohler und freier.
»Le Corridor« und zwei kurze Novellen, »Les Pertes« und
»Le Regard«, bezeugen, daß er sich für ein von seinen
Zwängen bestimmtes Schreiben entschieden hatte. Und
wenn man auch nicht wissen konnte, was er noch liefern
würde, so ließen mich die Mitteilungen, die er mir machte,
zumindest vermuten, daß er fest entschlossen war, auf diesem Wege weiterzugehen. Er wußte nicht, wohin das führen mochte, war im übrigen jedoch wenig daran interessiert, den Sinn seines Schreibens zu klären. Aber wie jeder
wirkliche Schöpfer verlangte er von seinem Schreiben
nicht weniger, als daß es ihm half, zu leben. Schreiben war
für ihn ein Mittel, von seinen Ängsten und seinem Überdruß loszukommen. In »Le Regard« führt er uns das langsame Dahinkriechen eines lebenden Wesens im unterirdi-

schen Dunkel vor Augen und dann seinen ermüdenden
Kampf mit seinem Doppelgänger. Darin muß man die ge-
treue Umschreibung seines Zustandes und seiner Lebenssi-
tuation erkennen.

Nach Abschluß des Buches, an dem er gerade arbeitete,
wollte er das Sujet der »Pertes« wieder aufgreifen und es
in einem Werk entwickeln, das ihn mindestens vier oder
fünf Jahre in Anspruch nehmen würde. Er wollte sich jenem Punkt nähern, an dem die Literatur sich selbst zum
Gegenstand wird. Diese Schöpfung, hervorgebracht von
dem Verlangen nach dem Nichts, sollte darauf verweisen,
indem sie einen des Lebens beraubten Menschen auf die
Bühne stellte, der nur aufgrund seiner Leere existiert und
durch sein Entsetzen darüber, daß er lebt, in einer untäti-
gen Spannung gehalten wird: am Berührungspunkt des
Nicht-Lebens und des Nicht-Todes.

Schreiben war für Reverzy eine wahre Tortur. Als ich ihn
einmal bat, mir zu erläutern, was er in »Le Corridor« versucht hatte, antwortete er mir voller Abscheu, er habe
beim Schreiben dieses Buches zu viel mitgemacht und wolle nichts mehr von ihm hören. Es war im Manuskript mehr
als fünfhundert Seiten stark gewesen, und er hatte es durch
fortgesetztes Überarbeiten auf einen Umfang von nicht
mehr als hundert Seiten reduziert.

In den letzten Junitagen war ich vor meiner Abreise aufs
Land noch zu ihm gegangen. Er hatte den Entschluß gefaßt, nach Polynesien zurückzukehren, und unterhielt sich
mit mir über die Vorbereitungen zu dieser Reise. Anders
als sonst war er recht gelöst, und was selten der Fall war:
Ich spürte nichts von jenem Überdruß, der an ihm fraß,
von jener Müdigkeit und dumpfen Hoffnungslosigkeit.

Ein paar Tage später ist er auf Tahiti gestorben. Hatte
er eine Ahnung von seinem Ende, als er mir erst ganz vor
kurzem die Hauptperson eines künftigen Romans be-
schrieb, die sich nach Ozeanien begibt, um dort den Tod
zu erwarten?

6. September 1959
Damit dein Selbstmord kein Rückzug ist, mußt du zuvor ein Werk schaffen. Das ist die Bedingung.

11. September 1959
Man ist nicht dauernd verzweifelt, und das ist bedauerlich. Wäre man es, entginge man der Panik. Man würde eine Stetigkeit, eine Einheit, eine Art Beruhigung erreichen.

14. September 1959
Dürftest du dir ein neues Leben aussuchen, so würdest du nicht van Gogh oder Cézanne sein wollen oder sonst eine Ausnahmeexistenz. Nein, deine Wahl fiele auf den wackeren Bauern, der sein Leben gelebt hat, reibungslos, konfliktlos, halbbewußt dahindämmernd.

Der Humor ist vielleicht das einzige Mittel, in das künstlerische Schaffen das notwendige Scheitern und die Zerstörung zu integrieren. Aber Humor zu haben bedeutet, Energie zu haben; deine Energie jedoch ist vom Leiden vollständig aufgezehrt.

18. September 1959
Die Erfahrung des Nichts zieht die Zerstörung des Ichs, der Denk- und Sprachstrukturen nach sich. Geboren werden, sich Sein verleihen mittels Schreiben heißt, genau genommen, aus dem Nichts eine Sprache neu zu erfinden.

20. September 1959
Selbst der Tod wird dich enttäuschen.

Die Stimme moduliert das Schweigen.

21. September 1959
Was dem Werk widerspricht, nährt es.

23. September 1959
Ich rage so weit über mich hinaus, daß ich, wenn ich auf mich hinabschaue, nur noch einen Punkt sehe.

Schreiben ist nur ein Notbehelf, eine Schwäche, eine Feigheit. Die wahre Verweigerung drückt sich durch Verzicht und Schweigen aus.

30. September 1959
Fünfundzwanzig Jahre alt. Es wird dir immer deutlicher, daß du nicht weitermachen kannst. Das Schreiben erscheint dir mehr als unnütz. Wenn du dich der zwei oder drei Bücher entledigt haben wirst, die du im Kopf hast — was willst du dann tun? Was wird aus dir werden?

2. Oktober 1959
Ein Werk der Verweigerung, der Verzweiflung — was kann es bieten? Hat man das Recht, es einem anderen mitzuteilen? Freilich stellt sich diese Frage nicht. Ich wähle nicht. Ich kann es nur erleiden.

15. Oktober 1959
Jede Frau zieht mich an, bewegt mich, sofern sie von reicher Weiblichkeit ist. Ihr Alter, ihre Stellung, ihr Typ spielen dabei keine Rolle.

17. Oktober 1959
Fern vom Leben und fern vom Tod. Nicht leben und kein Ende machen können.

20. Oktober 1959
Die Zeit ist stehengeblieben. Ich kann nicht mehr sterben. Dem Unerträglichen bin ich ausgeliefert für alle Ewigkeit.

21. Oktober 1959
Ich muß mich immer wieder darüber wundern, wie er-

schreckend weit das Bewußtsein dem Wissen hinterher-
hinkt. (Das gilt im individuellen wie im kollektiven Bereich.)

28. Oktober 1959
Ich überlebe nur, um besser zu sterben, um weiter in das
Nichts vorzudringen.

30. Oktober 1959
Dein Satz ist zu nüchtern. Du lieferst von deinem Gedanken nur den Aufriß und nichts von dem, was ihn hervorruft.

6. November 1959
Das Ding scheint auf und vergeht in dem Wort, das es
benennt.

7. November 1959
Jeder Mensch vermag nur wenig. Und wenn er dieses Wenige verwirklichen will, muß er ihm sein Leben widmen. So
kommt es, daß dieses Wenige sich als unbegrenzt erweist
und als maßlos schwer.

20. November 1959
Wenn ich schreibe, fühle ich, daß ich einen neutralen Ton
wählen muß. Denn das Neutrale ist das Zentrale.

26. November 1959
Dieser Gedanke, ebenso unerträglich wie das schlimmste
körperliche Leiden: Werde ich alles aufgeben müssen?

27. November 1959
Manchmal leidest du nicht mehr. Nicht, daß du resigniert
hättest oder gleichgültig geworden wärest. Nein, du bist
einfach erschöpft. Du spürst das Leiden nicht mehr, hast
keine Kraft mehr, bist bereits eine Beute des Todes.

28. November 1959
Komme ich durch dieses Leiden endlich zu mir selbst?

29. November 1959
Jede geliebte Frau ist ein künftiger Schmerz.

30. November 1959
Dieser immer gleiche Traum, den ich schon mehrfach gehabt habe: Es ist Nacht, ich gehe in der Stadt eine ausgestorbene Straße entlang. Plötzlich sehe ich, wie einige Schritte vor mir meine Mutter auftaucht und wie sich sogleich ein unbekannter Mann auf sie stürzt und sie erdolcht. Ich eile hinzu und will den Mörder packen. Da dreht er sich um, macht mich bewegungsunfähig und ruft um Hilfe. Leute eilen herbei. Er zeigt auf mich als den Mörder. Er behauptet sogar, er habe mich dabei ertappt, wie ich das Messer abwischte, um die Spuren zu tilgen. Sogleich werde ich vor ein Gericht geschleppt und ohne weitere Untersuchung des Falles zum Tode verurteilt. Einen Augenblick später bin ich auf einem Platz, der schwarz ist von Menschen. Ich steige auf das Schafott und werde geköpft.

2. Dezember 1959
Die Jugend kann man wirksam und mit Gewinn nur im reiferen Alter leben. Genauer: Man kann mit dem Geist der Jugend nur im reiferen Alter leben. Denn Leben, wie Denken, erfordert Selbstbeherrschung, eine gewisse Festigkeit und Stetigkeit, eine bedingungslose Kenntnis seiner selbst, alles Dinge, die man erst im Laufe der Jahre erlangt. Jugend ist Zerstreuung, Verwirrung, Heftigkeit, Haß auf Stillstand und Fixierung. Um aber zu wissen, wie man leben soll, muß man sich dauerhaft mit dem Tod identifiziert haben.

7. Dezember 1959

Man weiß nichts vom Leben, wenn man niemals den Ekel vor dem Leben, den Zweifel an sich selbst, die Krankheit der Seele und die schreckliche Angst, die mit ihr einhergeht, hat überwinden müssen. Erst von den äußersten Grenzen des Ich aus erkennt man, wer man ist und was man taugt. Die Kraft geht aus der äußersten Schwäche hervor.

1960

26. Januar 1960

Meine Dürre ist weniger Unvermögen oder Versiegen als das Produkt einer allzu strengen Existenz.

7. Februar 1960

Sie fliehen sich, stumpfen sich ab, wollen sich nicht in Frage stellen, sich nicht beunruhigen lassen (so wenigstens sehe ich es). Jeder ahmt den anderen nach. Im Leben dieser stets Beschäftigten — wo bleibt da Raum für das Bewußtsein? Raum für das Menschliche, für das Sich-Befragen, für die Liebe, für das, was auf die eine oder andere Weise etwas wie Transzendenz sichtbar machen könnte? Hinter all den Bemerkungen, die man über deine Art zu leben macht und über deine Weigerung, Kinder zu haben, ahnst du eine ungeheure Verblüffung, fast ein ungläubiges Staunen. Es erscheint wirklich unverständlich, ja unzulässig, wenn man in seinem Leben auf bestimmte Erleichterungen, Rücksichten, Rechtfertigungen verzichtet. Wie oft hat man dir schon gesagt, daß du anderen Furcht einjagst.

8. Februar 1960

Ehrgeiz ist zügelloser Wille zum Erfolg. Erfolg aber braucht vielstimmige Anerkennung. Du lehnst es ab, von anderen deinen Wert zugeteilt zu bekommen. Daher dein Mangel an Ehrgeiz.

15. März 1960

Schreiben ist der Versuch, sich selbst sein eigener Grund zu werden.

30. März 1960

Es ist richtig: Ich möchte allein sein, bin ein Einzelgänger. Dennoch besteht mein einziges Vergnügen darin, in der Menge unterzutauchen und mich von ihr durch die stark belebten Straßen der Innenstadt tragen zu lassen.

Bisher erschien mir dieses Bedürfnis nach hautnahem Kontakt als eine Reaktion auf mein Leben in Aix: Acht Jahre Gefangenschaft hinter Kasernenmauern ließen mir mehr als genug Zeit, einen wahren Heißhunger nach Freiheit zu entwickeln. Ich dachte mir, er sei immer noch nicht gestillt und ich müßte weiterhin alles tun, um ihn zu befriedigen. Aber diese Erklärung scheint mir heute nicht auszureichen. Jenes Verlangen nach der Menge muß tiefere Gründe haben. Wahrscheinlich entsteht es aus einem Bedürfnis nach Gemeinschaft und Verschmelzung mit einer Form der Existenz, von der ich unbewußt ahne, daß sie mir unzugänglich und versagt ist. In gewisser Weise vermitteln die Spaziergänger in den Straßen und die Müßiggänger in den Cafés den Eindruck von Freiheit und Ungezwungenheit. Sich unter sie zu mischen heißt, die Isolierung zu durchbrechen, sich einer wechselseitig anerkannten Verfügbarkeit auszuliefern, sich dem Zauber des Augenblicks und der geheimen Erwartung möglicher Abenteuer hinzugeben. Es gibt da ein Moment der Flucht, des Einswerdens, des Ichverlusts. Daher die Illusion eines Aufschubs.

5. April 1960

Um der Versuchung des Selbstmords nachgeben zu können, hättest du niemals eine Zeile von dir erscheinen lassen dürfen. Da du angefangen hast zu veröffentlichen, kannst du nicht mehr Schluß machen. Alles oder nichts: So oder so ist es dieselbe Suche nach dem Vollkommenen.

18. April 1960
Diese Undurchlässigkeit, dieser Überdruß, diese andauernde Verzweiflung... Es kommt mir vor, als lebte ich, ohne zu sein, ganz genau so, als wäre ich tot. Das ist natürlich genau das, was ich haben will. Trotzdem ergreift mich manchmal eine furchtbare Panik.

23. April 1960
Die Verzweiflung führt zum Schweigen. Das läßt sich am besten dadurch anzeigen, daß man eine extrem einfache, statische Sprache ohne alle Lyrismen verwendet. Doch selbst in dieser Sprache ist ja noch ein Stück Lüge.

24. April 1960
Die Revolte ist Bejahung, Spannung, Glut. Sinkt sie in sich zusammen, breitet sich Niedergeschlagenheit, Abscheu, Selbstverachtung aus. Rimbaud hat seine »Saison en enfer« nicht erlebt, als er sie schrieb, sondern viel später, als er sich gezwungen sah, ja zu sagen zu Verzicht und Unterwerfung.

26. April 1960
Ein Zuviel an Feingefühl tötet das Feingefühl, ein Zuviel an Leiden setzt das Leiden außer Kraft. Also solltest du jenseits der Verzweiflung ein Gleichgewicht finden können.

28. April 1960
Mein Erlernen der Freiheit gründet auf der Erfahrung der Einsamkeit, der Angst, der Schwierigkeit zu leben. Deshalb kann ich verstehen, warum die meisten Menschen nur ein Ziel haben: auf ihre Freiheit zu verzichten und sich in eine Religion, eine Ideologie oder sonst eine Form des Herdengeistes zu flüchten, der sie von sich selbst befreien soll. Nichts ist schwieriger, als aus sich selbst leben und denken zu wollen.

29. April 1960

In Aix habe ich acht Jahre lang in einer verordneten, fest gefügten, hierarchisch aufgebauten Welt gelebt, wo Gut und Böse leicht auseinanderzuhalten waren, wo man sich, hatte man einmal zugestimmt, keine Fragen mehr stellte, wo der Weg vollkommen gebahnt war, wo es nur darum ging, zu leiden und zu schlafen.

Als ich mit dreiundzwanzig — nach elf Jahren in Uniform — Zivilist geworden war, mußte ich feststellen, daß mein bisheriges Leben auf Lügen erbaut war, daß alles, was man mir eingetrichtert hatte, falsch war, daß die Welt, auf die ich beschränkt worden war, mir jene andere, jenseits der Mauer existierende verborgen hatte.

Die Ratlosigkeit, in die ich durch eine solche Umwälzung geriet, war total. Noch heute, drei Jahre danach, habe ich sie nicht überwunden.

30. April 1960

Meine Askese und die moralische Zwangsjacke, in die ich mich gesteckt habe, haben direkt mit jener Hilflosigkeit zu tun, in der ich mich befand, als ich ins Zivilleben zurückkehrte. Sie sollen mir helfen, Wegmarken abzustecken, eine Struktur zu finden.

3. Mai 1960

Bin stark bewegt. Zum ersten Mal sehe ich heute eine Photographie meiner Mutter. Ein sehr schönes Gesicht, zudem von jenem Typus, dem ich den Vorzug gebe und der, wie ich meine, das weibliche Wesen am besten ausdrückt, diese Mischung aus Passivität, Ausgeglichenheit, Sinnlichkeit und Geheimnis.

Regelmäßige Züge, ernster Blick, dichte lange Augenbrauen, schön geformte Lippen, ziemlich großer Mund, eingefallene Wangen, die untere Gesichtshälfte ein wenig schwer. Der Ausdruck ist zwiespältig. In das Bild guter geistiger Gesundheit und inneren Gleichgewichts mischt sich eine leichte Bitterkeit und ein Hauch, denke ich, von Herausforderung.

Auf einem anderen Photo kommt mir das Gesicht noch schöner vor, der Mund voller und die Augen sehr groß.

Immer schon wollte ich meinen Vater bitten, daß er mir von ihr erzählt, aber ich habe mich nicht getraut.

10. Mai 1960

Dir gegenüber immer jenes Auge, das den Fremden, zu dem es dich macht, beobachtet und prüft.

25. Mai 1960

Schon einige Jahre, bevor er kommt, wird der Tod in mir sein.

17. Juni 1960

Was wäre die Strafe für den, der am Abenteuer der Menschheit nicht teilnehmen kann, der sich von der Gemeinschaft zurückgestoßen sieht?

18. Juni 1960

Körperlicher Schmerz, Krankheit oder eine verzweifelte Situation sind notwendig, damit der Mensch ein Interesse am Dasein entdeckt und Gründe findet, zu leben. (Es ist bekannt, daß es in Kriegszeiten viel weniger Selbstmorde gibt als in Friedenszeiten.) Wenn er gesund ist und nichts ihn bedroht, lastet auf ihm der Nicht-Sinn seines Lebens und seines Seins, und Verzweiflung ist sein Los.

Die Krankheit zwingt also, zu kämpfen, sich zu wehren. Die Angst, die sie mir einflößt, ist vielleicht nur die unbewußte Furcht davor, mich in die Gattung einordnen, Energie und Willen entwickeln zu müssen, um eine Existenz zu schützen, von der zu befreien ich mich mühe.

Könnte ich nicht in den Tod gehen, ohne daß es zu dieser instinktiven Reaktion des Überleben-Wollens käme?

20. Juni 1960
Wir können in den Menschen nicht lesen. Wir entdecken
in ihnen nur das, was uns ähnlich ist. Deshalb entgeht uns
ihr Eigenstes.

24. Juni 1960
Gerade habe ich *Humiliation* vollendet, mein erstes Buch,
einen Roman von dreihundertsechzig Seiten über mein Leben in der Militärschule von Aix-en-Provence. Ich empfinde keinerlei Befriedigung.

4. Juli 1960
Jene Neigung, die mich die reifere Frau dem jungen
Mädchen vorziehen ließ, habe ich mir immer damit erklärt,
daß ich keine Mutter hatte und daß dies meine Kindheit
geprägt hat. Aber diese Erklärung reicht nicht aus. Ich hatte von den Menschen stets Jungfräulichkeit verlangt, und
erst als ich mit dieser leidenschaftlichen Forderung nichts
als Enttäuschungen erlebte, gab es in mir eine Revolte.
Nun erst entstand, von Enttäuschung und Verbitterung
genährt, das Verlangen, auf Frauen zuzugehen, die schon
gezeichnet sind von der Zeit.

9. Juli 1960
So, wie du dich behandelst, werden dich die anderen behan-
deln. Denn die Beziehungen, die du zu dir hast, sind genau
dieselben, die du zu ihnen unterhältst.

13. Juli 1960
Von dem Augenblick an, in dem man feststellt, daß man
den anderen in dem, was wesentlich ist, nicht ändern kann,
erscheint jedes Werk unnütz.

Ich beneide die Frau um ihre unbesiegbare, aus Passivität
und beharrlicher Geduld wachsende Kraft.

Den Hang zum Quantitativen, den wir in uns haben, das Don-Juanhafte, das uns dazu treibt, Erfahrungen anzuhäufen und von einem Menschen zum anderen zu wechseln, empfinde ich als eine Manifestation unserer Erbärmlichkeit.

25. Juli 1960

Sich als anders empfinden heißt, sich schuldig fühlen. Da liegt wohl der Ursprung meiner Scham.

23. August 1960

Ich bin niemals jung gewesen. In Aix lebte ich vom dreizehnten oder vierzehnten Lebensjahr an in der Angst vor dem Tod, in Scham und Schuld. Wenn ich mir jene Jahre ins Gedächtnis rufe, erinnere ich mich zuallererst an meine ständige Mattigkeit und Erschöpfung; morgens saß ich auf dem Rande meines Bettes und hatte nicht die Kraft, mich anzuziehen.

24. August 1960

Damit ein Ziel uns gefangen hält, müssen wir es als für immer unerreichbar empfinden.

28. August 1960

Das Werk versagt dem, der es hervorbringt, jegliche Tröstung.

5. September 1960

Aix fehlt mir. Natürlich nicht die Kaserne, die Disziplin, der militärische Drill, sondern die Menschen, mit denen ich dort verbunden war. Der Gedanke ist mir unerträglich, daß ich ihre Gesichter nicht mehr sehen soll, daß diese Freundschaften tot sind, daß ich eine solche Brüderlichkeit nicht mehr erleben, nie mehr die junge Frau wiedersehen werde, die ich geliebt habe und die mich liebte, und auch nicht die jungen Mädchen, in die ich verliebt war und mit denen ich flirtete, weder die Petitjeans, das Freundespaar, das sich so großmütig um mich gekümmert hat, noch Monsieur Laurent, meinen vorzüglichen Französischlehrer, der mich zu begeistern wußte, noch diesen oder jenen Unteroffizier, den Sportwart, die Schneiderin. An dem Tag, an dem ich die Schule verließ, waren diese entscheidenden, so intensiv erlebten Jahre plötzlich zu Stein geworden, sie waren für mich verloren, wurden zu Erinnerungen, zu einer toten Sache; noch heute kann ich mich nicht damit abfinden.

7. September 1960

Dein Leiden ist so übermächtig, daß du es nicht sagen kannst. Soll es dir gelingen, es eines Tages auszudrücken, mußt du es vergessen haben und dann wiederbeleben auf dem Umweg über die Imagination.

12. September 1960

Sowie du dich überraschst, am Mangel nicht mehr zu leiden, redest du dir ins Gewissen, empfindest du Abscheu vor dir, haßt dich.

15. September 1960

Der Selbstmord ist die Bejahung des Selbst. Ebenso ist er aber auch seine radikale Verneinung. Also?

19. September 1960

In der Kontemplation lebt der Mensch am aktivsten und intensivsten.

22. September 1960

So unheilbar groß ist deine Ermüdung. Wie schaffst du es bloß, dich auf den Füßen zu halten? Aufzustehen, dich anzuziehen, dich zu waschen, zu essen?
Wenn du dein Leiden nicht hättest — was für eine Wüste wäre dein Leben! (Nichts kann mehr empören, mehr er-

niedrigen, als einen solchen Unsinn formulieren zu müssen.)

Als ich in Aix war, verfolgte mich die Vorstellung, daß man mich eines Tages vor Gericht stellen würde und daß ich mich dann nicht würde verteidigen können. So spornte mich die Angst vor einer Verurteilung an, mich aufs Lernen zu stürzen, lesen, schreiben und mich ausdrücken zu lernen, kurz, mich um die Wörter und die Sprache zu kümmern. Ich kann sagen, daß meine Gewohnheit, mich selbst zu beobachten, und mein Interesse für die Literatur direkt aus meinem Schuldgefühl erwachsen sind. Was ich vom Schreiben verlange, stammt ebenfalls dorther: Ich schreibe, um mich zu rechtfertigen, meine Unschuld zu beweisen, mich beliebt zu machen.

26. September 1960
Wenn zwei Menschen sich lieben, sind sie voneinander getrennt durch die Liebe, die sie empfinden: durch die Sorge, vor dem anderen die eigene Verzweiflung zu verbergen, ihm nicht die Last des eigenen Kreuzes aufzuladen.

27. September 1960
Wieder in der Stadt, nachdem ich drei Monate auf dem Land verbracht habe. Irrte in den Straßen umher. Dieselbe Ratlosigkeit wie in meiner Jugend. Fühlte mich unendlich weit von allem entfernt. Tiefes Mitleid mit meinesgleichen. Beherrscht von dem Gefühl, nichts zu sein, nicht länger leben zu können.

Das Werk: irrsinnige Strafe, verhängt über den, der sich der Unterwerfung verweigert.

3. Oktober 1960
Schreiben ist nutzlos. Sei's drum. Trotzdem muß ich, auch nachdem ich diese Wahrheit verkündigt habe, die Lee-

re füllen, die mich ansaugt; um der Verzweiflung zu entgehen, muß ich meine Zuflucht zu dem Opium nehmen, das Schreiben heißt.

8. Oktober 1960

Ich tauche in diesen Tagen aus einer Verwirrung empor, von der mir die Erinnerung an etwas Grausames zurückbleibt. (Wenn das Leiden einen überfällt und man mit ihm kämpft, ist man wie gelähmt, also unempfindlich. Man zieht sich zurück, verschließt sich ängstlich in sich selbst, sammelt seine Kräfte, um Widerstand zu leisten. Fast möchte ich etwas Unsinniges zu äußern wagen: Das wirkliche Leiden beginnt erst dann, wenn es anfängt, schwächer zu werden.)

18. Oktober 1960

Aggressivität, der Drang zu siegen und zu unterwerfen, die Virilität, die den Mann fortwährend peinigt — all das verrät einen Mangel, offenbart in gewisser Weise ein Gefühl der Verbitterung. Im Gegensatz zu dem, was man glauben möchte, hat der Mann vielleicht Sehnsucht nach dem Weiblichen, insofern Weiblichkeit im Grunde nichts anderes ist als Ausgeglichenheit, Öffnung nach außen, Übereinstimmung, ja gleichsam organische Verbundenheit mit der Welt, in der die Frau stark verwurzelt ist. (Meine Sehnsucht nach der Frau ist von gleicher Natur wie meine Sehnsucht nach endgültiger Ruhe, nach dem Tod. Sie ist deren kleinere Erscheinungsform.)

3. Dezember 1960

Begegnung mit dem Bildhauer Maxime Descombin. Jedes Mal heftige Verwirrung, tiefe Bewegung, wenn ich mich in Gesellschaft eines Menschen befinde, von dem ich weiß, daß er viel gelitten hat und lange kämpfen mußte, um zu heiterer Gelöstheit zu gelangen. Der wunderbare Eindruck von Frieden, von Gleichgewicht, von lächelnder und ernster Güte, der von einem solchen Menschen ausgeht, stärkt mich, gibt mir Zuversicht. Für mich ist das der Beweis dafür, daß man zum einen Zweifel und Qualen überwinden kann und sich zum andern, hat man jene Gelöstheit erst erreicht, dem Leben zu öffnen vermag, ohne deshalb seine ursprüngliche Revolte zu verleugnen.

13. Dezember 1960

Man erwartet, daß der Verzweifelte konsequenterweise Selbstmord begeht oder sich zumindest vom Leben abwendet, sich seinen Vergnügungen und Freuden verweigert. Dabei vergißt man jedoch, daß niemand stärker in das Leben verliebt ist, niemand heftiger nach ihm begehrt als der Verzweifelte. Seine Verzweiflung gibt das Maß für seine Leidenschaft für das Leben; denn beide bedingen einander. Zum Beweis genügt mir meine Jugend, eine Zeit, in der die Verzweiflung und die Gier von gleicher Heftigkeit waren.

Um zur Einfachheit zu gelangen, braucht es ein ganzes Leben.

1961

1. Januar 1961
In den Phasen der Beruhigung suche ich nach dem Mittel, das imstande wäre, den Krisen der Niedergeschlagenheit vorzubeugen. Wohl finde ich nach langem Suchen eines, das gewiß unfehlbar wirksam wäre. Aber wenn es um die Anwendung geht...

22. Januar 1961
Sehen, wie zwei Liebende sich umarmen, und nicht einmal imstande sein, sie zu verstehen. Mich wiederzufinden in dem, der Vergnügen dabei empfindet, einen weiblichen Körper zu erregen...

10. Februar 1961
Kurzer Aufenthalt in Jujurieux. Tage, ausgefüllt mit Spaziergängen, mit Sonne, mit Entdeckungen. Du liebst es, hinauf auf den Hügel zu steigen, der das Dorf beherrscht, und von dort den Blick über die Ebene schweifen zu lassen mit den hingestreuten Dörfern, die wie graue Steinhaufen aussehen. Du nimmst das dichte, schwere Schweigen wahr, das auf dem Leben dieser Dörfer lastet, und schon versinkst du in ein verdrießliches Grübeln, suchst dir das monotone Dahinziehen der Jahre vorzustellen, die Abfolge der Jahreszeiten, das Aufeinanderfolgen der Generationen, den Wechsel von Glück und Leid. Und nichts bewegt sich. Kein Schrei. Da will es dir scheinen, als zeigte sich dir auf eine endgültige Weise die völlige Sinnlosigkeit aller menschlichen Existenz.

15. Februar 1961

In einem Café. Es ist ein Frühlingstag. Die Stadt erwacht aus ihrem Winterschlaf. Die Frauen zeigen sich schon im Kostüm, die jungen Mütter gehen mit ihren Kindern an die frische Luft, die Leute flanieren. Ein Sonnenstrahl wärmt mir die Wange, und ich lasse meine Gedanken schweifen, geborgen in meiner inneren Wärme, und genieße das vage Glück, das mich umschwebt und süß durchdringt. Ein leichtes Schwindelgefühl, vermischt mit einer Spur Angst.

28. Februar 1961

Ich befreie mich von meiner Jugend. Die Erinnerung an die Frauen, die ich geliebt habe, zieht mich jetzt seltener zurück in die Vergangenheit. Meine Zwangsvorstellung des Selbstmords schwächt sich ab. Eine Kraft, ein Vertrauen wächst in mir, entfaltet sich, stärkt mich. In diesen Tagen komme ich mir vor wie ein Baum, der im Saft steht, wobei der Saft noch nicht alle Verzweigungen der Äste kennt.

10. März 1961

Ich bin ein Einzelgänger. Aber die Einsamkeit schreckt mich derart, daß ich, müßte ich allein leben, dazu nicht fähig wäre. Nachts, wenn ich aufwache, wird die Lebensangst unerträglich, und dann ist es mir eine Stärkung und ein Trost, jemanden neben mir zu wissen, der mich nach Tagesanbruch dahin bringen wird, wieder unter mein Joch zu treten und wieder ein unempfindliches Gesicht aufzusetzen.

So überraschend das ist: In der schlimmsten Zerrüttung lebt in mir immer noch ein gewisses Verlangen fort, eine Spannung, ein Drang weiterzumachen, dem Leben entgegenzugehen.

7. *Juni 1961*

Man kann in einem Leben nicht zweierlei machen. Du kannst ein Werk hervorbringen, sofern du ihm alle deine Kraft, deine ungeteilte Aufmerksamkeit, dein ganzes Leben opferst. (Kunst soll nicht ein außergewöhnliches Ereignis, sondern tägliche Gegenwärtigkeit sein.) Wenn du dich entscheiden würdest, einen Beruf zu ergreifen, wärest du damit einverstanden, dich in die Gesellschaft einzugliedern, fremdbestimmt, konditioniert, losgekauft zu werden. Du kannst das Leben nur erforschen, es studieren, es kosten und es vertiefen, wenn du dich von ihm fernhältst. Handeln, aktiv sein heißt, das Denken aufzugeben.

11. *Juni 1961*

Wenn du einen gewissen Punkt überschritten hast, kannst du deine Zuflucht nicht mehr beim Schreiben nehmen. Um an die Schöpfung zu glauben, braucht es ein Minimum an Energie und Unschuld.

17. *Juni 1961*

Die Leute, die völlig hilflos sind, wenn ein Unglück über sie hereinbricht, haben ohne eine Ahnung von der Tragik der Existenz gelebt. Und plötzlich entdecken sie mit Schrecken das Leiden und die Erbärmlichkeit unserer Situation.
Als chronisch Leidender erkaufst du dir das Privileg, von solchen Unglücksfällen, die ein ganzes Leben verändern können, nicht zermalmt zu werden.

20. *Juni 1961*

Man schreibt niemals ein Buch. Jeden Tag müht man sich an ein paar Sätzen, schreibt ein oder zwei Seiten, und Monate später wird man gewahr, daß ein Werk entstanden ist. Desgleichen lebt man niemals das Leben.

3. Juli 1961

Man darf nicht glauben, es sei leicht, sein Leben zu ver-
pfuschen. Es kann durchaus sein, daß man dafür ebensoviel
Mut und Entschlossenheit braucht wie für den Erfolg.

12. Juli 1961

Diese Lebensgier, diese Lebensfreude, diese arglose Sinnlichkeit verwirren mich ein ums andere Mal. Wie kann eine
solche Frau mich verstehen? Sie ist nicht ohne Intelligenz,
ganz im Gegenteil, kann sich aber nie und nimmer vorstellen, daß man uneins mit sich selbst sein kann, daß man
sich anstrengen muß, um zu leben.

22. Juli 1961

Ich habe bislang in zu großer Selbstbeschränkung gelebt.
Das Asketentum, das ich mir auferlegte, war zu rigoros.
Statt meine Reifung zu beschleunigen, haben mich so viel
Strenge und Kompromißlosigkeit nur erstickt und einge-
schnürt. Von nun an muß ich lernen, mich zu öffnen, mich
gehen zu lassen, meine Zeit zu vergeuden.

5. August 1961

Die Menschen, mit denen wir zu tun haben, werden von
uns seelisch so beeinflußt, daß sie sich uns gegenüber immer so verhalten werden, wie es uns selbst, dem Sinn und
der Perspektive unseres Lebens angemessen ist. So können
wir nicht einmal darauf hoffen, daß ein anderer uns hilft,
an uns zu arbeiten, falls sich Persönlichkeitsdefizite her-
ausstellen sollten. Wir sind unrettbar mit unserem Schicksal verkettet, unrettbar dazu verurteilt, niemals von uns
loszukommen.

2. Oktober 1961

Ich nähere mich dem Tod nur deshalb, um mich besser
dem Leben entgegenstürzen zu können. Jede heftige Gier
nach dem Leben erwächst aus Todesbesessenheit.

Alles in allem sind unsere Wahrheiten, Gewißheiten, Glaubensformen nie etwas anderes als Anpassung.

11. Oktober 1961
Wenn man ein einziges Mal jenes nicht näher zu beschreibende Hochgefühl gekostet hat, das die schöpferische Arbeit in bestimmten besonderen Augenblicken vermittelt, dann weiß man, daß man nach nichts anderem mehr suchen wird, daß einem alles, was das Leben bieten kann, im Vergleich dazu fad erscheinen wird. Aber wie diesen Zustand beschreiben, der mir das Gefühl gibt, als lebte ich das Sein in seiner Ganzheit, in allen seinen Dimensionen. Alles mischt sich hier, alles stößt sich hier: starker Jubel, Zerrissenheit, übersteigertes Bewußtsein meines Elends, meiner Einsamkeit, meines Nichts, Mitleid mit meinen Mitmenschen, vollkommene Zustimmung zu allem Seienden, Verehrung für alles, was lebt, ein Strömen von Energie, die in sich selbst zurückfließt, mich selbstbefruchtet, mich erstickt...

13. Oktober 1961
Ich fürchte mich vor dem, was die Freude sein muß. Sobald sie auftaucht, stürze ich mich in die Angst.

16. Oktober 1961
Sowie mir die geringste Freude zuteil wird, empfinde ich Scham, habe ich das Gefühl, eine Blasphemie zu begehen.

17. Oktober 1961
Jeder Gedanke ist nur im Augenblick wahr, nur wenn man das, was ihn hervorruft, in Betracht zieht. Ich sehe das an diesen Notizen. Habe ich erst einmal den Anlaß ihrer Entstehung vergessen, kommen sie mir oft anfechtbar vor. Das bedeutet, daß ich keinen Anspruch auf Allgemeingültigkeit erheben kann. Und das bedrückt mich. (Um so mehr muß ich mich, wenn ich von einem etwaigen Leser

verstanden werden möchte, darum bemühen, in ihm das
Äquivalent dessen hervorzubringen, durch das meine Notiz erzeugt wurde. Denn die wahre Verständigung stellt
sich eher dort ein, wo der Gedanke seine Bestimmung erhielt, als dort, wo er seinen Ausdruck fand.)

22. Oktober 1961
Denken heißt, in sich ein Licht entzünden, das die Welt
ins Dunkel taucht.

27. Oktober 1961
Die Schwierigkeit, zu einem originalen, originellen Gedanken zu kommen. Da liegt das Problem. Meistens definiert
sich der Gedanke mechanisch, durch Opposition oder Reaktion, indem er gegen den gesunden Menschenverstand,
gegen konformes Verhalten, gegen Vorurteile und Ent-
fremdung Partei ergreift. Anders gesagt, er ist keine We-
senheit, die zu Entdeckungen führt, die uns auf einem
Weg fortschreiten läßt, sondern einfach eine Waffe, die
nur in der Beziehung zum Falschen, zum Fehler, zur Unwissenheit, zur Dummheit, zur Trägheit existiert.

6. November 1961
Meine Familie sagt zu mir: Es scheint, es geht dir besser,
es scheint, du bist weniger angespannt, bist ruhiger, man
spürt, du bist nicht mehr so umgetrieben wie früher. Und
ich denke: Da haben wir's, ich sacke ab, ich akzeptiere
mich, meine Revolte erlischt, das ist der Anfang der Agonie.

8. November 1961
Jeden Tag, wenn es gilt, den in Arbeit befindlichen Text
von neuem vorzunehmen, diese fürchterliche Anstrengung, bis man sich selbst aus dem Weg geräumt und das
Denken genau in die Perspektive des schon Geschriebenen
gebracht hat.

Es gäbe eine Möglichkeit, den Mitteilungswert des geschriebenen Gedankens zu vergrößern: indem man alle seine Fehltritte, Verirrungen und tastenden Bewegungen um-
schreibt. Aber genau das heißt, das Unmögliche wollen.
Wenn das, was dem Gedanken vorausgeht, das Ungeform-
te, der Nicht-Gedanke ist, wie kann dann die Sprache, die
nur durch den Gedanken existiert, diesen Nicht-Gedanken
fassen? Trotzdem: Ich fühle, das ist eine Richtung, in der
ich arbeiten muß.

Wenn ich an den Kalvarienberg denke, den gewisse Künstler erklommen haben, will es mir scheinen, als sei der einzig wahre Mut nicht der, der sich zur Schau stellt, sondern
der, den kein Überschwang beflügelt, der sich unbeachtet
weiß und auf keine Belohnung schielt.

10. November 1961
Manche Leute glauben, Denken bestehe darin, sich Bücher
einzuverleiben und den Kopf mit Wissen vollzustopfen,
um dann distanziert Probleme zu erörtern und sich von
ihnen keineswegs beunruhigen zu lassen. Nein, Denken ist
eine Qual, die keinen Augenblick nachläßt, eine ätzende
Säure, die einen zerfrißt, die einen scheitern läßt, die einen
mit Ekel und Trauer erfüllt.

12. November 1961
Die Frau erregt mich nicht mehr. Gewiß, früher begehrte
ich sie, ihr Körper verwirrte mich, zog mich an. Vor allem
aber bewegte mich das Bewußtsein ihrer Schwäche und Zer-
brechlichkeit. Ich wollte sie in Bedrängnis sehen, unglücklich und unverstanden, ohne Hilfe, ohne Zärtlichkeit. Und
ich, der ich ein unermeßliches Mitleid mit ihr empfand,
ich wollte ihr Leiden auf mich nehmen, mir fiel die Aufgabe zu, sie die Schändlichkeit und Nichtswürdigkeit des
Lebens vergessen zu lassen. Heute jedoch empfinde ich
in Gegenwart einer Frau nichts mehr, das Herz bleibt

stumm. Ich betrachte sie nur noch, um zu überprüfen, ob meine Vorstellung von Weiblichkeit richtig ist.

17. November 1961
Sobald man sie sieht, diese Welt, erscheint sie so, wie sie ist: unendlich arm, enttäuschend, erbärmlich. Die Religionen, die einen dazu drängen, sie abzulehnen, sich von ihr zu lösen, und die sich doch so sehr darum sorgen, daß inmitten all unserer Ängste, Begierden und vielfachen Interessen das Leben seinen Platz habe — sie haben nur ein Ziel: die Illusion zu erzeugen, daß es sich mit dem Leben ganz anders verhält. Das ist ein genialer Trick, um dem Schrecken, leben zu müssen, zu entgehen.

18. November 1961
Der eine liebt das Leben, er wird es lieben, solange er lebt, in Freuden wie im Leiden. Der andere ist dem Überdruß verfallen, nichts interessiert ihn, möglicherweise nimmt er sich sogar das Leben. Doch wenn man sie vergleicht, was kann man von diesen beiden, von diesen Lebenshaltungen sagen? Nichts. Nichts kann man über sie sagen. Ein Mensch ist, was er ist, und das ist alles. Und weil das so ist: Warum fällt man über jenen her, der nicht die Kraft hat, zu leben?

20. November 1961
Man fragt sich, ob der Mensch sich selbst ändern, ob er moralische Fortschritte machen, besser werden kann. Aber das ist ein zweitrangiges Problem. In Anbetracht dessen, daß er über das Wesentliche keine Macht hat — ob er gerne lebt oder das Leben verabscheut —, ist es von geringer Bedeutung, ob er sich auf dem Felde der Moral vervollkommnet. Denn seine moralische Haltung hängt unmittelbar ab von seinem inneren Zustand, von der Angst, der Gewalttätigkeit, dem Machtwillen, die in ihm wohnen.

21. November 1961

Aus der Verzweiflung, aus dem geschärften Bewußtsein von der Nichtigkeit des Lebens, also auch jeglicher Moral, entstehen moralische Imperative, die trotz ihres restriktiven und wesentlich negativen Charakters gleichwohl Forderungen erheben: Keine Kinder haben. Sich nicht wie ein Schweinehund benehmen, wenn die Umstände günstig sind. Nichts von dem, was einen zerstört, sichtbar werden lassen, damit die Umgebung nicht verseucht wird. Nicht ins Extrem verfallen und den Kopf verlieren, wenn der Lebensinstinkt im Gefühl des nahenden Todes sein Haupt erhebt und sich wehrt.

22. November 1961

Wenn ich fühle, wie unfähig ich bin, das Denken in Gang zu setzen oder nach meinem Wunsch zu formen, fühle ich, wie unverantwortlich ich handle.

Wer sich erniedrigen, sich dem Verfall anheimgeben will, braucht seine Zuflucht nicht beim Alkohol, bei Ausschweifungen, beim Laster oder sonst einer Form der Selbstzerstörung zu nehmen. Das Denken allein genügt.

23. November 1961

Wenn ich, wie in diesen Tagen, wie ein Rasender schreibe, wenn ich überfließe von Ideen, von Dingen, die ich sagen möchte, werde ich von dem Gefühl, Notwendiges zu tun, beflügelt. Ich kenne keine Furcht mehr; denn in solchen Augenblicken werde ich von einer derartigen Kraft getragen, daß mir scheint, nichts könne mich treffen, nicht einmal der Tod.

24. November 1961

Erniedrigend zu sehen, daß der Dichter in Wahrheit nur ein Spiegel ist, der die Welt reflektiert, daß er selber keinerlei Anteil hat an diesem Phänomen.

30. November 1961
So schwach, so verschwimmend, so wenig existent, daß
das Leben durch mich hindurchgeht, ohne mich zu treffen.
Ich werde ein Mensch ohne Vergangenheit, ohne Erinnerung.

2. Dezember 1961
Ja, wie armselig erscheinen die bescheidenen Reichtümer
des Einzelnen, wenn man sie mit denen vergleicht, die wir
uns ausmalen angesichts der mannigfaltigen Existenzmu-
ster, die das Leben uns anbietet. Die menschliche Klavia-
tur ist so weit gespannt, und doch spielt jedes Wesen immer nur ein paar Töne, und immer dieselben.

4. Dezember 1961
Die Schönheiten des Stils, die Reichtümer der Sprache haben meist den Zweck, eine Seins- und Denkarmut zu verschleiern.

5. Dezember 1961
In meinen Augen zähle ich nur und will ich nur zählen
als Schriftsteller, nicht als ich selber. Wenn der Zwang zu
schreiben einmal nachließe, könnte mein Leben ruhig zerfallen, ich glaube, es würde mich wenig kümmern, ich würde mich gar nicht betroffen fühlen.

18. Dezember 1961
Je mehr man sich dem Zentrum nähert, desto weniger
kann man davon reden.

Meine Enttäuschung, die Ohrfeige, die ich an jenem nun
schon fernen Tage bekam, als ich erfuhr, daß Camus Vater
von zwei Kindern war. Die Bewunderung, die ich für ihn
empfand, erlosch augenblicklich.

19. Dezember 1961

Ich verbringe meine Tage damit, das Leben so sehr zu fürchten, seine Bösartigkeit so hoch zu veranschlagen, daß es, wenn ich es dann lebe, gar nicht mehr aufregend, sondern nur noch langweilig ist.

Ich beneide die Menschen, die sich von einer Leidenschaft bis zum Verbrechen treiben lassen.

20. Dezember 1961

Jene so leicht zu lebenden Tage, an denen mir die Existenz nicht so erscheint, wie sie wirklich ist, an denen mir die Welt annehmbar vorkommt, an denen ich, kurz gesagt, einverstanden bin — gerade sie sind es, von denen mir in der Erinnerung übel wird.

21. Dezember 1961

Jeder Schriftsteller, mag er auch noch so sehr davon überzeugt sein, daß es nichts wirklich Neues mehr zu sagen gibt, hat das Gefühl, daß noch nichts gesagt worden ist. Er sieht sich vor einer riesigen Aufgabe, die noch nie angepackt worden ist.

28. Dezember 1961

Wenn ich mein Leben betrachte, kommt es mir vor wie ein Traum, unverständlich und seltsam.

Ich war ein kleiner Bauer, hatte niemals mein Dorf verlassen. Und fand mich eines Tages in einer Kaserne wieder, in eine Uniform gesteckt und gegen meinen Willen in ein Abenteuer verstrickt, dessen Perspektiven mich bedrückten.

Eines anderen Tages war ich Medizinstudent und Offiziersschüler. Dabei haßte ich die Armee und konnte einem solchen Studium keinen Geschmack abgewinnen.

Wieder eines anderen Tages der Entschluß, etwas zu tun, was ich für sinnlos hielt, wegen eines unüberlegten Streiches, begangen aus Hohn, Auflehnung, Selbstzer-

störungsdrang. Und dann, als ich völlig ratlos war und außerstande, mir aus der Situation selbst herauszuhelfen und
mich einem anderen zu öffnen, habe ich geheiratet. Und
was Abneigung, Mißtrauen, Verbitterung gewesen war, ver-
wandelte sich auf wunderbare Weise in sein Gegenteil, so
daß ich mit einer Situation zu kämpfen hatte, die mich
noch hilfloser machte.
Jetzt widme ich mich dem Schreiben und komme aus dem
Staunen nicht mehr heraus.
Daß ich mich in dem, was ich war, nicht mehr wiederer-
kennen kann, läßt mich die Gegenwart als unwirklich empfinden.

1962

1. Januar 1962

Wie du sie da siehst: stumpfsinnig geworden durch die Arbeit, sich selbst abhanden gekommen, jedes inneren Lebens beraubt, sind sie oft ebensosehr Komplizen wie Opfer. Sie wollen ihren Schlaf weiterschlafen. Und wenn das so ist: Warum sie für Empörer halten, für Verbündete, die vielleicht helfen könnten, einen neuen Menschen zu schaffen und damit auch eine neue Gesellschaft?

Meine Adoptivfamilie war schwer leidgeprüft. Ich erinnere mich, daß wir, als ich ein Kind war, ständig in Angst vor der nächsten Katastrophe, vor einem neuen Unglück lebten. Seitdem kann ich mich von dem Gefühl der Schicksalhaftigkeit und des Nicht-verantwortlich-Seins nicht mehr freimachen. Das Schicksal brach über diese geliebten Menschen herein, und sie konnten sich nicht wehren, sie besaßen weder die Mittel noch die Möglichkeiten, sich der Unbill, die ihnen widerfuhr, zu entziehen. Es blieb ihnen nur übrig, den Kopf einzuziehen und geduldig auf bessere Tage zu warten. All das zeigte mir die Ohnmacht des Menschen angesichts der Niederträchtigkeit des Lebens. Da ich gelernt hatte, unser Los mit dem Unglück schlechthin gleichzusetzen, war ich überzeugt, daß auch mich eines Tages Krankheit, Trunksucht oder Nervenschwäche befallen würden und daß ich nichts, absolut nichts würde tun können, um dem zu entgehen. Noch heute bin ich von diesen Kindheitserfahrungen geprägt. Wenn ich weder rauche noch trinke, dann nur deshalb, weil ich befürchte, eine Zigarette oder ein Glas Wein könnten eine Kettenreaktion auslösen, das Verhängnis herausfordern und so meinen Verfall bewirken. (Allerdings weiß ich genau, daß ich jenen Gewohnheiten, die man Laster nennt und in denen man versinkt, bis das Leben ruiniert ist, gar nicht zum Opfer fallen kann. Denn Gewohnheiten jeglicher Art langweilen mich. Nur wenn ich etwas Neues anfange, wenn das Unbekannte sich noch nicht gänzlich enthüllt hat, finde ich Befriedigung.)

2. Januar 1962

Als ich begann, mit M. L. zusammenzuleben, lernte ich zum ersten Mal das süße Gefühl der Entspannung kennen, das Glück, ein Zuhause zu haben, allein sein zu können. Aber ich wußte, daß ich alles, was ich jetzt entdeckte, bald wieder verlieren würde. (Ich war bereits entschlossen, meine medizinischen Examina nicht zu bestehen, und Durchfallen bedeutete grundsätzlich Dienstverpflichtung in der Armee, und zwar als einfacher Soldat, und dann Algerienkrieg.) So war diese Befreiung gar keine Befreiung, ließ mich vielmehr verzweifeln. Ich war wie gelähmt und unfähig zu reagieren; denn schon der Gedanke daran, daß ich alles verlieren würde, machte ein Arbeiten unmöglich und gab dem, was nicht unbedingt eintreten mußte, den Charakter des Unausweichlichen.

Reife erwächst aus dem Sieg der Demut über Ungeduld und Stolz.

16. Januar 1962

Descombin erzählt mir von einer Freundin, einer Frau von zweiundvierzig Jahren, Mutter von sechs Kindern. Sie hat keine Ahnung von Malerei und keinerlei Vorstellung von dem, was künstlerisches Schaffen ist und was es voraussetzt. Vor drei Jahren hatte sie sich an ein paar Bildern versucht. Dann gab sie's auf, und erst kürzlich stellte sie sich wieder vor eine Leinwand. Im Lauf von zwei Wochen hat sie, in äußerster, an Raserei grenzender Erregung, zwanzig Bilder gemalt, in einer Folge, alle von einer erstaunlichen Qualität. Sie vermochte nicht mehr innezuhalten und duldete nicht die geringste Störung. So machte sie weiter bis zur völligen Erschöpfung; eines Abends fand sie ihr Mann auf dem Boden vor der Staffelei liegend, dem Tode nahe. Zur Zeit bekommt sie Transfusionen, und die Ärzte weigern sich, eine Prognose abzugeben. Ich habe zwei dieser Bilder gesehen — sie haben einen schockartigen Eindruck auf mich gemacht. Es sind die Bilder einer Seherin, die einen packen und hineinstoßen ins Zentrum eines Dramas.

21. Januar 1962

Warum wirft das Schamgefühl einen Graben auf zwischen zwei Menschen, die sich lieben? Womöglich kann ich mein innerstes Wesen nur Fremden, nur Unbekannten anvertrauen.

27. Januar 1962

Die Schwierigkeit, auf die der Dichter anfangs stößt: Da er nichts ist, muß er sich erst hervorbringen.

28. Januar 1962

Der Dichter ist ein Multiplikator von Energie.

30. Januar 1962

Allzu viele Dichter, Schriftsteller nehmen die Mittel für das Ziel. So daß sie, vor lauter Beschäftigung allein mit dem Wort und der Form, das vernachlässigen, ja aus den Augen verlieren, was am Ursprung ihres Abenteuers stand.

Seine Sensibilität darf der Schriftsteller nur dazu benützen, sich zu öffnen, zu empfangen. Wenn er schreibt, muß er sie zurückdrängen und ein Stück Eis bleiben.

1. *Februar 1962*

Die Schriftsteller, die nichts zu sagen haben, schreiben sehr oft geradezu perfekt. Das ist übrigens leicht zu verstehen. Man kann einen Satz als mangelhaft empfinden, wenn er den Eindruck hervorruft, daß das, was er ausdrückt, besser hätte gesagt werden können. Aber wenn der Satz bar jeder Realität und bar jeden Gedankens ist, denkt man notwendigerweise, daß man nichts an ihm ändern kann.

Im übrigen kämpft der Schriftsteller, der nichts zu sagen hat, lediglich mit Formproblemen, mit der Schwierigkeit, die Wörter richtig zu verteilen, die Sätze richtig zu ordnen. Er muß nicht das Durcheinander meistern, das ein brodelndes inneres Leben erzeugt, und ebensowenig muß er sich um die Klärung und Erhellung seines Denkens bemühen.

2. *Februar 1962*

Letzten Sommer bin ich auf Korsika, in einem Schafstall in ungefähr 1700 Meter Höhe, einem alten Schäfer begegnet, der sich selber ein reiches Wissen angeeignet hatte. Ich unterhielt mich mehrmals lange mit ihm und profitierte von seinen Betrachtungen und seinen Ratschlägen.

Als ich Descombin davon berichtete, erzählte er mir, daß er einen italienischen Maurer von außergewöhnlichem seelischem Reichtum gekannt hat. Künstler und Schriftsteller, unter ihnen Saint-Exupéry, suchten ihn auf, folgten ihm gar bis zu seinem Arbeitsplatz, um ihm zuzuhören und seine Worte aufzunehmen. Denn im Grunde war er ein Dichter, ein Mensch, der mit den entscheidenden Fragen vertraut und dem Ursprung noch nahe war.

7. *Februar 1962*

Man könnte meinen, daß die Gläubigen, die ihre Religion intensiv leben, ein glühendes inneres Leben hätten. Aber dem ist meist nicht so. Ihre Religion vereitelt ja gerade jegliches Fragen, und wenn erst einmal Gut und Böse leicht unterscheidbar geworden sind, wenn Leiden Lohn bringt, wenn Gott, seine Gerechtigkeit und Liebe, für alles sorgt, kommt es dahin, daß die alte Unruhe des Menschen mattgesetzt ist und die irdische Existenz nur noch als jene von der Vorsehung gesandte Prüfung angesehen wird, durch die hindurch man die ewige Glückseligkeit erlangt. Wie sollten sie da die Zweifel des Ungläubigen kennen, den es nach Unschuld und Gerechtigkeit dürstet, wie den Aufruhr in seinem Innern, indes ihn die Liebe und das Mitleid mit seinen Mitmenschen verzehren.

10. Februar 1962

Der Schriftsteller, der ein Werk abgeschlossen hat, und der Mensch nach dem Liebesakt: die gleiche vage Übelkeit, die gleiche angenehme Mattigkeit, der gleiche Widerwille gegen das, was man eben noch wie ein Verrückter getrieben hat, das gleiche Gefühl von Leere und Vergeblichkeit. Ein Fest ist zu Ende gegangen, und der Alltag, unsagbar öde und prosaisch, flutet wieder heran.

12. Februar 1962

Kein Begriff von Zeit und Raum kann mir helfen, eine Ahnung zu bekommen von der Unermeßlichkeit meiner inneren Wege.

13. Februar 1962

Treffe diesen Burschen, der ein wenig älter ist als ich und den ich seit ein oder zwei Jahren aus den Augen verloren habe. Er hat Kinder, ist arbeitslos, sucht vergebens eine Beschäftigung. Da er sensibel und fleißig ist, empfindet er seine Situation als erniedrigend, als eine Beleidigung. Er unterhält sich mit mir auf der Straße über seine Schwierigkeiten. So groß ist sein Haß, seine Aggressivität, daß er schreit, während er zu mir spricht. Ich habe das Gefühl:

Hätte er eine Waffe dabei, er wäre imstande, sie abzufeuern, gleichgültig auf wen.

Als ich mit Bestürzung entdeckte, was aus diesem Menschen geworden war, der so viele solide Eigenschaften besaß, verstand ich noch ein bißchen besser, warum unsere Welt nichts als Gewalt hervorbringen und freisetzen kann.

14. Februar 1962

Nachwirkung meiner Jahre in Aix: Wenn ich jemandem gegenübertreten muß, der ein Druckmittel gegen mich hat, der irgendeine Art von Autorität gegen mich ausspielen kann, und wäre es nur die Concierge oder der Postbeamte, muß ich ein Gefühl der Angst überwinden.

16. Februar 1962

Die Idee, oder die Glaubenswahrheit, Ideologie, Philosophie, die ein Mensch vertritt und mit zahlreichen Beweisen, Argumenten, Belegen untermauert, wurzelt in einem irrationalen Untergrund. In ihm drängen sich Kränkungen, Begierden, Haßgefühle, Frustrationen und Ängste zusammen, von denen er zumeist nichts weiß. Bei Unterhaltungen über Probleme allgemeiner Art, bei denen ich eine andere Position als mein Gesprächspartner einnehme, versuche ich deshalb nicht, seine Ideen zu widerlegen, sondern ihn dazu zu bringen, sich ihrer Herkunft bewußt zu werden. In der Mehrzahl der Fälle rufe ich damit nur Unmutsäußerungen und heftige Reaktionen hervor, trotzdem lasse ich nicht davon ab, ihm auf diesem Felde entgegenzutreten. Jede andere Vorgehensweise wäre nur ein Beweis für Ignoranz und würde nur zu einem fruchtlosen Zusammenprall zweier Überzeugungen führen.

17. Februar 1962

Die Kunst beginnt erst in dem Augenblick, in dem man sich außerhalb seines Ichs, außerhalb des Individuellen einrichtet.

23. Februar 1962
Wie sich verzeihen, daß man nur ist, was man ist.

1. März 1962
Am Ursprung meiner Askese steht ein übermäßiger Appetit.

3. März 1962
Die ersten Hefte dieses Tagebuchs wiedergelesen. Wenn man diese Seiten überfliegt, könnte man meinen, ich sei ein charakterloses Individuum, das nichts als jammern kann. Das wäre aber ein Irrtum. Ich bin ein tatkräftiger, willensstarker und unbeugsamer Mensch.

Poesie ist Liebe. Selbst, ja vor allem dann, wenn sie das Gesicht der Revolte und der Verzweiflung annimmt.

4. März 1962
Das Einfache, das nie formulierbar ist, das Elementare ist das Rätsel.

21. März 1962
Wozu soll man leben, wenn leben bedeutet, jeden Augenblick auf das Beste in sich zu verzichten.

Mai 1962
Meine Begegnungen mit Denise R. Sie versteht nichts von dem, was ich sage, und ich verstehe nichts von dem, was sie sagt. Unser Gespräch ist eher Zusammenstoß als Austausch.

2. November 1962
Das Werk, das zuerst hermetisch abgeschlossen und fern erschien, gibt eines Tages seinen geheimen Sinn preis. Man kann also behaupten, daß ein Werk, das sich jeder Durchdringung widersetzt, dessen tiefste Bedeutung sich nicht

erhellen läßt, notwendigerweise ein Werk ist, bei dessen Ausarbeitung entweder ein unentwirrbares Durcheinander geherrscht hat oder die Absicht, hermetisch zu sein.

4. November 1962

Was mich immer wieder sprachlos macht: daß der menschliche Geist dasjenige als wirklich existierend, und zwar außerhalb seiner selbst existierend betrachten kann, was er aus seinen Ängsten und seinem Sicherheitsbedürfnis herleitet und aus sich herausprojiziert in der Gestalt des Glaubens an einen Gott, den er sich nach seinem Bilde, nach seinen Interessen zurechtmodelt.

Sobald man ein Ziel verfolgt, wird man zum Verräter, verirrt man sich, verkennt man die Natur des Unbekannten.

7. November 1962

Wir leben in den Wörtern, durch die Wörter. Wörter, die sich auf das beziehen, was uns beschäftigt, was unser Lebensnerv ist, die brauchen wir nur zu lesen oder von jemand zu hören, der zu uns spricht, und gleich bricht ein Sturm los, Empfindung und Denken spielen verrückt und geraten in hektische Betriebsamkeit. Diese Unterwerfung unter die Wörter, dieses Kleben an ihnen ist der Beweis dafür, daß wir dem Leben noch nicht begegnet sind, daß wir nicht die Eiche, sondern das Blatt sind, das der Wind zerfetzt oder davonträgt.

Man muß dahin gelangen, ohne die Wörter zu leben und zu denken, sich von ihrer Macht zu befreien. Das ist die Voraussetzung, wenn wir uns dem Ursprung nähern und fähig sein wollen, sie mit einer gewissen Strenge zu gebrauchen.

14. November 1962

Wenn man jung ist, hat man Ideen wie jedermann; man ahmt die Erwachsenen nach, gehört der Vergangenheit an.

Erst wenn man frei geworden ist, sollte man in seine Jugend eintreten können.

16. November 1962
Das menschliche Wesen ist so unterschiedlich, so komplex, so widersprüchlich, daß es den Anschein hat, man könne niemals all das erforschen, was sich in ihm verbirgt. Und doch entdeckt man, wenn man bis zur Wurzel seines Betragens und Verhaltens vorzustoßen vermag, daß es meistens, außer vom sexuellen Bedürfnis, nur von der Angst und ihren beiden Kindern gelenkt wird: dem Hunger nach Sicherheit, materieller und seelischer Sicherheit, und dem Willen, sich zu bestätigen, zu herrschen, Macht und Geld zu erlangen.

18. November 1962
Das Bekannte verwerfen, um sich in sich selbst niederzulassen, im Unsichtbaren, das das Wirkliche ist. Und nicht, um auszubrechen und in die Irre zu gehen.

1963

13. Januar 1963

Manchmal ist der Hunger schon die Nahrung.

20. Januar 1963

Lieben heißt, allein leiden. Heißt entdecken, daß man von Grund auf, seinem Wesen nach allein ist.

28. Januar 1963

Das Werk existiert nur für die anderen, nicht für den, der es hervorbringt. Meist weiß der Autor kaum, wohin er geht. Er wird von einer blinden Kraft bewegt, die ihn indessen festhält im Unbekannten und ihn im Unklaren über all das läßt, was in ihm zum Ausdruck drängt. Und so ist es ihm erst am Ende seines Lebens gegeben, Klarheit zu gewinnen über das, was geschehen ist.

21. Februar 1963

Langes und wichtiges Gespräch mit Descombin. Er sagt: Wenn der Dichter sein Schicksal wirklich auf sich nehmen will, muß er einsam sein und allein bleiben. Wenn er sich helfen läßt (durch einen geliebten Menschen zum Beispiel) und auf einen anderen abwälzt, was er alleine aushalten muß, verrät er sich selbst. Er entzieht sich der besonderen Situation des Dichters und schwächt damit unmittelbar den Drang zu schreiben, der ihn beseelt.

22. Februar 1963

Dichter ist, wer keine Individualität mehr hat. Wer eins

wird mit dem unablässigen Fragen, das einen rasend macht und zum Anonymen führt.

24. Februar 1963
Von seinem Wesen her trägt das Gedicht immer etwas in sich, das sich dem Zugriff entzieht. Aus diesem Grunde nisten sich gewisse (vermeintliche) Dichter, weil sie zum Gedicht gelangen wollen, in der Unverständlichkeit ein. Sie hoffen, der ganze äußerliche Hermetismus der Form werde ihrem Gedicht jenes stets unausschöpfbare Geheimnis verleihen, das sie ihm nicht geben können und ohne das es nichts ist.

2. März 1963
In Aix habe ich so sehr darunter gelitten, nicht mir selbst zu gehören, ständig einer strengen Disziplin, dem Stundenplan, vielerlei Verpflichtungen und Zwängen unterworfen zu sein, daß ich selbst heute noch, wenn ich unerwartet über ein paar freie Minuten verfügen kann, in denen ich keinem Zwang ausgesetzt sein werde — etwa wenn ich auf der Straße oder im Café auf jemanden warte, der sich verspätet hat, oder wenn ich einen Zug verpaßt habe und den nächsten abwarten muß —, jedes Mal eine lebhafte Freude empfinde.

3. März 1963
In der Kunst gibt es keine wirkliche Größe ohne Einfachheit.

20. März 1963
Das Gedicht ist nur zu oft Geschwätz, oder Herzenserguß, oder Träumerei, oder Gesang, oder Hingabe an den Rhythmus, an die Abfolge der Wörter. Dabei ist es doch Aufgabe des Gedichts, unmittelbar ein Stück vom inneren Kern ans Licht zu bringen, etwas vom Wesentlichen aufblitzen zu lassen. Wesentlich ist unser Fragen nach dem Sein,

nach der Beschaffenheit des Menschen, nach dem Tode, nach dem Sinn oder Nicht-Sinn des Lebens, und nach jener Irrfahrt, die uns von der Nichtexistenz zur Agonie führt — in der Hoffnung, daß wir geboren werden.

25. März 1963

Das Werk und seinen Autor versucht die Kritik dadurch zu fassen und zu verstehen, daß sie bei den Erkenntnissen der Psychologie, der Psychoanalyse, der Soziologie, der Geschichtswissenschaft Hilfe sucht... Aber diese begrifflichen Ansätze können über das Kunstwerk nichts aussagen (sehr wohl hingegen über zweitrangige Werke, denen das, was der Begriff Kunst umfaßt, gerade abgeht); sie erhellen nur das, was an ihm am wenigsten universell, am beschränktesten ist. Denn ein Werk schaffen — einen Energiekern herstellen, dem Unwandelbaren, das nicht Form noch Gestalt erhalten will, Form und Gestalt geben — heißt, sich entschieden jenseits von Definitionen zu bewegen. Das ist der Grund, weshalb uns keine Analyse des Werkes, kein Versuch einer Erklärung irgend etwas Grundlegendes über sein Geheimnis mitteilt.

26. März 1963

Die wahre Kraft ist nicht die, die sich an sich selbst begeistert und der man sich mit Freuden überläßt, sondern jene, der es gelingt, mitten in der Verzweiflung zu überleben.

27. März 1963

Aus dem Vertrautsein mit dem Tode wird der Dichter geboren.

15. April 1963

Ich habe so selten Energie, daß ich sie, wenn sie mir zuströmt, wie ein Ausgehungerter verschlinge, sie im Nu verbrauche.

15. Mai 1963
Zur Zeit öffne ich mich einer Grunderkenntnis, die aller Wahrscheinlichkeit widerspricht: Der Mensch kann nur geboren werden, wenn er stirbt.

19. Mai 1963
Meine Jugend war Finsternis, Zerrissenheit, Faszination durch den Selbstmord. Je weiter ich mich von ihr entferne, desto jünger fühle ich mich werden.

22. Mai 1963
Die Kunst sollte nicht Anlaß zu Pathos und Rührung, sondern Mittel der Erkenntnis sein. Deshalb muß der Künstler seine Subjektivität überwinden und nach dem Universellen streben. Ein wahrer Mensch werden. Um wahre Worte aus sich herauszuholen.

18. September 1963
Was uns das Leben anbietet, ist vollkommen lächerlich gegenüber dem Mut, den man Tag für Tag braucht, um nicht aufzugeben.

Subjektiv alles zu sein, objektiv nichts: das zerstückelt uns, kreuzigt uns.

22. Oktober 1963
Deine Einsamkeit ist nicht Flucht, sondern ein gewollter, verantworteter Akt.

24. Oktober 1963
Wer von der Sehnsucht zu leben verzehrt wird, kann dieses Leben nur voller Hohn betrachten.

28. Oktober 1963
Manch ein Schriftsteller hat die Vorstellung, es genüge, mit dem Alten zu brechen, um sicher zu sein, daß gültige

Werke entstehen. Er täuscht sich. Diese Bedingung ist unerläßlich, aber nicht zureichend.

29. Oktober 1963
Das ist die Schwierigkeit: Kompakt und stark zu sein und gleichzeitig durchlässig, geschmeidig, leicht und für alles offen.

11. November 1963
Was für ein phantastisches und bedrückendes Mißverhältnis zwischen dem, was die Menschen tun, leben, entdekken, erfinden, schaffen, konstruieren... und dem Nutzen, den sie im Endeffekt daraus ziehen für die Kenntnis des menschlichen Wesens.

20. November 1963
Nein, es gibt kein Ziel. Vielleicht zählt aber die Hartnäckigkeit, mit der man es verfolgt.

22. November 1963
Gegenüber der inneren Vorstellung ist die Niederschrift zu einem guten Teil fehlerhaft oder nur Annäherung. Da ich mir dessen bewußt bin, bemühe ich mich, die Bilder abzuweisen, wo sie sich einstellen, immer nackter zu schreiben.

25. November 1963
Für die, die sich seinen Kräften öffnen, ist das Werk ein Vermittler von Reichtümern und Kenntnissen, ein Gegenstand des Genusses... Seine Tragik aber nimmt keiner auf sich. Bezahlen muß der Autor allein.

3. Dezember 1963
Ich schreibe, um dem Gefühl meiner Nichtigkeit zu entrinnen. Nun hatte ich eines Tages begriffen, daß Schreiben auch heißt, sich mit einem Baudelaire, einem Cézanne, ei

nem Kafka zu messen, und das Absurde dieser Diskrepanz überrumpelte mich förmlich. Ich dachte mir aber auch, wenn mein Bedürfnis zu schreiben trotz dieser verwirrenden neuen Perspektive lebendig bleiben würde, könnten seine tiefen Wurzeln und seine Lebensfähigkeit nicht länger bezweifelt werden. (Davon suche ich mich wenigstens zu überzeugen in diesen Tagen der Niedergeschlagenheit und der Unfähigkeit.)

6. Dezember 1963

In diesen Perioden, in denen ich nicht mehr weiß, wer ich bin, in denen nur Zerstückelung in mir herrscht, fürchte ich mich davor, Freunden oder Bekannten zu begegnen. Denn ich bin dermaßen nicht-existent, daß jeder mich auf bestimmte Verhaltensweisen festlegt und mich zwingt, dem Bild zu ähneln, das er sich von mir gemacht hat. So entdecke ich mich jedes Mal als ein anderes Individuum, mit dem ich keineswegs identisch bin. Und diese Folge von Lebewesen, die ich zu verkörpern habe, läßt mich noch mehr zerfallen, stürzt mich noch tiefer ins Chaos.

10. Dezember 1963

Diese Leute, die nicht aus sich herausgehen — unfähig, einen anderen Menschen in seiner Wirklichkeit zu verstehen.

13. Dezember 1963

In diesen Tagen danke ich dem Schlaf für die Zeit, in der er es mir erspart, leben zu müssen.

19. Dezember 1963

Jeder Mensch hat so viel Anteil am Rätselhaften, Nichtenthüllten, daß man sich nicht das Recht herausnehmen darf, eine Rangordnung aufzustellen, die einen als tiefer-, die andern als höherstehend zu betrachten.

20. Dezember 1963

Mein Vater ist ein Bauer. Ich kenne ihn kaum, ich habe
ihn nur zwanzig oder dreißig Mal gesehen. Seit einigen Jahren aber bin ich ihm sehr nahe gekommen, und ich besuche
ihn gern. Er ist ein sehr gütiger, sanfter Mensch, intelligent, verschwiegen und sicher schüchtern, hat ein schönes
Gesicht, bekränzt von weißem Haar. Man fühlt, daß er
robust ist, in Ordnung und im Gleichgewicht; er verschließt sich nicht vor dem Leben, besitzt ein erstaunliches
Gedächtnis, ist von angenehmem Umgang und liebt es,
kleine humorvolle Scherze zu machen, ohne seinen Ernst
je aufzugeben... Aber wenn ich ihn sehe, schäme mich jedes
Mal. Mir fällt dann immer jener beleidigende Brief ein, den
ich ihm einmal, als ich noch jung war, geschrieben hatte.
Tagelang war ich dagesessen und hatte an ihm gefeilt, um
ihn so aggressiv und verletzend wie möglich zu machen.
An dem Tage, an dem er ihn erhielt, befand sich gerade
mein Bruder Robert im Hause, und er erzählte mir später,
er habe unseren Vater noch nie in einem solchen Zustand
gesehen. Wie gern würde ich mit ihm sprechen und ihn
um Verzeihung bitten, wenn es auch reichlich spät ist und
nichts mehr nützt. Aber ich habe nicht den Mut, dieses
Thema anzuschneiden.

21. Dezember 1963

Allein das Schreiben gibt mir die Illusion, außerhalb der
Zeit tätig zu sein. Genauer: Nur das, was geschrieben ist,
scheint mir imstande zu sein, sich dem Fluß der Zeit zu
entziehen, der alles dem Tode entgegenträgt. (Diese Überzeugung hat übrigens nichts mit irgendeiner lächerlichen
und anmaßenden Hoffnung auf Nachruhm zu tun; für
mich handelt es sich um eine Art Grundgegebenheit meines Bewußtseins.)

23. Dezember 1963

Ich habe nicht das Gefühl, daß das, was mit mir geschieht,

mich betrifft. Denn im allgemeinen ist das, was sich ereignet, ohne Dauer, transitorisch, und es gelingt mir nicht, bei ihm stehen zu bleiben.

27. Dezember 1963

Die Existenz ist die öde Wüste eines Ichs, das sich wiederholt.

1964

3. Januar 1964

Ich liebe in der Bibel die Sätze, die zugleich klar und unauslotbar sind, die unendliche Perspektiven eröffnen und die sich, wenn ich das so sagen darf, gegen sich selbst richten und einen in solche Abgründe stürzen, daß man nicht mehr weiß, ob man sie in diesem Sinne oder in einem ganz anderen, entgegengesetzten, verstehen muß.

12. Januar 1964

Anders als der Maler, der Bildhauer, der Musiker, benützt der Schriftsteller eine Sprache, die durch den ständigen Gebrauch, den man von ihr macht, abgenützt ist. Er muß ihr also Jungfräulichkeit geben, muß ihr jene poetische Kraft einflößen, um die sie gebracht worden ist — die einzige, die wirklich etwas auszudrücken vermag.

Wo Verlust ist, ist Gewinn. Dieser führt zu immer strengerer Schmucklosigkeit.

14. Januar 1964

Begreift man, warum Christus seine Lehre in Form von Gleichnissen verkündet, dann begreift man, aus welchen Gründen Kunst sich in Symbolen ausdrücken muß.

17. Januar 1964

Ich bin betroffen zu sehen, wie sehr die soziale Stellung eines Menschen die Gefühle anderer ihm gegenüber bestimmt.

18. Januar 1964

Was mir bei den meisten Menschen auffällt: Wenn sie die
Dreißig überschritten haben, erlischt ihr Lebensfeuer (sofern sie je welches hatten). Sie haben keine Wünsche mehr,
akzeptieren ohne Gereiztheit oder Verdruß das wenige,
das uns zugemessen ist. Aber vielleicht liegt in dieser Art
von Verzicht die einzige Möglichkeit, ein bißchen Auf-
schub zu erlangen?

Eine Wahrheit hat Sinn und Wert nur vor dem Hintergrund des Nichts, das zum Status des Menschen gehört.

21. Januar 1964

Die Wahrheit liegt schon in der Suche nach der Wahrheit.
Darum gibt es für den, der diese Suche auf sich nimmt,
nie einen Zweifel, nicht einmal in den schlimmsten Stunden der Anfechtung und des Verfalls. (Mein Gott, was habe ich da hingeschrieben!?)

23. Januar 1964

Am verzweifeltsten war ich in Buchläden. Ich trat ein —
Hunderte von Büchern, auf die ich mich in meinem Hunger nach Wissen, nach *der* Antwort stürzte. Wie im Fieber
durchflog ich eines nach dem anderen, ich hätte sie alle
kaufen und lesen wollen. Natürlich mußte ich mich bescheiden. Doch als es ans Auswählen ging, machte mich
die Erkenntnis schwindeln, daß ich dazu gar keine Kriterien besaß, und ich fühlte, wie das Chaos in meinem Innern, das sich durch diese kurzen, fieberhaften Leseanfälle
noch verschlimmert hatte, loszubrechen drohte. Meine Augen brannten, ich fühlte geradezu die Ringe unter ihnen,
und die Haut schmerzte; in meinem glühenden Hirn sah
ich die Teilchen des Atomkerns in Brownscher Bewegung
tanzen — ein grauenhafter Anblick.

27. Januar 1964

Einen ganzen Abend lang habe ich mit einem etwa vierzigjährigen Mann geredet und habe keine Ahnung, wer er ist. Man muß sicherlich sehr stark sein, wenn man im Verlauf einer Unterhaltung nichts von sich preisgibt, weder durch eine Geste, noch durch die Haltung, noch durch den Blick, und schon gar nicht durch das Wort.

Damit Kommunikation zustandekommt, muß man in seinem Zentrum ruhen und der andere ebenso; beide Zentren müssen einander begegnen und zur Deckung kommen. Leicht auszudenken, daß solche Bedingungen selten zusammentreffen.

28. Januar 1964

Ist es nicht schrecklich, daß jene, die nur wenig haben, nicht einmal die Notwendigkeit empfinden, sich an die zu wenden, die haben?

29. Januar 1964

Wenn es geschieht, daß man mich mit Monsieur tituliert, ja, mir eine gewisse Achtung bezeugt, bin ich ganz verwirrt. Ein solches Verhalten mir gegenüber stimmt so wenig zu den Beziehungen, die ich mit mir selber unterhalte.

Um schreiben zu können, muß der Schriftsteller seine Emotionalität gebändigt und sein Ich so weit akzeptiert haben, daß er schließlich ganz natürlich über es hinausgelangt. Jetzt kann er sagen, was ist, ohne es mit seiner Subjektivität zu verfälschen.

2. Februar 1964

Wenn der Geist den Determinismus anerkennt und ihn in ein Wechselspiel mit unseren schöpferischen Kräften eintreten läßt, kann er diesen Determinismus zum Teil in Frei-

heit verwandeln. Es gäbe dann ebensoviel Aktivität beim
Sich-Erleiden wie im Auf-sich-Wirken.

3. Februar 1964
Das Nicht-Wollen ist letztlich ein schwierigeres Wollen.
Es verlangt von uns eine seltenere Fähigkeit: den Willen,
zuzustimmen. So ist das Nicht-Wollen das Gegenteil eines
Fehlens von Willen.

Wenn ich jene armen, meist schlecht gekleideten Frauen
mit den eingefallenen Gesichtern sehe, die im Winter auf
den öffentlichen Plätzen die Tauben füttern, beschleicht
mich ein Gefühl des Mitleids und der Verzweiflung. Denn
ich sehe nur zu deutlich, daß sie nicht bloß von Tierliebe
dazu getrieben werden. Um auf den Gedanken zu kommen, diese Vögel zu füttern, muß man einen Tiefpunkt
des Leidens erreicht haben und in so vollständiger Einsamkeit leben, daß man niemanden sonst hat, den man lieben
könnte.

4. Februar 1964
Sich eine neue Ausdrucksweise schmieden. Nicht, indem
man ins Ungewöhnliche, Saloppe, Zusammenhanglose,
Nie-Gesagte verfällt, sondern indem man immer tiefer in
Richtung Wahrheit bohrt. Der größere Grad an Wahrhaftigkeit zwingt einen dazu, die erlernte Sprache zu sprengen und sich vorzutasten zu einer Form, die einen weniger
im Stich läßt.

5. Februar 1964
Es ist mir unerträglich, daß das, was ich bin, tue, denke
und empfinde, sich nicht verkörpern, sich nicht durch irgend etwas mitteilen soll. Wenn ich schreibe, dann eben
deshalb, um die bescheidenen Reichtümer einzubehalten,
die sonst in alle Winde zerstreut würden, ohne daß etwas
übrig bliebe. (Sie müssen um so rücksichtsvoller behandelt

werden, als sie lächerlich sind.) Solange das, was ich erlebt
oder entdeckt habe, nicht durch Worte Substanz erhalten
hat, bleibt das peinigende Gefühl, ich hätte das Leben vor-
überziehen lassen, hätte nicht gelebt, hätte nie Kontakt
gehabt mit etwas, das mich lediglich streifte oder durch
mich hindurchging, um in mir Bedauern, Leere und Frustration zurückzulassen.

6. Februar 1964

Die wirklich wertvollen Menschen wissen sich nicht ein-
zuschätzen; sie sind demütig von Grund auf. Ihren Wert
erlangten sie um den Preis eines Verzichts, eines in jedem
Augenblick neu zu erringenden Sieges über sich selbst. Ihre Forderung an sich selbst, immer weiter zu wachsen, läßt
sie die Strecke, die sie hinter sich gebracht haben, gar nicht
beachten.

7. Februar 1964

Am Anfang des Lebens nimmt man das Leben nicht wahr;
man begreift es nicht, versteht nicht, es zu genießen. Wirklich leben wird man das Leben erst, wenn der Geist es mit
Tiefe und Reichtümern begaben, seinen Saft herausdestil-
lieren, seine Leidenschaften entfachen und das quälende
Feuer der Sehnsucht nicht ausgehen lassen wird.
In Wirklichkeit aber muß ich mir ganz klar sagen, daß man
niemals lebt, durch den Geist sowenig wie im Augenblick.
Denn im Geist zurückzukehren zu dem, was man einmal
gelebt hat, heißt in Asche herumstochern, in abgelebten
Dingen, in Phantomen, heißt den Fremden zum Leben zu
erwecken, der wir einmal waren und in dem wir uns nicht
mehr erkennen.

13. Februar 1964

Je reicher man innerlich ist, desto größer die Wahrscheinlichkeit, daß man ein äußerlich armes Leben führt.

15. Februar 1964

Als ich, während meiner Aixer Zeit, im Urlaub einmal zu einer Kusine nach Marseille gefahren war, traute ich mich nicht, in die Stadt zu gehen; ich genierte mich wegen meiner Uniform. Statt dessen vertrieb ich mir die Zeit damit, ganze Stöße von »Wir beide« zu verschlingen, einer Zeitschrift für junge Modistinnen. Diese Geschichten, ausgedacht oder wirklich geschehen, berichteten über unglückliche Beziehungen oder tragische Erfahrungen zwischen Männern und Frauen, und sie deuteten an oder behaupteten offen, daß der Mann treulos, egoistisch, flatterhaft sei und die Frau sein erbarmungswürdiges Opfer. Diese Erzählungen rührten mich in besonderer Weise an; heute weiß ich, daß sie bei der Ausformung meiner Lebensanschauung eine beträchtliche Rolle gespielt haben. Hier liegen offenbar vor allem die Wurzeln dafür, daß ich versucht bin, mich in Gegenwart einer Frau stets mehr oder weniger meines Geschlechts zu schämen, dem Mann in jeder Konfliktsituation die Schuld zuzuweisen und im übrigen zu glauben, daß es nur *ein* grobes, bäurisches, unsensibles Wesen gebe: das männliche, und daß seine Gefährtin unverstanden und unglücklich sei.

16. Februar 1964

Als ich heute die langen Schnürsenkel meiner Bergstiefel aufrollte, war mir auf einmal wieder die Stimmung gegenwärtig, wie sie vor den Rugby-Kämpfen in den Kabinen herrschte. Die Spieler schweigsam, in sich gekehrt, voller Angst. Der Mund ist trocken, der Atem geht schwer, die Stollen knirschen auf dem Zementboden, Augenbrauen und Ohren werden mit Vaseline eingeschmiert, man legt sich auf den Massagetisch, der Geruch des Massageöls sticht in die Nase, man macht ein paar Bewegungen und fühlt sich schwer, fürchtet, nicht in Form zu sein, hat plötzlich den starken Wunsch, woanders zu sein... Dann geht man hinaus, um sich aufzuwärmen, und schon denkt

man an nichts mehr, lebt nur noch in seinem Körper. Ach ja, die Rugby-Spiele... Für mich bedeuteten sie so viel, daß ich mit niemandem über Rugby sprach. Denn ich wußte, daß niemand mich verstehen würde, daß niemand begreifen würde, was Rugby für mich war. Nach dem Spiel, in der Kabine, hatte ich nicht mehr die Kraft, meine Schuhe aufzubinden. Das waren die einzigen Augenblicke in meiner Jugend, in denen nachließ, was mich bedrückte. In einem Finale wurde ich einmal von zwei Gegenspielern gedeckt. Während des ganzen Spiels versuchten sie, mich zu foulen. Am Abend durften wir in Urlaub fahren. Ich war so zerschlagen, daß ich in den falschen Zug stieg, und statt nach Lyon hinauf zu fahren, brauste ich nach Perpignan hinunter. Als ich mit einem Tag Verspätung bei meiner Familie eintraf (und zwar total ausgehungert; ich hatte kein Geld bei mir, so daß ich mir nichts zu essen hatte kaufen können), mußte man mich ausziehen und zu Bett bringen. Mein Körper war übersät von Verletzungen und Blutergüssen; das Blut hatte mir die Hosen an die Knie geklebt.
Der Tag, an dem ich feststellen mußte, daß Rugby, das mir so viel bedeutet hatte, nicht mehr war als Rugby, war einer der bittersten meines Lebens.

17. Februar 1964

Unser Leben ist Chaos, Lächerlichkeit, Abnutzung, Zerfall. Sich dem Schreiben hinzugeben, heißt versuchen, in sich ein Minimum an Kontinuität, an Logik, an Ordnung, an Stabilität herzustellen.

22. Februar 1964

Warum wurde ich so sehr vom Gedanken an den Tod, an die Unausweichlichkeit des Selbstmords gequält? Ich glaube, ich wollte mich dafür bestrafen, daß ich der Leidenschaft, die mich trug, allzu unwürdig war. Vom Absoluten zermalmt, die Scham, von ihm abgewiesen zu sein. Ich woll-

te es an diesem Paroxysmus festmachen, es ihm gleichtun
an Maßlosigkeit.

1. März 1964
Ich muß wieder an Marité denken. Zum Glück hatte sie
keinerlei Bildung; so führten ihre wunderbare Intuition,
ihr weiblicher Instinkt, ihr Sinn für das Leben sie stets
zum besten Teil der Menschen und der Dinge. Ich liebte
auch ihren Lebensstil, eine Mischung aus Gleichgültigkeit
und Gier. Sie schien immer zu sagen: Du bist vielleicht
überrascht, daß ich so wenig lebe, mich mit diesen Brosa-
men zufriedengebe, aber denke nicht, daß mein Hunger
sich damit abfindet. Außerdem ist es gut, nichts gering
zu schätzen; du weißt so gut wie ich, daß das Leben sich
immer nur knickerig darbietet.

3. März 1964
Diese Verwirrung, dieses Nicht-Verstehen, sobald es ein
Ziel gibt, eine Zielgerichtetheit.

6. März 1964
Meine Erschöpfung nach dem jahrelangen Umherirren
macht mehr und mehr einem neuen Schwung, einer unüber-
sehbaren Robustheit Platz. Trotzdem gibt es noch schwie-
rige Momente, besonders nachts, während der schrecklichen Schlaflosigkeit. Manchmal ist die Angst so groß, daß
ich es nicht aushalte, und dann presse ich mich ganz fest
an M. L., so instinktiv, so heftig und so vertrauensvoll
wie ein verängstigtes kleines Kind, das seinen Kopf zwischen die Beine der Mutter steckt. Ihr Leib ist warm, ruht
friedlich ausgestreckt, pulsierend im Rhythmus des Ein-
und Ausatmens; er hat Leben genug, um mich zur Ruhe
zu bringen, und ist tief genug ins Bewußtlose eingetaucht,
so daß ich die Bitte wagen kann, mich von meiner Angst
zu befreien.

9. März 1964

Daß so vieles während meiner Jugend in mir beschmutzt und zerbrochen werden mußte! Davon habe ich mich nie mehr erholen können. Die fortwährende Aggressivität von außen, die nie nachlassende Versuchung, mich sinken zu lassen — all das erforderte meine ständige Verteidigungsbereitschaft. Der Kampf, den ich in jenen Jahren mit Erbitterung geführt habe, hat meine jugendlichen Kräfte verbraucht, hat mich des Glaubens, der Zuversicht beraubt, hat mir den Geschmack am Leben vergällt und mich blockiert im Zustand der Angst und der inneren Anspannung. So ist von Anfang an alles falsch gelaufen.

11. März 1964

Es gibt nur wenige Menschen, die uns nicht dazu zwingen, an uns vorbei zu sprechen.

12. März 1964

Gewiß, man muß versuchen, zu verstehen. Aber man darf auch nicht aus den Augen verlieren, daß man nichts verstehen kann. Oder daß es nichts zu verstehen gibt.

Sich zerstören heißt vielleicht letztlich, im Sinne des Lebens zu handeln, seine geheimsten Wünsche zu erfüllen.

13. März 1964

Bestenfalls tut ein jeder das, wozu er gemacht ist, lebt so, wie er leben muß. Aber das ist kein Grund zur Freude. Was mich betrifft, so will ich nicht ja sagen zu dem, zu dem man mich zwingt.

Wenn man die Erfahrung des Schreibens machen will, muß man — das wird mir immer klarer — zu sich selbst eine Beziehung haben, in der es keine Selbstgefälligkeit gibt, keine Furcht, keine Illusion und keine Hintergedanken.

15. März 1964
Es ermüdet, der Schauplatz zu sein, wo sich das Ja und
das Nein ohne Unterlaß bekriegen.

Das so reiche, nicht mehr überschaubare Werk Picassos
ist das Werk eines Giganten, und es kann hier nicht darum
gehen, seinen Wert oder die Rolle, die es in der Geschichte
der Malerei gespielt hat, in Zweifel zu ziehen. (Dieser Maler dient mir hier lediglich als ein Beispiel, an dem meine
Ideen abgeklärt werden können; ich werde mich hüten,
Werturteile über ihn abzugeben und mich lächerlich zu
machen. All jene, die so gerne auf die Unzulänglichkeiten
und Grenzen eines bedeutenden Oeuvres hinweisen, kommen mir vor, als wollten sie den Spott der Welt herausfordern. Was Picasso betrifft, so ist eines völlig klar: Das
Werk ist da, es existiert, es ragt auf wie eine Kathedrale,
und glücklicherweise vermag nichts von dem, was zu ihm
gesagt werden kann, es zu treffen oder zu schmälern.) Dennoch kann ich es nicht als ein Werk allerersten Ranges betrachten; denn mir scheint es nicht der Ertrag innerer Aus-
einandersetzungen zu sein. Es fehlt ihm jenes unerbittliche
Vorwärtsschreiten, das Ausdruck der Suche ist. Malen
scheint für Picasso nicht Suchen nach Erkenntnis, nicht
Meditation, nicht Drang nach neuem Geborenwerden gewesen zu sein, sondern Spiel, Lebensüberschwang, Befriedigung eines beinahe körperlichen Bedürfnisses. »Ich suche
nicht,« hat er gesagt, »ich finde.« (Dabei weiß ich wohl,
daß das, was sich beim Nachdenken einstellt, und selbst
bei dem, der sucht, zumeist die Frucht eines spontanen
Zeugungsaktes zu sein scheint.) Dieser Satz, der nur eine
scherzhafte Bemerkung sein wollte, verrät ihn ganz und
gar. Seine geniale, von einem untrüglichen Instinkt wir-
kungssicher geführte Hand erfand, spielte ihr Spiel, hüpfte
von Fund zu Fund. Aber der Künstler, der findet, ohne
den notwendigen Preis zu entrichten, ist nicht der Schöpfer der Schönheit, die er gestaltet. Damit diese eine Chan-

ce bekommt, zu sein, was sie scheint, damit das, was sie hervorgebracht hat, einswerden kann mit dem, was davon zu sehen ist, muß der Kampf ausgetragen worden sein, dessen Ergebnis sie ist. Dann findet man in ihr die Zweifel wieder, die schlaflosen Nächte, die Verzweiflung, die Hartnäckigkeit, das Leiden, die Qual, die das Los desjenigen sind, der diesen Kampf gekämpft hat.

Im Falle eines van Gogh, eines Gauguin, eines Mondrian ist der Mensch immer unterwegs, um das Werk zu übersteigen. Bei Picasso scheint es umgekehrt zu sein.

16. März 1964

Die Nacht bedeutet ein Aussetzen, ein Ruhen der Existenz. Wenn ich deprimiert bin, suche ich mein Einschlafen hinauszuzögern, um diese Atempause auszukosten, um nicht unmittelbar wieder dem Ekel des Erwachens ausgesetzt zu sein.

17. März 1964

Diese Maßlosigkeit in einer so einfachen Handlung wie der, einen Füller zu nehmen und anzufangen zu schreiben.

Die unerhörte Einsamkeit dessen, der leidet, ist ein Skandalon. Man fühlt sich schuldig, weil man sein Leiden nicht teilen kann, nicht in der Lage ist, ihm zu Hilfe zu kommen.

18. März 1964

Wenn man unseren Hunger mit dem vergleicht, was uns angeboten wird, ist man geneigt, an einen schlechten Scherz zu glauben. Sicher, meistens läßt man sich betäuben, man akzeptiert und versucht nicht, zu verstehen. Aber wenn man begreift, wenn die Wirkung der Narkotika abgeklungen ist, dann fragt man sich, warum man sich Tag für Tag dazu zwingen läßt, die gleiche Dosis von Blödsinn,

Geschwätz, Langeweile, Ermüdung und Leiden zu schlukken.

20. März 1964
Der Sinn eines Ereignisses offenbart sich weder im Augenblick des Erlebens noch in der nachträglichen Reflexion, wie ich bereits notiert habe. Eines Tages aber leuchtet er blitzartig auf; dann dynamisiert er die verstreichende Zeit — ein Potential, das sie immer wieder neu belebt. So daß die nichtigen und leeren Momente vielleicht doch seltener sind, als ich dachte.

21. März 1964
Wenn deine Einsamkeit bedroht ist, arbeitest du bewußt darauf hin, sie noch schicksalhafter zu machen.

22. März 1964
Durch das Schreiben suche ich zum Wahren zu gelangen, zum Namenlosen, Elementaren. Aber wenn man mich fragt, warum ich schreibe — was könnte ich antworten?

Fähig sein, den anderen Aufmerksamkeit zu schenken. Ein Indiz, daß sich die innere Unruhe gelegt hat, daß man sich von seinen Konflikten und seinem Leiden befreit hat.
Die anhaltende Aufmerksamkeit, die man anderen zuzuwenden vermag, ist ein Kriterium für das Über-sich-Hinauswachsen.

27. März 1964
Nein, es gibt nicht einmal Fragen zu stellen, darin werde ich mir immer sicherer. Es ist lediglich unser Verlangen nach einem Sinn, die Unruhe, die uns umtreibt, unser brennender Hunger, unser Drang zu entkommen, zu fliehen, der uns zu der Überzeugung bringt, daß das Leben einen Hintergrund hat, daß es uns seine Tiefen verbirgt und viel

mehr zu bieten hat, als uns zugestanden wird. Aber damit ist es nichts.

Erstaunliche Zeichnungen von Giacometti.
Wenn man sie nur aus der Nähe und nur in den Einzelheiten betrachtet, sieht man anfangs nur ein Gewirr von Linien, die nichts umreißen, die nichts von dem darstellen, was sie übertragen sollen. Überraschend sieht man dann plötzlich einen Mund, eine Nase, ein Auge im Bild erscheinen.
Daraus sollte ich eine Lehre ziehen — ich, der ich die Dinge immer frontal angehen will, wo das doch unmöglich ist.

1. April 1964
Ich verstehe die Menschen einfach nicht, die sich ein Leben nach dem Tode wünschen und an die Unsterblichkeit der Seele glauben. Haben sie denn in ihrer endlosen Existenz nicht genug Zeit gehabt, ihres Lebens und ihrer selbst müde zu werden? Was die Hoffnung auf künftige Glückseligkeit angeht, so sagt uns doch eine innere Stimme, daß wir in dieser Hinsicht nicht auf unsere Kosten kommen werden.
Ich für meinen Teil kann nur wünschen, daß die Ruhe des Todes ein endgültiges Ende sei.

2. April 1964
Besuch bei Madeleine Charbonnier (ich habe sie durch Descombin kennengelernt). Sie ist ungefähr fünfzig, lebt asketisch in völliger Einsamkeit und malt wenige, außergewöhnliche Bilder. Nüchterne Bilder von ärmlicher, gedämpfter Farbigkeit; aber was für eine Kraft, was für eine Intensität! Eine beeindruckende Persönlichkeit. Und der zisterziensisch nackte Rahmen, in dem sie lebt, ist es nicht minder. Wenn man sie sieht, begreift man, daß das innere Abenteuer nur in solcher Zurückgezogenheit möglich ist, fern vom Wirrwarr und dem Fieber des modernen Lebens.

Jedes Mal, wenn ich von ihr zurückkomme, habe ich das Gefühl, ein oberflächlicher Typ zu sein, dem Tiefe und Härte abgehen.

3. April 1964
Der Alltag erstickt mich, hindert mich, zu leben. Trotzdem weiß ich sehr wohl, daß ich nur durch ihn hindurch zum Leben gelangen kann.

4. April 1964
Ich muß mir mißtrauen. Die irrationale Gewißheit, daß jegliche Wahrheit uns versagt ist, bringt mich noch dazu, das Suchen aufzugeben, auf alles Fragen zu verzichten, mich im Überdruß einzuigeln. Wenn ich so weitermache, bin ich in ein paar Jahren ein vollkommener Simpel.

Einfach schreiben. Der einzige Weg, die Verzweiflung, aus dem sich das Schreiben nährt, nicht zu verleugnen.

Das Ich, das Individuelle, das Private wegwerfen. Nur noch der Ort sein, wo die Qual der Menschheit eine Stimme findet und Linderung.

5. April 1964
Woher kommen wir? Wer sind wir? Wohin gehen wir? Wenn wir Antwort auf diese Fragen bekämen, hätten wir dann Frieden, fänden wir dann einen Sinn, würden wir leichter leben? Ich bezweifle es, weil nichts das Gefühl der Leere besiegen, nichts uns aus dem Joch der Existenz befreien kann.

Die Wahrheit, die uns von anderen vermittelt wird, die wir zum Beispiel einem Buch entnehmen, bleibt toter Buchstabe, selbst wenn wir sie uns vollkommen aneignen, bleibt unbrauchbar, bringt kein Licht, spendet keine Energie. Nur die Wahrheit, die wir aus uns selbst gewonnen, die wir der Nacht in uns entrissen haben, kann aktiv wirksam sein und in unserm Innersten fortleben.

6. April 1964

Man wirft mir die Konzentration und Strenge meiner Lebensweise vor. Aber ich habe, bei Gott, keine Wahl. In keinem Augenblick verläßt mich das Bewußtsein des Nichts, der Ekel vor dem, was die Existenz uns bietet, das Verlangen nach dem *ganz anderen*. Und wenn ich so lebe, dann nicht etwa deshalb, weil ich mich irgendeiner unsinnigen, einmal getroffenen Entscheidung beugen würde, sondern deshalb, weil ich nicht anders kann. Wenn ich im übrigen sehe, wie all diese Leute von einem zum andern hetzen und immer in Bewegung sind, wie sie in Gier und Hektik, Fieber und Unzufriedenheit leben und so wenig Gewinn davon haben, dann habe ich nicht das Gefühl, es wäre für mich von Vorteil, es ihnen nachzutun.

Schreiben bedeutet, Auge in Auge mit dem Unaushaltbaren durchzuhalten, ein Leben lang nicht davon abzulassen, eine einzige, kleine, lächerliche Furche zu ziehen. Ein Unternehmen, das übermenschliche Demut erfordert. Und ich, der zu seiner Furche Verdammte, ich werde glücklich sein an dem Tag, an dem ich mich einem Zugochsen vergleichen kann, an dem ich ein wenig von seiner Langsamkeit, seiner Hartnäckigkeit, seiner Kraft bekommen habe.

7. April 1964

Aus einem Gespräch mit Descombin:

Rilkes Briefe sind Gedichte, während seine Gedichte sehr oft keine sind. Woher kommt das? Rilke vereinte in sich zwei stark ausgeprägte Individualitäten. Da war der Verfasser der Gedichte, der sich zumeist als eine Gestalt des Fin de siècle erweist, manieriert, feminin, ein auf Kultur, Ausdruck und Einhaltung der Regeln bedachter Ästhet, ein Anbeter der Schönheit, der eine ganz bestimmte Schönheit, auch in den Dingen, verehrte. Und da war ein einfacher, überaus sensibler, tief und reich angelegter Mensch, der wahrhaft zum Dichter wurde, wenn er versuchte, in einem Brief seine Eingebungen und die Erfahrungen seines Lebens mitzuteilen. Rilke ist also groß, wenn er er selber ist, wenn er einfach spricht. Aber wenn er Dichter sein will, wenn er sich anschickt, ein Gedicht zu schreiben und sich einem Genre anzupassen, dann ästhetisiert er oft und verliert seine Transparenz. So könnte man beinahe sagen, viele seiner Gedichte seien lediglich Poesie.

Im Gegensatz zu ihm hatte zum Beispiel Kafka nicht den Wunsch, ein Werk zu schaffen. Er kümmerte sich überhaupt nicht um Regeln. Hinter jedem Satz, den er schrieb, stand sein Wille, der Verzweiflung zu entkommen. Deshalb gehört sein »Brief an den Vater« ebenso zu seinem Werk wie seine Novellen und Erzählungen. Nichts schied den Menschen und den Schriftsteller Kafka voneinander; dieser war nichts anderes als der Mensch, der danach strebte, geboren zu werden. Aus diesem Grunde war das so entstehende Werk völlig neu und einzigartig; denn dieses Unternehmen forderte ausschließlich ihn, und zudem auf einem Felde, wo keine Dogmen herrschten. Er mußte die Mittel, die er brauchte, um seine Angst zu meistern, erst erfinden. Rilke suchte Rodin auf, um ihn zu fragen, wie man leben soll. Kafka mußte sich selbst einen Weg bahnen. Rilke war ein Mensch der Vergangenheit, Kafka hingegen war seiner Zeit voraus, weil er sich selbst hervorbringen wollte und sich vorwärts bewegte, und wurde ein Mensch der Zukunft.

Das keimkräftigste, in die Zukunft wirkende Werk ist das von Kafka, dieses brennende, schmerzende Werk, das Gesetz und Wahrheit nur in sich selber gesucht hat. So läßt sich behaupten, daß der große Künstler nicht den Ehrgeiz hat, ein Werk auszuarbeiten. Für ihn ist das Schaffen nicht ein Ziel, sondern ein Mittel, eine Hilfe, ein Ausweg in der Not des Lebens. (Was ich in dieser Notiz festzuhalten versucht habe, befriedigt mich keineswegs; ich werde noch einmal darauf zurückkommmen.)

10. April 1964

Von den Fragen, die uns bedrängen, wissen wir, daß es für sie keine Antworten gibt. Ja sogar, daß Antworten, wenn es sie gäbe, für uns nutzlos wären. Und doch müssen wir weitersuchen, weiterfragen.

Schreiben ist eine zutiefst persönliche Angelegenheit. Der Künstler empfindet jedoch die Notwendigkeit, sein Werk der Gemeinschaft zu übergeben, damit ihm gestattet werde, und sei es nur in Gedanken, wieder in sie zurückzukehren. Wäre dem nicht so, käme in seiner Haltung eine starke Ichbezogenheit zum Ausdruck. Sie wäre unvereinbar mit jenem Schritt, mit dem er die Selbstaufgabe erstrebt, um zum Gemeinsamen zu gelangen und sich als ähnlich zu erkennen.

12. April 1964

Es scheint, als sei nur das Leiden imstande, die Bande zu lösen, die uns an uns selbst fesseln, die uns einmauern in unserem Ich.

13. April 1964

Die Kraft — ihr Fehlen führt mich zu dieser Entdeckung — ist nicht Schwere, ist nicht massive, abgegrenzte Konzentration, sondern Geschmeidigkeit, Zustimmung, die Fähigkeit, sich anzubieten und auf Verteidigung zu verzichten.

Acht Jahre lang war, in Aix, die Welt für mich zweigeteilt. Außerhalb der Kasernenmauern gab es die Stadt, Freiheit, Leben, Mädchen, all das, was uns verboten war und wovon wir nur träumen konnten; innerhalb herrschten Langeweile und stillstehende Zeit, Zwang und Ersticken. Für mich blieb nur die Introspektion, die Persönlichkeitsspaltung, die Gewöhnung daran, nicht zu leben. So waren die Weichen unwiderruflich falsch gestellt; ich nahm die Gewohnheit an, in mir selbst zu verschwinden, mich in der Einsamkeit einzurichten und die Welt als etwas Fernes, Unerreichbares zu betrachten.

Das Gewebe unseres Denkens, unseres Ich ist seinem Wesen nach heterogen und zerstückelt, und die Fäden, die da zusammenkommen, entbehren jedes kausalen Zusammenhangs.

6. Mai 1964
Ich möchte keine Kinder haben, weil ich an dem Tag, an dem ich beschließe, Schluß zu machen, keine Verpflichtungen haben darf.

10. Mai 1964
In der letzten Zeit hat sich mein Schwerpunkt verlagert. Ich denke nicht mehr an die Truppe der Militärschüler, habe keine Albträume mehr, leide weniger, wenn ich an Nelly oder Marité denke, habe mich, was mein Gefühlsleben betrifft, in der Hand, habe den Sturm in meinem Innern beruhigen können. Aber gleichzeitig fühle ich sehr deutlich, daß ich altere, ich bin wie erloschen. Was mich selbst und das Leben angeht, beherrscht mich nicht mehr der Gedanke, daß alles lächerlich ist. Nichts geschieht mehr, und wenn etwas geschieht, bleibt es im Larvenstadium, besitzt nicht mehr genug Intensität, um ins Bewußtsein zu treten. Ich lese nicht mehr, ich denke nicht mehr, der Drang zu schreiben ist schwächer geworden, der Anspruch, aus meinem Leben etwas zu machen, ist erloschen; die Tage und Wochen gehen dahin, und ich reagiere nicht. Früher ließ mir das Leiden, mein Unbefriedigtsein, der Hunger nach einer bestimmten *Sache*, das Bemühen, über

mich hinauszuwachsen, keine Atempause. Heute bin ich leer, träge, manchmal verzagt.

Nicht mehr genügend Kraft haben, um Widerstand zu leisten, sich von der Zeit, dem Alltag abnützen lassen, nur noch ein lebender Leichnam sein, der sich nach dem Tode sehnt: Was ich in meiner Jugend so gefürchtet habe, jetzt scheint es unausweichlich geworden zu sein.

22. Mai 1964

Ich entdecke jetzt, daß die Krisen, die ich vor vier, fünf Jahren durchgemacht habe, mich sehr weit vorangebracht haben. Damals aber befand ich mich in einer solchen Verwirrung, war mein inneres Leben dermaßen schmerzhaft aufgewühlt, daß es mir nicht möglich war, zu schreiben. Indessen geht ja nichts verloren; irgendwann einmal werde ich wiederfinden, was sich aus jenen so glühend durchlebten Zeiten in mir abgelagert hat.

Das Gedicht entsteht in dem Augenblick, in dem man dem Unbekannten begegnet.

Zu denen, die ich liebe, kann ich nicht von mir sprechen. Das verbietet mir die Scham. Was ich ihnen nicht anzuvertrauen wage, notiere ich hier.

23. Mai 1964

Für den, der sich auf das innere Abenteuer eingelassen hat, besteht die größte Schwierigkeit in der Versuchung, sich selbst zu verachten. Um ihm zu helfen, muß man ihn dazu bringen, daß er sich nicht mehr haßt und nicht mehr verspottet; man muß ihn dazu anleiten, daß er sich annimmt und sich ein wenig liebt. (Alle diese Menschen, die Jahre und Jahre gegen den Haß auf sich selbst kämpfen müssen, weil einmal ein Lehrer, ein Bekannter, ein Familienmitglied sie durch eine tödliche Bemerkung in diese Hölle verbannt hat.)

24. Mai 1964

Durch ihre zeitlich geordnete Entwicklung und ihre logische Strukturierung begünstigt die Prosa eine stetig fortschreitende Annäherung an ein Phänomen mit dem Ziel, es verständlich zu machen. Die dichterische Sprache hingegen, deren Zugriff spontan und umfassend ist, überliefert es uns in seiner ganzen Rätselhaftigkeit. Eine dichterische Sprache gebraucht also der, der nicht weiß, der nicht begreift, der das Sein, das Leben wiederherstellen möchte... in all ihrer Undurchsichtigkeit.

27. Mai 1964

Wenn der Sinn aufblitzt und in uns sein Licht enthüllt, läßt er uns nur um so tiefer in die Nacht stürzen.

28. Mai 1964

Im Gegensatz zu dem, was die wenigen denken, die gelesen haben, was ich schrieb, läßt sich mein Überdruß nicht mit psychologischen Kriterien erfassen (Gefallen an einer vagen Melancholie, Laschheit eines mit dem Leben hadernden Charakters...). In ihm ist eine unersättliche Gier, eine immer wieder enttäuschte Erwartung, die nicht zu unterdrückende Empfindung: Wozu das Ganze?, das Bewußtsein unserer Hinfälligkeit, unserer Inkohärenz und der Unmöglichkeit, dem Leben zu begegnen und uns einzurichten im Unabänderlichen.

29. Mai 1964

Im Ton seiner Sätze spiegelt sich das Seelenleben und die Lebenseinstellung des Schriftstellers. Wenn ich ein Buch aufschlage, das ich noch nicht kenne, so genügt es mir, ein oder zwei Seiten zu überfliegen, manchmal auch ein paar Sätze zu lesen, um absolut sicher zu erkennen, ob der Autor das Tragische unserer Situation existentiell angenommen hat. Indem ich den Ton, den ich wahrnehme, in mein Schweigen hinein klingen lasse, fühle ich unmittelbar, ob er die Verwicklungen respektiert, die sich aus unserem Lebenselend ergeben, aus der Sehnsucht, die in uns wohnt, aus unserem Überdruß, unserem Verlangen nach einem Sinn, aus dem Kampf, den wir kämpfen.

Ich ertrage es nicht mehr, Gedichte zu lesen. Die meisten Dichter nehmen nur Posen ein, stellen ihr Talent zur Schau, spielen mit falschen oder hochtrabenden Wörtern, gebrauchen unnötige Bilder, verfallen in einen bequemen Lyrismus, gefallen sich in konventionellen, literarischen Attitüden. Die Dichtung, die ich mag, ist direkt, nüchtern, wortarm. Ich bin überzeugt davon, daß die ganz einfachen, geläufigen Wörter, wenn sie lange schweigend im Innern des Menschen geruht und sich aus den verschiedenen Ablagerungen angereichert haben, regeneriert emporsteigen, mit neuem Gefühl ausgestattet und mit neuer Kraft.

3. Juni 1964

Wie manch anderer, wie viele denkt dieser Mensch richtig, lebt aber nicht seinem Denken gemäß. Zu befürchten ist, daß er in Bälde, und zu seinem Unglück, seinem Leben gemäß denkt.

4. Juni 1964

Die meisten Dichter orientieren sich an einem ästhetischen Kanon. Statt auszusagen — direkt, natürlich und einfach —, praktizieren sie einen ganz formalen Lyrismus, häufen Bild auf Bild, suchen bewußt das zu schaffen, was sie als schön ansehen, und das Gedicht künstlich mit einer Dunkelzone auszustatten, die sich der Erforschung verweigert und die Funktion hat, den Leser zu täuschen. Wenn man verzweifelt ist und nur noch Stille erträgt, sind solche Gedichte ungenießbar. Das Unnatürliche, Gekünstelte an ihnen steht in krassem Gegensatz zu dem, was sie darstellen sollten; gegenüber dem, was ist, erscheint an ihnen alles leer, falsch und lächerlich. Ich für meinen Teil würde versuchen, Gedichte zu schreiben, bei deren Lektüre man nicht aufseufzen müßte, wenn Verwirrung oder Verzweiflung einen verwüstet. Diese Gedichte wären Teil des Schweigens, sie kämen aus tiefster Demut, wären ohne Glanz, ohne Pathos, ohne Selbstmitleid, und ihr gedämpfter, leidenschaftlich neutraler Ton würde anzeigen, daß unser Leben schwierig, vielleicht absurd ist. Daß das Leiden uns nicht auf den Weg zu einem Ziel bringt. Daß der Mensch nichts ist, und daß er sich dadurch erniedrigt fühlt. Daß das Denken uns keine Hilfe bietet. Daß der Spott selber lächerlich ist. Daß Liebe und Mitleid vielleicht nur Ausflucht oder Vorwand sind. Daß man bei keiner Idee oder Meinung stehenbleiben kann, weil man von der entgegengesetzten Idee oder Meinung sogleich verjagt wird. Daß ein Leben, das sich nicht auf das Fragen einläßt, ein leeres, nutzloses Dahinvegetieren bedeutet, daß es aber ebenso nutzlos erscheint, sich Fragen zu stellen und alles in Zweifel zu ziehen. Daß das Festhalten am Zweifeln und Fragen die einzig mögliche Haltung ist, daß aber der Zweifel unser Verlangen nach Erkenntnis abtötet. Daß Revoltieren kindisch ist, Zustimmen jedoch den Beigeschmack von Aufgeben hat. Daß der Tod, dem wir versprochen sind, uns auch dann, wenn uns das Leben eine Last ist, nicht weniger erschreckend erscheint. Daß man nicht eingreifen, sondern ein überlegenes Schweigen bewahren sollte, um seine Nicht-Übereinstimmung anzudeuten, daß uns die Haltung der totalen Verweigerung aber nicht erlaubt ist. Daß unser Moralgefühl und unsere vagen Überzeugungen höchst armselige Hilfen sind in dem Chaos, durch das wir uns tasten. Daß der Selbstmord vielleicht die einzige konsequente Tat ist, daß er aber viel Mut erfordert und daß dieser Mut uns nicht gegeben ist...

8. Juni 1964

Die meisten Menschen erwarten nichts vom Leben, akzeptieren, daß es eine Folge von mehr oder weniger gleichen Tagen ist, die zu keinem Ausgang führt. Aber wie kann man ohne einen Glauben — ich verstehe darunter die Fähigkeit, ständig die Wahl zu treffen zwischen dem, was einen Sinn, und dem, was keinen Sinn hat — die Existenz ertragen? Ich könnte nicht leben ohne Ziel, ohne Ausrichtung auf die Zukunft, ohne das hartnäckige Verlangen, daß das Leben mich hungrig macht.

19. Juni 1964

Wenn das Wirkliche mich erfüllt — das Wirkliche: das Leben, die Stimme, die Anspannung des Suchens —, sind das Alltägliche und sein Dekor für mich nur Traum, Unwirklichkeit.

23. Juni 1964

Wenn ich allein bin in diesem Raum und an meinem Tisch sitze, kommt es noch vor, daß ich nicht wage, meinen Blick auf die Möbel, die Dinge, das Dach gegenüber zu richten. Ich empfinde sie ein wenig wie menschliche Wesen, die anzustarren ich mich schämen würde. Sie lasten auf mir mit dem ganzen Gewicht ihres Schweigens, ihrer Bewegungslosigkeit (und wenn sie so bewegungslos bleiben, dann darum, weil sie etwas zu verbergen haben, weil sie einen Anschlag vorbereiten, dessen Opfer ich eines Tages sein werde), sie stürzen mich in Angst. Soll ich es wagen, sie offen anzuschauen, darf ich nicht allein sein; ich muß mich mit einem beseelten Wesen verbünden, um sie in ihre Schranken weisen, ihnen Respekt einflößen zu können.

24. Juni 1964

Wer das Leben leidenschaftlich liebt und es verschwendet, der stört, schockiert, erregt Furcht.

25. Juni 1964

Dieser Schwindel, diese Angst beim Beobachten eines Tisches: wenn man sich seines versteinerten Aussehens langsam bewußt wird, wenn man darauf wartet, daß er seine Reglosigkeit aufgibt, daß er anfängt, sich zu bewegen.

29. Juni 1964

Tote Stunden, Aschestunden. Mattigkeit. Wo ist dein Leben? Wo ist die Liebe? Selbst die Hoffnung gibt auf. Der Schrei erlischt.

20. September 1964

Gegen den Strom schwimmen schließt ein Schulter-an-Schulter nicht aus.

Es gibt einen auf sich selbst gerichteten Erkenntniswillen, der strenggenommen Todeswunsch, Selbstmordverlangen ist. Früher befaßte ich mich mit mir selbst, nicht, um mich besser kennenzulernen, sondern um das Leben in mir abzuwürgen. Diesen Sommer habe ich mich zum ersten Mal völlig den Kräften der Tiefe überlassen, ich ließ sie sich entfalten, mich tragen, ich gab mir Mühe, jegliche Gier zu überwinden, mich dem Nicht-Wollen anzuvertrauen; ich versuchte, Spontaneität und Meditation zu vereinen.

22. September 1964

Je weiter man fortschreitet im Leiden, desto mehr löst man sich von ihm. Denn man verzichtet mehr und mehr auf die Besitzrechte an seinem Ich.

9. Oktober 1964

Zweifellos ist es ein fundamentales Bedürfnis des Menschen, etwas zu schaffen. Meist aber, so scheint es, ist das Schaffen für den Künstler ein Mittel, eine Wunde zu verbinden, eine Leere zu füllen, mit der Angst fertig zu werden, die Furcht hinter sich zu lassen, das Grauen vor der Zeit zu besiegen. Denn der Künstler — ich meine den, der dem Schaffenszwang unterworfen ist, der dem, was sonst die Zeit verschlingen würde, Dauer geben muß —

ist ein Mensch, der die Bedingungen, die uns auferlegt sind, nicht hinnehmen kann. Ein Mensch, in dem der Mangel, der Hunger, das Zerrissenwerden eine tiefe Unzufriedenheit, eine Revolte hervorrufen. (Umgekehrt kann es auch Überfülle sein, die zum Verlust des Gleichgewichts führt, so gut wie Leere und Mangel.) Aber wehe dem, der von seiner Revolte in die Irre geführt wird, zu Ressentiment und Haß.

Das Verlangen nach Einfachheit muß erstmals in dem Augenblick eingreifen, in dem der Gedanke Form gewinnt und sich strukturiert. Erst danach muß es die Wahl der Worte überwachen.

17. Oktober 1964
Noch nach der geringsten Freude, die sich einstellen könnte, halte ich Ausschau: Ich möchte mich überreden, daß das Leben doch nicht ganz so schwarz ist, wie ich es sehe.

19. Oktober 1964
Wenn das Denken (der Intellekt) das ganze Ausmaß seiner Ohnmacht entdeckt hat, bleibt ihm nur ein Ausweg: sich vernichten, stille werden. Dann erst wird es möglich, auf das Murmeln zu achten.

Schreiben, um das Leben zu erwecken. In sich, in anderen. Es vervielfältigen, es intensivieren.

20. Oktober 1964
In der schwärzesten Verzweiflung, auf dem tiefsten Grund, den ich erreichen kann, bin ich immer wieder verblüfft, auf einen unangreifbaren Lebensinstinkt zu stoßen.

27. Oktober 1964
Gestern, als ich von Paris zurückkehrte, machte ich in Mâcon bei Descombin halt. Wir verbrachten gemeinsam

den Nachmittag. Ich war in Form und sprach viel, und wir erlebten ein paar schöne Stunden in intensivem, verständnisvollem Gespräch. In seiner Gegenwart fühle ich mich ganz besonders wohl. Hier kann ich das Beste meiner selbst, das ich sonst im Umgang mit anderen systematisch zurückdrängen und ersticken muß, endlich enthüllen und verschenken; denn ich weiß, daß es empfangen, verstanden, ja vermehrt wird.

Es ist ihm gelungen, sich von seinem Ich zu befreien, und so kann er für andere dasein und sich mit ihnen austauschen. Der Dialog mit ihm macht mir jedes Mal große Freude.

29. Oktober 1964

Seit einer gewissen Zeit macht mein Überdruß einem immer größer werdenden Staunen Platz.

4. November 1964

Vor mir liegen Fotos von einer Reportage über Descombin. Ich habe diese Porträtaufnahmen mehreren Personen gezeigt, und alle ohne Ausnahme sagten mir, daß sein Gesicht aussehe wie das einer Frau. Dabei ist Descombin, weiß Gott, ein sehr männlicher Mann. Und doch ist nicht zu leugnen, daß seine Gesichtszüge sich hin zu einer geschlechtlichen Indifferenz entwickelt haben. Tatsächlich habe ich schon des öfteren bemerkt, daß es sich bei großen Künstlern oder Gelehrten ebenso verhält. Da sie bewußt daran arbeiten, ihre Komplementarität zu entwickeln und das weibliche Element in sich zu aktivieren, bilden sie sich ein Gesicht, das sich der Begrenzung durch ihr Geschlecht enthebt.

30. November 1964

Das Ohr erleuchtet das Auge, lenkt es, führt es zur Schau.

3. Dezember 1964

Die Menschen, hinter denen das Glück her ist, sind wahrhaft zu beklagen. Sie werden niemals geboren, werden nicht leben können und nichts wissen von der Existenz.

Meine Verblüffung, meine vollkommene Ungläubigkeit, als Descombin mir mitteilte, daß er keine Langeweile kenne. Ich fühle, daß der Tag nicht mehr fern ist, an dem ich verstehen werde, warum. Dann wird mich der Überdruß verlassen, und meine Verzweiflung verwandelt sich in Zustimmung. Endlich öffne ich mich der Weite des Lebens, löse mich von meiner Subjektivität und von der Tragik und werde ein Mensch, der das Menschsein in seiner Ganzheit akzeptiert. Denn bis dahin habe ich, niedergedrückt von der Verzweiflung, nur seinen negativsten Teil gelebt.

4. Dezember 1964

In letzter Zeit sind Menschen verschiedenen Geschlechts und Alters, die ich kaum kenne, zu mir gekommen, um mich um Hilfe zu bitten, und ich glaubte zu fühlen, daß es mir gelang, für sie das Wort zu finden, das sehen und verstehen läßt, das nährt und wärmt. All das erstaunt mich zutiefst.

10. Dezember 1964

Ein Freund, der einige dieser Seiten gelesen hat, hätte es gern gehabt, wenn ich Anekdoten zum Besten gegeben, wenn ich mich bereit erklärt hätte, zu *erzählen* und mein Herz auszuschütten, wenn ich von meinem zufälligen Dasein gesprochen hätte, von meinem Leben, wie es in seinem Schein und Sein abläuft. Aber was ist schon daran? Es schaudert mich bei jenen Texten, die darauf abzielen, den Leser in Intimes hineinzuziehen, ihn einen andern durchs Schlüsselloch begaffen zu lassen. Den abstrakten Charakter, den er diesen Notizen zum Vorwurf macht, würde ich eher als konkret bezeichnen. Denn ihnen vertraue ich

an, was ich das Wirkliche nenne — das, was wesentlich
an mir ist, was mir das Murmeln zu verstehen gibt.

13. Dezember 1964
Schreiben ist für mich die einzige Möglichkeit, einen Platz
außerhalb der Zeit zu finden.

14. Dezember 1964
Man sagt, der Künstler sei den anderen voraus. Das ist
so nicht ganz richtig. Oft scheint er nur deshalb seiner
Zeit voraus zu sein, weil die Mehrzahl der Menschen um
mehrere Jahrzehnte ihrer Zeit hinterherhinken.

15. Dezember 1964
Ich spreche vom Leiden, doch habe ich, da ich Schriftsteller bin, keine Erfahrung mit ihm, kenne es gar nicht.

16. Dezember 1964
Wir leben in zwei Bereichen zugleich: in dem des Zufälligen, Sukzessiven (die Fakten, die Umstände, die Kulissen,
die Personen, die man trifft, die Worte, die man wechselt),
und in dem — nicht weniger diskontinuierlichen — Bereich
des inneren Lebens. (Für mich gibt es oft noch einen dritten, in den mich die Anstrengung einer Ich-Verdoppelung
führt. Ich nehme sie auf mich, um mich aus dem Staunen,
ja der Bestürzung angesichts dessen, was sich mir darbietet, zu befreien und um dessen Sinn zu erforschen.) So
sind wir andauernd aufgeteilt, gestoßen, hin und her gezogen von den beiden Realitäten, die sich das Sein streitig
machen: von der einen, die versucht, in das Sein einzudringen oder es aus sich herauszulösen, und von der andern,
die schlummert oder in Erregung gerät, die die andere als
Bedrohung empfindet und von ihr manchmal vollkommen
verschieden ist. Das Leben hat also etwas von einem Film,
der unausgesetzt an unseren Augen vorüberzieht, uns aber
unverständlich bleibt, weil unser Geist sich meist in einer

ganz anderen Realität bewegt und sich außerstande sieht, die Bilder zu registrieren und ihnen einen Sinn zu geben. Das ist der Grund, warum das Leben so mühsam, so aufreibend ist.

1965

9. Januar 1965
Wenn ich mich rasiere und mich notgedrungen im Spiegel
ansehe, kommt der Moment, da mein eigener prüfender
Blick mich zwingt, die Augen niederzuschlagen.
Die Stimme murmelt: *Ich bin die Wunde, die dich von dir
trennt.*

10. Januar 1965
In Aix habe ich ziemlich schnell begriffen, daß der Aufruhr
denselben Bedingungen gehorcht wie die Unterwerfung,
und daß ich letztere nur vermeiden kann, wenn ich das
eine wie das andere verwerfe.

Solange du nicht unabhängig bist von den Wörtern, verraten sie dich, vereiteln sie systematisch jeden deiner Versuche, dich mitzuteilen, zu kommunizieren.

Ich habe Madeleine Charbonnier wiedergesehen. Unmenschlich allein in ihrem großen schweigenden Haus.
Um die drei großen Räume, in denen sie lebt, zu heizen,
hat sie nur einen kleinen Ofen. Das heißt, sie zittert den
ganzen Winter über vor Kälte. Sie ist so mittellos, daß
eine Tomate oder eine Zwiebel oder ein Stück Brot ihr
die Mahlzeiten ersetzt. Um sie herum nichts Überflüssi-
ges. Faktisch keine Möbel. Nur das Allernotwendigste. Ihr
Gesicht, die Farben, die sie verwendet, das, was sie sagt,
die Kleider, die sie trägt, die Farbtöne, das Aussehen und
die Struktur dessen, was sie umgibt, alles das bildet eine

Einheit. Die Größe, die ihren Bildern eigen ist, nimmt also, wie bei jedem wirklichen Künstler, ihren Ausgang bei ihrem alltäglichen Leben, bei ihrer völligen Unterwerfung unter die Kunst, bei ihrer Entsagung, bei ihrem Willen zu Einsamkeit und Sammlung, bei dem Heroismus, den sie braucht, um ihre Suche immer weiter voran zu treiben. Aber von dieser strengen Größe und von den Bildern, in denen sie sich ausdrückt, will niemand etwas wissen; denn sie verweisen auf eine so extreme Existenz, daß die Leute Angst bekommen. In ihrer Verwirrung ahnen sie, daß man sie hier auf eine Höhe heben möchte, wo die Luft ihnen zu dünn sein könnte (obwohl sie vielleicht nur rein ist). Als sie mir sagte, daß sie auch mal ein Bild verbrenne, fühlte ich körperlichen Schmerz.

13. Januar 1965

Die niemals gelebte Gegenwart. Sowie sie vorbei ist, ist sie tot. Ich muß sie reaktivieren, muß versuchen, sie mit Hilfe des Schreibens wiederzubeleben.

Mit einer Frau schlafen und Leben zeugen. Daß man in wenigen Sekunden, ob gewollt oder nicht, einen so ernsten Akt vollzieht, mechanisch, ohne jede Beziehung zu dem, was aus ihm resultiert — diese Vorstellung hat schon immer meinen Abscheu erregt. Vielleicht deshalb, weil ich Schriftsteller bin und mir nicht vorstellen kann, daß man schöpferisch sein kann ohne jede geistige Beteiligung und ohne daß es einen etwas kostet.

15. Januar 1965

Angezogen von der Zukunft und ihrer Weiträumigkeit, in der ich mich nach Herzenslust ausdehne, verachte ich die Gegenwart, die mich nicht sättigen kann. Doch immer dann, wenn die Gegenwart zu einem Teil der Vergangenheit geworden ist und das Gedächtnis die Erinnerung an sie zu verlieren droht, muß ich sie auf diesen Seiten festhalten. Ich muß versuchen, sie einzufangen und zu beleben, muß sie dem Nichts abringen.

So verdammt mich meine Manie, in der Zukunft zu wohnen, zu den toten Gewässern der Vergangenheit. Also zum Nicht-Leben.

16. Januar 1965

Hinter dem Hang zur Maßlosigkeit steht nicht die Lust an der Ausschweifung, sondern die Lust am Leben.

Dieses Stöhnen oder Klopfen hinter dem Schleier des Bewußtseins. Will man zu ihm vorstoßen und es erforschen, bedarf es eines unnachgiebig klaren Blicks. Allerdings habe ich bei diesen Vorstößen manchmal das Gefühl, mich zu zerstören.

17. Januar 1965

Unser Maß kann nur das Unmögliche sein.

18. Januar 1965

Heftiges, nicht abzuweisendes Bedürfnis, keinen mehr zu sehen, nicht mehr zu sprechen. Mich völlig treiben zu lassen. Bis an die äußerste Grenze meiner Kraft zu gehen.

19. Januar 1965

Ich bin jenes zerbrechliche Stück Leben an der Oberfläche des Nichts, das von dem Bewußtsein seiner Bedeutungslosigkeit und der Bedeutungslosigkeit aller Dinge zerfressen wird. Und doch: Gerade dieses Bewußtsein meiner Bedeutungslosigkeit treibt mich dazu, zu arbeiten, mich in Worten zu verdeutlichen, ein Werk zu schaffen. Ein solcher Widerspruch läßt mir alles noch lächerlicher erscheinen.

Besonders schwer zu ertragen ist der Wechsel von Ekel und Stärke, Fülle und Überdruß, Überfluß und Dürre, Nähe und Ferne, Kraft und Müdigkeit, Sinn und Undurchsichtigkeit... Unablässig von einem Extrem zum andern geworfen zu werden, ohne das Geringste zu begreifen.

20. Januar 1965
Es braucht ein ganzes Leben, um bei seiner Geburt anzukommen. Oder bis man die Illusion hat, daß es soweit sei. Und gerade dann fällt einen der Tod.

21. Januar 1965
Der Wert eines Kunstwerks, seine nährende Kraft, liegt selbstverständlich nicht in seiner Größe, auch nicht in seinem augenscheinlichen Reichtum, sondern in der Heftigkeit des Hungers, in dem Seinsmangel, aus dem heraus es entstanden ist. Letztlich also in der energetischen Ladung, die diese unersättliche Spannung hervorgebracht hat.

23. Januar 1965
Die Stimme: *Schreib, schreib, schreib, die Zeit flieht, der Tod wirft schon ein Auge auf dich, vertreibe ihn, errichte dir einen Schutzwall.* Aber manchmal bin ich drauf und dran, dieses Schreiben-Müssen zu hassen, und die Stimme, die mich erdrückt, weckt in mir den Wunsch nach endgültiger Ruhe.

30. Januar 1965
Sich ein Ziel setzen: sich verirren.

Die Revolte stärkt das, wogegen sie sich richtet.

31. Januar 1965
Wer lange nach Wissen gestrebt hat, kann der noch einmal zur Unwissenheit gelangen? Zur Unschuld?

Seit Herbst 1958 widme ich mich ausschließlich dem Schreiben. Aber ich habe noch nichts veröffentlicht, nichts geschrieben, das etwas taugt. Womit habe ich also all diese Jahre zugebracht?

Ich habe meine Zeit genützt, mich selbst erkennen zu lernen. Mich einer eigensinnigen Jugend zu entledigen, eines nutzlosen Übereifers. Mich der Festlegung meines Wesens durch die Gesellschaft zu entziehen. Mich aus der Verwirrung herauszuarbeiten, mich von all dem Nebulösen zu befreien, das man mir beigebracht hatte, und auch von den falschen Vorstellungen, denen ich anhing, als ich jung war. Mich nicht länger von den großen Werken faszinieren zu lassen. Darüber zu meditieren, was Kunst ist, der Künstler, das Schaffen. Geduld und Demut zu lernen. Alte Formen zu probieren und zu entdecken, daß sie nicht in Frage kommen, daß man andere finden muß.

Das war teilweise eine negative Arbeit. Aber sie war notwendig, und ich glaube, daß ich mich jetzt endlich an meinem Startpunkt befinde, daß jetzt die Möglichkeiten zu wirklich eigenen Schritten gegeben sind.

1. Februar 1965

Ohne totale Hingabe an das Unbekannte gibt es kein Fortschreiten, keine Entdeckungen.

2. Februar 1965

Nicht in Reaktion auf etwas denken. Denken, ohne sich je um Gesetze, Dogmen, Leitplanken zu kümmern. Ohne vor den Extremen, zwischen denen man sich behaupten muß, zu erschrecken. Dazu braucht es viel Mut und Ehrlichkeit.

In dieser Gesellschaft, in der der Mensch immer mehr beraubt, verneint, zerstört, in die Irre geführt wird, ist der Künstler vielleicht der einzige, der noch ganz als Mensch lebt. Wenn die Millionen Individuen überleben und nicht vollkommen den Verstand verlieren wollen, müssen sie sich der Kunst zuwenden.

4. Februar 1965

Jede menschliche Beziehung ist ein unbegrenztes Feld. Aber nie haben wir den Mut, es für unser Leben in seiner Gänze fruchtbar zu machen. In der letzten Zeit konnte ich wieder beobachten, wie ein Mensch sich über sich selbst klarwerden und seinen Lebensradius vergrößern kann, wenn man sich mit ihm intensiv und ernsthaft beschäftigt.

7. Februar 1965

Die Menschen, die sich nur an ihrer Peripherie bewegen, denen es nicht gelingt, sich selbst zu begegnen, die nur auf verschlungenen, unentwirrbaren Pfaden zu sich kommen — in welche Verwirrung stürzt man sie, wenn man ohne Umschweife direkt auf ihre Mitte lossteuert.

13. Februar 1965

Die Armut des Worts ist der Garant seiner Wahrheit.

Wenn es stimmen würde, daß man in den großen Werken Wege zur Erkenntnis und zur Weisheit finden kann, müßte ein jeder, der sie liest und befragt, auf diesen Wegen vorankommen. Aber damit ist es nichts. Ein anderer kann uns nichts lehren, kann uns nicht helfen (oder nur sehr beschränkt, und auch dann deckt er lediglich den Jammer tief in unserem Innern auf). Jeder muß daran arbeiten, sich selbst zu erkennen. Sich freizumachen von seinen Problemen und Konflikten.

Die meisten leiden an Dichotomie: an der Trennung des Kopfes von den Wurzeln.

18. Februar 1965

Eine solche Erschöpfung, daß man meinen könnte, das Leiden würde seinen Griff lockern. Vergebens.

19. Februar 1965

Wenn man weiß, wohin man gehen will, braucht man sich nicht auf den Weg zu machen.

Die Menschen, die aus Angst oder aus dem Bedürfnis nach Sicherheit das Leben verraten und sich in die Lüge oder die Illusion flüchten, verlieren immer. Denn meistens rächt sich das Leben: Eines Tages zeigt es sich, daß sie gerade von dem, das sie hatte schützen sollen, zerstört worden sind.

21. Februar 1965

Beim ersten Kennenlernen sich vor allem darum bemühen, die Ängste zu erkennen, die den andern beherrschen, und die Formen, in die sie sich kleiden. Denn mit diesen Ängsten muß man für die künftige Beziehung rechnen.

24. Februar 1965

Das Suchen grenzt nicht selten an Wahnsinn.

Die Größe der großen Werke bedrückt mich nicht mehr. Sie haben für mich nicht mehr das Unerhörte, Verblüffende, das mich noch vor ein paar Monaten so beeindruckt hat. Ich entdecke, daß sie nur von einigen wenigen Dingen sprechen, dazu noch von stets den gleichen: von denen, die wir tief in uns tragen und die die Stimme nicht müde wird zu wiederholen. Jene Werke erscheinen mir nun klar, einfach, einleuchtend, und ich schrecke nicht mehr davor zurück, intimere Zwiesprache mit ihnen zu halten.

25. Februar 1965

Als ich jung war, als ich anfing, Mensch zu werden, fürchtete ich, daß die Fragen, die mich zu bedrängen anfingen, sich mir eines Tages nicht mehr stellen könnten. Und ich klammerte mich an sie, machte es mir zur Pflicht, ihnen großzügig Obdach zu gewähren. Aber diese Befürchtung erwies sich als grundlos. Denn es sind ja jene Fragen, die uns im Griff haben; wir können uns ihnen, auch wenn wir es wollten, nicht entziehen.

Man befindet sich niemals im Zentrum. Und erst, wenn man sich von ihm entfernt hat, entdeckt man, daß man ihm nahe war.

Der Dichter ist nicht der Schöpfer dessen, was er hervorbringt. Er wird aber in gewissem Sinn zum Schöpfer dadurch, daß er es in sein Bewußtsein hebt.

Ein recht erstaunliches Phänomen konnte ich bei mehreren Gelegenheiten beobachten: wie sich Menschen nach dem Verlust eines geliebten Wesens zunehmend verändern. Das alles vollzieht sich, als hätte der Tod einen Energiekern freigesetzt. Nach dem Verschwinden des Individuums scheinen sich die moralischen Werte, die in ihm beschlossen waren, zu verselbständigen, um dann um so stärker auf jene einzuwirken, die dem Verstorbenen einen Platz in ihrem Leben eingeräumt hatten.

27. Februar 1965
Wenn ich jemanden treffe, der sich aufgegeben hat, habe ich sogleich eine so tiefe Kenntnis von ihm, daß ich das Gefühl habe, ich sei in Gesellschaft eines alten Freundes.

Gewisse Menschen werden von eben dem gehemmt oder zerstört, dem sie ihren Wert verdanken.

In der letzten Zeit habe ich deutliche Wandlungen durchgemacht, auch meine Auffassung von der Arbeit hat sich geändert. Es gibt für mich keinen Zweifel mehr, daß sie im wesentlichen der Erforschung und Bloßlegung meines inneren Abenteuers zu gelten hat. Früher richtete ich meine Aufmerksamkeit vor allem auf das Sichtbare, auf die

Menschen, auf ihre Äußerungen und ihr Verhalten, und das stets mit dem Hintergedanken, daß mir das Material, das ich da anhäufte, beim Schreiben nützlich sein könnte. Bestimmt bin ich heute immer noch derselbe begierige Beobachter; aber ich mache es mir nicht mehr zur Pflicht, das, was ich registriere, im Gedächtnis zu behalten. Ich begnüge mich damit, darüber zu meditieren.

28. Februar 1965
Ich gebe mich auf, und folgerichtig kenne ich die Versuchung des Selbstmords nicht mehr.

2. März 1965
Achte darauf, daß dein Satz sein Energiepotential weniger von der Dynamik und Realität der Wörter als von der Energie jener Realität erhält, die er ausdrückt.

3. März 1965
Der Zusammenhang zwischen dem Einzigartigen und dem Universellen. Ich sehe da noch nicht ganz klar. Es ist notwendig, sich zu entäußern, sich von seinen Besonderheiten zu lösen. Die Einzigartigkeit existiert nur in Abhängigkeit vom Universellen. Sie ist das, was der vom Universellen Zurechtgestutzte an Einzigartigem besitzt. Das Universelle schärft die Einzigartigkeit.

Sich aufgeben heißt, der Dichotomie ein Ende zu machen.

4. März 1965
Das Zentrum kann weder definiert noch lokalisiert werden. Aber man muß daran arbeiten, es zu umschreiben und sich ihm zu nähern.

Warum bewahrheiten sich alle großen Werke? Warum sagen sie alle dasselbe? Weil sie aus ein und derselben Haltung hervorgegangen sind. Aus derselben Anspannung, hin zum Nicht-Ich.

Ein Werk, das zu uns nicht von sich selber spricht, das nicht von seiner Geburt, seiner Entstehung berichtet, ist nicht auf das Zentrum zentriert.

Ich glaube, daß dieses vom Selbstmord Besessensein, das mich seit meiner Jugend gequält hat, ein Bestrafenwollen war, der Wunsch, mich ein für alle Mal von diesem Individuum zu befreien, das mir Fesseln anlegte, für das ich mich schämte, dessen Mittelmäßigkeit und Beschränktheit mich demütigten.

5. März 1965
Das fortgesetzte Suchen führt zur Vereinzelung. Je mehr man versucht, das Universelle zu erreichen, desto einzigartiger ist man. Und je einzigartiger man ist, desto weiter reicht man ins Universelle hinein.

6. März 1965
Je einzigartiger ein Schriftsteller ist, desto weniger taucht er als Individuum in den Texten auf, die er schreibt.

Wer schreibt, ohne zu sich selber gestorben zu sein, gibt bestenfalls die Tragödie eines Individuums wieder. Der Schriftsteller aber sucht der Tragik des Menschseins Ausdruck zu geben.

7. März 1965
Zu sich selber sterben heißt, sich an die Wurzeln halten. Nur noch dem Wesentlichen Raum geben.

Sprich niemals von dir, wenn du schreibst. Trotzdem wird dein Werk, solltest du eines schreiben, ganz und gar vertrauliche Mitteilung sein. Um so wichtiger ist es dann, daß der Empfänger dieser Mitteilung über den Menschen, der sie ihm macht, nichts erfährt.

Wenn ich in Mißstimmung bin, ist auch meine Stimme verstimmt.

8. März 1965
Dieses ganze Zweifeln, dieses Verzagtsein, dieses Sarkastischsein, das man jeden Tag überwinden muß, um den Mut zum Durchhalten zu finden.

9. März 1965
Askese ist nicht Entbehrung, nicht Verstümmelung, sondern Beschränkung auf das Unermeßliche.

Das Schaffen wird von nichts anderem genährt als von seinem eigenen Prozeß.

Welches Glücksgefühl, dem Wirrwarr entkommen zu sein. Ich gewinne Kraft, Zeit, Ruhe. Und sogleich werden meine Beziehungen zu den Menschen und Dingen leichter, direkter, tiefer.

10. März 1965
In den letzten Jahren war das Leiden so übermächtig, daß es mich von der Liebe abgeschottet hat. Da waren Nacht und Ersticken.

Wir sind der Ort und der Stoff der Manifestation, aber nicht ihr Subjekt. Dennoch sind unsere Zustimmung und unsere Mitarbeit ihr unentbehrlich.

11. März 1965
Descombin. Die Kraft und der Reichtum seiner Persönlichkeit. Die Dichte seines Erlebens. Ständig kreisend um die *Sache*, für die er einen überaus feinen Sinn hat.

Und seine Sensibilität. Die Stärke seiner Intuitionen. Sein Wissen um die subtilsten Vorgänge in unserem Innern. Der Scharfblick, mit dem er ein Werk erfaßt, es ausleuchtet, seinen Platz bestimmt.

Wenn er vom inneren Abenteuer spricht, läßt er nie außer acht, was es an Großartigem, zuweilen aber auch an Dramatischem mit sich bringt.

Die Augenblicke der Übereinstimmung, die ich mit ihm in seinem Atelier erlebe, sind von außergewöhnlicher Qualität und Intensität.

13. März 1965

Wenn ich gelernt haben werde, zu leiden, ohne traurig zu sein, wird es ein wenig Licht in mir geben.

14. März 1965

Eine anonyme Einzigartigkeit erreichen.

19. März 1965

Zu wissen, daß das Leben dich läutert, dich wachsen läßt — das ist ein großer Trost. Wie ein Anflug von Sinn. Und die Ratlosigkeit und Verzweiflung machen der Zustimmung Platz.

22. März 1965

Fern vom geliebten Wesen lebt man am engsten mit ihm. Es hat sich von seiner konkreten Erscheinung gelöst und auch von den tausend Schatten, mit denen es einem den Alltag verdunkelt; zudem läßt einen das Leiden unter der Trennung das Beste im anderen würdigen.

28. März 1965

Das, was man erlebt, bleibt einem fremd; denn was man von diesem Erleben in sich aufnimmt, ist fremder Rohstoff. Erst nach einer gewissen Zeit, in der ein alchimistischer Prozeß abläuft, setzt sich diese Materie in uns ab und verbindet sich mit unserer inneren Substanz. Man erlebt also niemals, niemals. (Indessen scheint die eintretende Entwicklung dieser Bemerkung zu widersprechen.)

6. April 1965
Das Gedicht soll nicht von einem Gefühl oder Seelenzustand reden. Es soll versuchen, ein Bruchstück eines von der Zeit befreiten Seins zu erfassen. Das Unwandelbare anschaulich machen.

9. April 1965
Ob ich wohl eines Tages jene Freiheit erringe, die jede Freiheit der Wahl ausschließt?

15. April 1965
Entdecke das Werk von Beckett. Heftige Erschütterung.

24. Juni 1965
Mein Bruder Robert ist für zwei oder drei Monate nach Europa gekommen, und ich bin glücklich darüber. Er gibt mir ein Gefühl von Weite, von Freiheit. Er denkt genau, ist von Grund auf gut, schenkt dem andern seine ungeteilte Aufmerksamkeit. Obwohl er sich in den Ferien und auf Reisen befindet, ist er präsent, ist er er selbst, und man fühlt, daß die Kraft in ihm ist, daß er sich auf sich selbst verlassen kann. In den unwahrscheinlichsten Ländern hat er Freunde, und er erzählt mir pikante Geschichten über die Holzfäller und die Buschpiloten im hohen Norden. Er läuft nicht Gefahr, von den Dingen aufgefressen zu werden: Er besitzt nicht einmal eine Uhr, und sein ganzer Besitz hat in zwei Koffern Platz gefunden, die er in der Garage eines Freundes in Montreal untergestellt hat. Nach seiner Rückkehr aus Europa wird er Kanada verlassen, um in Kalifornien zu leben.

30. Juni 1965

Die Stimme bewirkt, was sie äußert. Das Blick-Wesen wird, was es vernimmt.

11. Juli 1965

Sich den Zerstreuungen verweigern, den leicht zu haben-den Freundschaften, der Bezauberung durch die Men-schen, der Zersplitterung, den vielfältigen Versuchungen des modernen Lebens. Geld und Erfolg ablehnen. Darüber wachen, daß das Belanglose, das Nebensächliche niemals das Übergewicht über das Wesentliche erhält. Der Kampf des Künstlers, die Anstrengung fast jeden Augenblicks, be-steht vor allem darin, sich nicht von seinem Weg abbrin-gen zu lassen und die Stimme, das Murmeln in sich zu erhalten.

12. Juli 1965

Nein, du bist nicht verarmt in den vergangenen Monaten. Du hast nur Ballast abgeworfen.

Was ich mit Augen sehe und verschlinge, versuche ich zu durchdringen und zu verstehen. So befinde ich mich in unablässiger Reflexion über dieses oder jenes, um mir ein-zuverleiben, was mein Blick mir bietet. Im Schaffens-prozeß, der sich aus dem Imaginären und aus dem inneren Diskurs speist, erfolgt dann ein Rückgriff auf diese ange-häuften Materialien, damit das Gesichts- und Gewichtslo-se Gesicht und Gewicht erhält.

13. Juli 1965

Ich bemerke erneut, daß das, was in dieses Heft geschrie-ben wird, manchmal um Jahre hinter dem herhinkt, was sich in mir abspielt.

Je enger sich das Werk um das Zentrum schließt, je mehr es ausmerzt, desto öfter wiederholt es sich, desto mehr verdammt es sich zur Monotonie. Doch nur die Wörter sind monoton. Denn das, was sie sagen möchten, was sich ihnen jedoch entzieht, ist das Unermeßliche, das immer Neue.

26. September 1965

Diejenigen, mit denen man in aller Offenheit von dem sprechen kann, was sie sind, sind sich ihrer Probleme so weit bewußt oder haben sich von ihnen so weit befreit, daß man ihnen nichts wesentlich Neues über sie sagen kann.

Den anderen hingegen, die entscheidend profitieren würden von dem, was sich über ihre inneren Schwierigkeiten sagen ließe, kann man nicht zu Hilfe kommen. Denn eben das, was man ihnen entdecken müßte, verbietet, daß man dies tut.

Sterben zur Vernichtung des Ich. Um geboren zu werden zum Nichts.

28. September 1965

Das Absolute suchen heißt, in seinem Leben und in sich selber nur Hohn und Spott zu sehen, heißt alles verwerfen.

Die Stimme macht noch Sprünge. Das ist unvermeidlich. Sagen wir genauer, daß es ihr noch nicht gelungen ist, die Wasser aus den verschiedenen Quellen, die sie speisen, zu mischen. Das zeigt sich auch daran, daß die Notizen dieses Heftes trennende leere Stellen zwischen sich brauchen. Aber ich fühle, der Tag wird kommen, an dem sie sich zu einem Strom mischen werden.

30. September 1965

Sie sind nicht mehr imstande, auf die Fragen zu hören, die in ihnen sind. Wie sollten sie dann in der Lage sein, auf Antworten zu kommen?

1. Oktober 1965

Das Ich: eine um das Wesen herum errichtete Mauer, die seinen Raum einengt, seine Öffnung verringert, es hindert, die anderen zu sehen, ihnen Aufmerksamkeit zu schenken. Die ihm untersagt, sich zu leben, zum Nicht-Ich vorzustoßen. Solange diese starke Mauer nicht geschleift worden ist, verkümmert man, verbleibt im Gefängnis, beim unermüdlichen, ekelerregenden Hin und Her im Innern seiner selbst.

10. Oktober 1965

Wer alle Gesetze hinter sich gelassen hat, trifft in sich selber auf ein Gesetz, das ihn unbarmherzig verfolgen wird.

15. Oktober 1965

Von seinem Ich muß man ein überscharfes Bewußtsein haben. Denn es taucht jeden Augenblick wieder auf. Man muß ihm seine Maske herunterreißen und es vernichten.

Schreiben heißt nicht nur, seine Vision zu vermitteln, sondern auch die Form, in der sie Gestalt gewinnt, mit Spannkraft zu laden.

17. Oktober 1965

Hüte dich vor dem anderen in dir, der sich, was dich betrifft, schon mit Wenigem zufrieden gibt. Der jederzeit bereit ist, dir Lobeshymnen zu singen oder dich zu bemitleiden, der dich dazu drängt, rasch aufzugeben.

Was deine Vorstellungskraft betrifft, so darfst du die Zügel nicht schleifen lassen, ihr nicht erlauben, nach Gutdünken zu arbeiten und eine in sich geschlossene Welt zu erfinden. Die Vorstellungskraft muß ganz einfach das sein, wodurch das Wesen sich enthüllt, ans Licht tritt, sich in all seinen Dimensionen entfaltet.

Das allzu edle, allzu glänzende Wort der meisten Dichter ist Lüge. Alles, was wir erleben, selbst in der Freude, der Fülle, im Jubel, hat etwas Bitteres an sich, etwas Verdorbenes, etwas Jämmerliches.

18. Oktober 1965
Sprache, Denken, Imagination: plumpe Werkzeuge, die sich geradezu als hinderlich erweisen bei dem, was mit ihrer Hilfe erreicht, geformt werden soll. Vorstellung, daß ich ein Sträfling bin.

22. Oktober 1965
Um wiederzugeben, was ist, was nachts in uns vorgeht, muß die Sprache so weit gehen, auch das Unzusammenhängende, das Unbedeutende, den Unsinn, das Nichts auszusagen.

Unsere Definition dessen, was lächerlich ist, umfaßt im Grunde auch die Anprangerung und Ablehnung der Sinnleere, genauer, die Anprangerung und Ablehnung der Erscheinungswirklichkeit im Namen der Sinnforderung. Denn wenn ich behaupte, daß das Leben, der Tod, das Leiden keinen Sinn haben, verlange ich einen Sinn.
Aber was ist der Sinn? Die Frage wirft uns in die Nacht des Unsagbaren.

23. Oktober 1965
Wenn die Einbildungskraft sich selbst überlassen bleibt, wenn sie uns völlig in die Welt hineinzieht, die sie sich erschafft, wenn sie ohne jede Kontrolle arbeitet und keine Nahrung mehr empfängt aus dem Austausch mit dem Sichtbaren, der Reflexion, den Problemen und Widersprüchen des Individuums, dann ist sie nur ein Delirium des Geistes. Genauso ergeht es dem Denken, wenn es nicht mehr vom Leben gespeist wird, nicht mehr austariert wird durch das Gegengewicht des Sichtbaren, wenn es nur noch

in der Abstraktion arbeitet, wenn es nicht mehr dem nachsetzt, was sich ihm entzieht und gleichzeitig seinen Hunger und seine Ohnmacht aufs äußerste reizt.

Wenn du fähig werden willst, die Konvention zu zerstören, die unsere Sprache darstellt, und vermeiden willst, daß du dich in dem einen oder andern dieser beiden Delirien verirrst, mußt du dafür sorgen, daß sich in dir Sprache, Denken und Imagination wechselseitig in Frage stellen.

24. Oktober 1965

Das Leben erdulden müssen, ohne es leben zu können — das ist unser Los. Die Hölle in jeder Sekunde. Ich kann verstehen, daß so viele Menschen trinken, Drogen nehmen, sich durch Arbeit zerstören.

Man schlägt sich an einer Stelle durchs Dickicht, und der Weg öffnet sich anderswo, manchmal so weit entfernt, daß man Mühe hat, ihn zu entdecken und zu benützen.

Für viele von denen, die sich auf Kunst einlassen, ist das Kunstwerk eine Droge, ein Mittel, sich selbst zu entfliehen, Fragen weiter vor sich herzuschieben. Hier lassen sich Empfindungen und Stimmungen kultivieren. Hier besteht auch, falls es sich um ein Sprachkunstwerk handelt, die Möglichkeit, sich dem Leben zu entziehen und in Phantasiewelten zu flüchten, oder auch, durch andere zu leben.

Macht man vom Kunstwerk einen derartigen Gebrauch, so verfälscht man seine Absicht und verkennt sein Wesen. Das Kunstwerk sollte uns dazu dienen, Fragen nicht zu umgehen, sondern anzugehen. Seine Aufgabe besteht darin, uns zu intensivieren, uns freizulegen, uns zu uns selbst kommen zu lassen, uns zu veranlassen, daß wir leben, uns zum Leben zu bringen. Aber es gibt so wenige Werke, die diese Aufgabe erfüllen können.

Der Fehler jenes Dichters: daß er nur das Funkeln, das

Blitzen, den Kristall übrig behalten wollte. Und dann diesen Kristall schliff, bis er seine Transparenz einbüßte. Wo ist das Dunkle in diesem Werk, das Stammeln, der Verfall, die Bestürzung, die Brandwunde des allgemeinen Hohns?

Wenn man es versteht, die Erscheinungen zu entziffern, entdeckt man bestimmte Mechanismen, bestimmte Gesetze, versteht man bestimmte Gegebenheiten, verringert man den Anteil des Seltsamen. Und dann liegt man auf einmal mit etwas Seltsamem im Kampf, das viel verwirrender ist, weil es mit dem fundamentalen Geheimnis des Lebens zusammenhängt, und man bekommt Angst.

5. November 1965

Zehn Tage in Paris. Freude. Niemals habe ich eine solche Folge erfüllter Tage erlebt. Die Stadt rot leuchtend im Altweibersommer, und in mir Leben, beständiges Leben, das mich über mich selbst hinaushebt, das sich ausbreiten und fruchtbar werden will. Endlose trunkene Gespräche; Überfluß.

6. November 1965

Einen ganzen Nachmittag habe ich mich mit M. unterhalten, dessen Freundschaft und Vertrauen mir seit Jahren ein Halt sind. Vorher schon hatte ich mit ihm einmal zu Mittag gegessen. Das ist ein Mensch, den ich liebe; von wirklicher Einfachheit und Güte. Er hat eine Leidenschaft für Beckett. Ausführlich erzählte er mir von ihm, von seiner außerordentlichen Freundlichkeit, seinem Feingefühl, dem Schweigen, das er fast nie unterbricht, von seinem Landhaus... Beckett wirke im Gespräch nicht durch seine äußere Erscheinung oder seine Stimme, und noch weniger durch das, was er sagt, weil er zumeist im Schweigen verharrt; trotzdem fühle man sich in seiner Gegenwart wie verwandelt. Er berichtet mir, daß Beckett ihn in diesem Sommer auf dem Lande besucht hat und daß sie den

ganzen Nachmittag lang über Vögel gesprochen haben, ein
flüchtiges Thema sozusagen. Aber als Beckett in Fahrt gekommen war, veränderte sich alles. Er erkannte sein Haus
nicht mehr, und es kam ihm vor, als hätten der Himmel,
die Bäume und die Menschen ein anderes Aussehen angenommen... Niemals hat er aus Becketts Mund ein schar-
fes oder böses Wort über irgend jemand gehört, nie ein
harsches Urteil über ein Buch oder ein Werk. Ich versuche
daraufhin, M. zu erklären, daß es in diesem Fall auch gar
nicht anders sein kann; daß man um so nachsichtiger gegenüber anderen wird, je mehr man von sich selbst fordert;
daß ein wirklicher Schriftsteller alle Eitelkeit abgelegt hat,
daß nichts Persönliches mehr an ihm ist, daß in ihm auch
nicht die winzigste Spur von Kleinlichkeit mehr zu finden
ist, daß sein Verhalten in jeder Hinsicht nur untadelig sein
kann. Und ich versuche, ihm Punkt für Punkt darzulegen,
was mir in der letzten Zeit deutlich geworden ist: Forderung an den Schriftsteller, seinem Ich keine Beachtung zu
schenken; Zusammenhänge zwischen dem Einzigartigen
und dem Allgemeinen; Gleichartigkeit der Methode bei
allen großen Künstlern; Kriterien, die sich daraus ergeben
und die entscheidend sind für eine Rangordnung der Werke, für die Vermeidung von Subjektivität und Irrtümern,
usw. Aber es gelang mir nicht, ihm mitzuteilen, was ich
in mir trug, und ich bezweifle, ob er mich verstanden hat.
Immerhin hat er mir verraten, daß er beim Abfassen seines
Flaubert-Essays ebenfalls auf all diese Probleme gestoßen
ist (besonders beim Redigieren seines Textes sei er ständig
in Versuchung gewesen, einen Wortschatz zu verwenden,
der einem Mystiker angemessen gewesen wäre). Sehr zurecht hat er mich auch ermahnt, aus meiner Konzeption
des Schriftstellers jede moralische Inanspruchnahme her-
auszuhalten. Aber es leuchtet auch so ein, daß in den Re-
gionen, in denen ich mich aufhalte, für Moral kein Platz
ist, zumindest für das, was man gemeinhin darunter versteht. Außerdem habe ich die gängigen Moralvorstellun-

gen schon vor langem als unmoralisch entlarvt. Andererseits ist nicht zu leugnen, daß meine Konzentration auf das Allgemeine, das Unwandelbare, mit einer rigorosen ethischen Forderung unlösbar verbunden ist, einer Forderung, die nicht mehr Zwang, Disziplin, passive Unterwerfung unter Prinzipien und Verbote bedeutet, sondern innerstes Gesetz, Freiheit, Schöpfung.

7. November 1965

So habe ich nun die Antwort auf eine Frage gefunden, die sich mir seit zehn Jahren immer wieder gestellt hat, eine Frage von großer Wichtigkeit: Läßt sich jener Instinkt, mit dessen Hilfe wir die Kunstwerke in eine Rangfolge bringen, durch exakte, feststehende Kriterien ersetzen, so daß der subjektive Anteil an unseren Werturteilen möglichst eingeschränkt wird? An dieser Frage bin ich lange verzweifelt. Denn keine Antwort auf sie zu finden hieße, weder das Ich noch den Irrtum ausschließen zu können.

Mir scheint, man kann die Schriftsteller in drei Gruppen einteilen (und es ist jetzt nicht von Wichtigkeit, ob mir eine solche Klassifizierung eigentlich zuwider ist):

— Zur ersten, zahlenmäßig weitaus stärksten Gruppe gehören jene, die sich ausschließlich mit sich selbst befassen, sich niemals anders als durch das *Ich* ausdrücken, nur von ihrer Biographie, ihrer beschränkten persönlichen Geschichte aus schreiben. Zu diesen Schriftstellern gesellen sich noch jene, die sich der Imagination bedienen, um vor dem Leben, seinen Gegebenheiten und seinen Problemen zu fliehen.

— Die zweite Gruppe umfaßt jene Schriftsteller, die zwar nicht über das Ich hinaus gelangen, aber versuchen, das jeweils Besondere ins Universelle auszuweiten. So hat sich zum Beispiel André Gide nicht in anekdotischer Form, sondern allgemeingültig mitgeteilt. Er hat damit das Wesen dessen zum Ausdruck gebracht, was er war, wie er sich auf das Leben einstellte, womit er sich geistig beschäftig-

te... und sich dennoch nie von sich selbst gelöst. So entdek-
ke ich, wenn ich ihn lese, wer André Gide war und welche
Probleme und Eigenarten er hatte, aber ich finde nichts
von meinem fundamentalen Fragen wieder, das doch
schließlich das Fragen eines jeden ist, der nach Erkenntnis
strebt, der zu verstehen sucht und sich dem Leben öffnen
möchte. — Diese Schriftsteller werden oft als Moralisten
bezeichnet.
— Die dritte Gruppe wird von jenen gebildet, die die Rückreise zum Ursprung unternommen haben. Sie sind die einzigen echten Schriftsteller. Sie entziehen sich ihrer Epoche, gehen uns direkt an, helfen uns aus der Verwirrung,
helfen uns, geboren zu werden, uns selbst hervorzubringen. Das sind — wenn wir uns nur an die Moderne halten,
und natürlich in ganz verschiedener Ausprägung — Schriftsteller wie Baudelaire, Rimbaud, Rilke, Kafka, Beckett und
noch einige wenige andere, die ich außer acht lasse.

8. November 1965
So rückhaltlos man sich auch der Suche nach dem Nicht-
Ich verschreiben mag, man lebt sie doch gemäß seiner Einzigartigkeit, seinem Temperament, seinen geistigen Gaben...

Meine Adoptivmutter — sie ist die Liebe in Person, hat
immer für andere gelebt — gelangte spontan zum Universellen, ohne sich dessen bewußt zu werden, und ohne einen
inneren Weg zurückzulegen. Aber es braucht nicht betont
zu werden, daß in einem solchen Leben das Universelle
sich in anderer Gestalt darbietet als beispielsweise in dem
eines Kafka. Nehmen wir noch Baudelaire. Gewiß hat er
sich nicht von allen seinen Besonderheiten befreit. Dennoch stellt jeder seiner Texte in uns die Spannung wieder
her, die in ihm geherrscht hat, gibt uns das körperliche
Gefühl des Neutralen, des Unwandelbaren (ganz wie ein
Bild von Cézanne).

Das nie ersetzbare Wesen schaffen, hat Gide geschrieben. Nicht das universelle, das heißt, das weiteste, tiefste, reichste, sondern das unersetzbare, ein Wesen also, dessen Fehlen oder Verschwinden dich schmerzt, eine Lücke in deinem Leben hinterläßt, dir unerträglich erscheint, ein Wesen, das dich ganz von sich abhängig macht, dich dir selber raubt, dich unterjocht, dich in seinen Bann schlägt. Aber wie schlägt es dich in seinen Bann, und womit, und warum, und wozu, zu welchem Nutzen, was dich betrifft?

Also immer nur das Ich. Systematisch allen anderen vorgezogen. Ein einziger Satz enthüllt die ganze Persönlichkeit, enthält das ganze Werk, seine ganze Philosophie.

9. November 1965

Klassisch ist eine Sprache, in der jedes Wort aufgeladen ist mit der Spannung, die dem Neutralen innewohnt. Daher der gleichmäßige Ton, das einfache Vokabular, der schlichte Satzbau, der Verzicht auf individuelle Besonderheiten und Vorlieben, auf die persönliche Geschichte... Wenn gewisse Schriftsteller sich einer einfachen Sprache bedienen, so haben sie deshalb noch nicht, wie viele fälschlich meinen, einen klassischen Stil. Denn bei einer strengeren Prüfung entdeckt man, daß dieser Stil voller Schlakken, Nachlässigkeiten, Gespreiztheiten und Manien ist, kurz voll individueller Besonderheiten. Diese Schriftsteller quälen sich nicht mit der Suche nach dem Neutralen. Sie legen sich mit mehr oder weniger Erfolg einen klassischen Stil zu, leben aber nicht jene Askese, die er verlangt.

Der Schriftsteller, der nach dem Unwandelbaren strebt, befindet sich in einer einzigartigen Situation. Er hat sich außerhalb der Psychologie, des Individuellen, der Beziehungen zur äußeren Welt gestellt. Denn es ist das Innerste seines Innern, das ergründet und zutage gefördert werden soll.

Der sprachliche Ausdruck wird bestimmt vom dialektischen Spiel gegensätzlicher Erfordernisse: Sinn und Poesie, Einzigartigkeit und Einfachheit, Formstrenge und Rückgriff auf ein beschwörendes Wort.

10. November 1965

Nachdem ich mit Michel Leiris im Restaurant des Musée de l'Homme zu Mittag gegessen habe, begegne ich N. auf der Terrasse des Palais de Chaillot. Die Sonne ist warm und wohltuend, die Luft von großer Reinheit, das Licht spielt in den Fontänen, und ich erlebe zwei Stunden großer Klarheit, glühenden Lebens, trunkener Fülle. Der ganze Reichtum des Seins, gesammelt in einem Augenblick zuströmender Energie, überflutete mich in einem solchen Ausmaß, daß es schien, als sollte er nie mehr versiegen.

12. November 1965

Zwei Geschöpfe, die sich nicht kannten, begegnen sich, lieben sich. Es entstehen drei neue Welten.

13. November 1965

Alles, was wir erleben, ist Gleichnis. Viel später erst keimt oder leuchtet der Sinn auf.

14. November 1965

Früher wollte ich das Geheimnis herausschreien. Heute könnte ich es nur leise stammeln.

In den Mauern unseres Gefängnisses können wir die Freiheit nur denken in der Reaktion auf die Schranken und Verbote aller Art, die sie begrenzen. Sich befreien heißt denn auch für viele, sich das Recht anmaßen, zu tun, was man will, und vor allem, sich das zu erlauben, was vorher verboten war.

Wenn man sich aber auf die Erfahrung wirklicher Freiheit einläßt, wird man entdecken, daß sie eine viel unbedingtere

Strenge voraussetzt, als die unerbittlichste Moral fordern könnte.

16. November 1965
Das tragische Mißverhältnis zwischen dem, was ein Künstler seinen Mitmenschen geben kann, und der Unermeßlichkeit des Chaos, durch das wir keuchen. Das Bewußtsein dieses Mißverhältnisses erdrückt mich manchmal.

18. November 1965
Kafkas Briefwechsel sollte im Mai erscheinen, ist aber erst im letzten Monat herausgekommen. Das Warten hatte meine Geduld arg strapaziert. Nun liegt das Buch seit drei Wochen auf meinem Tisch, aber ich kann es einfach nicht öffnen. Eine Art Scham hält mich neuerdings zurück, andere zu lesen und mich mit ihnen zu beschäftigen. Ich weiß jetzt mit letzter Gewißheit, daß alles in mir ist, daß ich nicht mehr bei anderen suchen muß (denn ich habe endlich begriffen, daß ich mich dort nicht finden konnte), daß es ein Fehler wäre, ein weiteres Mal vor mir davonzulaufen, daß ich vielmehr weiter in der Einsamkeit umherirren muß, fern von allem Geschaffenem.

19. November 1965
Um einen Menschen zu verstehen, dessen Reaktion, dessen Gefühle, dessen Haltung einen überraschen, aufbringen, empören, sollte man nicht aus sich herausgehen und sich mit ihm identifizieren, sondern in sich selbst hinabsteigen und sich erinnern. Praktisch oder wenigstens potentiell hat jeder Mensch alles durchlebt.

20. November 1965
Zuerst war ich empört darüber, daß das innere Leben und der Zugang zu den Seelentiefen unserem Willen nicht unterworfen sind. Ich war mir nicht darüber im klaren, daß ich das Leben zähmen, in meinen Besitz bringen und je

nach Laune genießen wollte. In dem Maße, in dem ich mich unterwerfe, finde ich es wieder, befreie ich es.

Es gibt das innere Wesen — Magma, unentwirrbare Tiefe, wilder, jeder Domestizierung widerstehender Kern — und es gibt das soziale Wesen, ein fast vollständig konventionelles Produkt, geformt von den Geboten des kollektiven Lebens, das vom Magma lediglich eine geglättete, künstliche Rinde sehen läßt.

Wie ich entdecke, rühren viele Leiden und Scheinprobleme daher, daß so viele Menschen ihr inneres Wesen nur durch dieses von der Gesellschaft zum Stereotyp gemachte soziale Wesen hindurch wahrnehmen und leben, durch die Kriterien, Werte und Slogans hindurch, die ihm verpaßt werden.

Wer voll leben, sich kennenlernen, auf die *Stimme* achten will, muß sich mit Händen und Füßen dagegen wehren, in das Gefängnis des sozialen Wesens gesteckt zu werden.

Wenn man schreibt und es sich zum Gesetz macht, sich dem Authentischen zu beugen, kann man den Wörtern nicht mehr glauben.

21. November 1965

Sich vernichten. Unablässig die Grenzen der Vernichtung erweitern. Und dann sich aufhalten in den weiten, fruchtbaren Räumen des Nichts.

Das Zentrum des Kreises ist der Schnittpunkt aller Diameter, die jeweils zwei einander entgegengesetzte Kreispunkte miteinander verbinden. Ebenso ist das Wort eine Art geometrischer Ort: Es muß allen — stets widersprüchlichen, dualistischen — Ideen, Bedürfnissen, Betrachtungen Genüge tun, die uns eine Ahnung davon geben, was die Methode und das Werk sein könnten. Daher die Forderung nach Neutralität des Tons.

24. November 1965
Das Wichtige in jedem Menschen ist der Hunger. Der schärfste Verstand, die glänzendsten Geistesgaben sind nichts, wenn dieser Hunger fehlt. Das Abenteuer wird nicht gelebt.

Dieses völlig unangebrachte Vertrauen in die Wörter und ihren Sinn, das bei uns allen vorhanden ist. Man muß den Wörtern mißtrauen, mit ihnen kämpfen. Eine Sisyphus-Arbeit. Man ficht ein Wort an, man lehnt es ab, man will seinen Sinn präzisieren, und man nimmt Zuflucht zu anderen Wörtern, die man ihrerseits anfechten, berichtigen muß, und zwar mit Hilfe wiederum anderer Wörter, die man ihrerseits... Und die Kettenreaktion ist in Gang gesetzt.

Das Schaffen des Künstlers ist Leben, Suche nach dem Leben. Das Werk und die Methode, nach der es entsteht, sind ein und dasselbe. Aber wie wenige wissen das, leben das, verstehen das. Und so kommt es meistens dazu, daß man mittels unangemessener Kriterien eine Folge grundfalscher Werte aufstellt: der Stil, die Originalität, das Lyrische, die Schönheit...

25. November 1965
Eine Frau von ungewöhnlich lebhafter Sensibilität. Aber diese Sensibilität findet im Denken keine angemessene Ergänzung. So ist sie für sie nicht eine Quelle der Bereicherung, kein Anstoß und Mittel, sich selbst kennenzulernen und das Wesen des Menschen zu verstehen; sie läßt sie nur in Stimmungen untertauchen, hält sie ab von Kommunikation.

Wenn der Schriftsteller in seinem Ich verharrt, geht er beim Schreiben von seiner Biographie aus. Wenn er sich von seinem Ich freigemacht hat, ist sein Ausgangspunkt das Nichts. Im ersten Fall streut er seinen ganzen Plunder aus. Im zweiten spürt er dem nach, was ihm fehlt, sucht sich anzufüllen, nicht sich auszuschütten.

26. November 1965
Jene Dichter, die sich seltener, manchmal hermetischer, ja hochmütiger Worte bedienen, haben sich niemals bemüht, die *Stimme* zu hören. Denn wenn sie in uns murmelt, dort, wo wir am bescheidensten, am schweigsamsten sind, hat sie nur außerordentlich einfache, klare, einleuchtende Dinge zu sagen.

Wenn die Leute auf der Straße durch die Art, wie sie sich kleiden, und den Gesichtsausdruck, den sie aufsetzen, bedeutender erscheinen wollen, als sie sind, möchte man ihnen sagen, daß sie sich diese Mühe sparen können; denn gerade das, was die Maske verbergen soll, wird durch sie unweigerlich enthüllt.

Denn wer da hat, dem wird gegeben.
Wer den inneren Reichtum hat, den Hunger, die Großzügigkeit, das Privileg, sich aufgeben zu können, dem wird es gegeben sein, dem anderen zu begegnen, das Leben zu entsiegeln.
Und wer nicht hat, von dem wird man nehmen, auch was er hat.
Wer in seinem Ich eingesperrt ist und die Leiden des Hungers nicht kennt, dem wird die Liebe genommen und das Leben, dessen Los ist die Wüste, die Dürre.
Ich glaube, es gibt keine furchtbarere Wahrheit. Deshalb kann ich mich nicht genug verwundern über das, was mir widerfährt. Eine unerhörte, unverdiente Chance. Vielleicht kann ich sie verdienen, indem ich mich ganz den Qualen des Schaffens verschreibe.

27. November 1965
Im Innern des Ichs bleiben heißt, sich vom Menschen, vom Leben fernhalten.

29. Novemver 1965
In dem Werk, das uns nicht auffordert, es zu verlassen, und uns nicht auf uns selbst verweist, verbirgt sich ein Ich.

1. Dezember 1965
Du machst Fortschritte in der Gemeinschaft, und die Menschen, denen du dich näherst, weichen vor dir zurück.

3. Dezember 1965
Sind wir für den anderen ganz da, so schenken wir seiner Einzigartigkeit, seinem Wesen unsere Aufmerksamkeit. Diese hebt ihn empor, hilft ihm, das Beste seiner selbst ans Licht zu bringen. Daher der Eindruck, daß man ihn stärkt, ihm Energie zuführt.

5. Dezember 1965
Der Intellekt: ein Mechanismus, der perfekt funktionieren kann, der aber, abgeschnitten vom Unbenennbaren, sich oft blockiert, leerläuft, einfältig wird.

12. Dezember 1965
Periode großer Spannung. Jedes Ding will sprechen, das geringste Teilchen der äußeren Welt führt mich von neuem ins Unendliche ein. Doch vor allem sind da die Gesichter, und mehr noch die Augen, der Blick der Frauen. Falle des Unendlichen.

Früher gab es die Erleuchtung. Während eines kurzen Augenblicks, manchmal sogar während einiger Stunden, sehr selten einen ganzen Tag lang konnte ich verstehen; alles hatte seinen Platz, wurde klar, evident. Gleich darauf sank ich dann wieder zurück ins Durcheinander, und ganze Wo-

chen oder Monate irrte ich umher, und es gab nur noch
Dunkelheit und Leiden. Jetzt handelt es sich nicht mehr
um Erleuchtung, das Verstehen verläßt mich nicht mehr.
Ich lebe, das Leben hat Wohnung in mir genommen, es
breitet sich aus und ist fruchtbar.
Zu wiederholten Malen bin ich jemandem, ohne es zu wol-
len, ohne mir dessen bewußt zu sein, durch Worte oder
Taten nützlich gewesen, habe ich auf andere Klarheit und
Kraft übertragen.
Wenn ich eine Bestätigung brauchte für die Gültigkeit des-
sen, was ich lebe und denke — hier fände ich sie in mannig-
facher Weise.
Staunen.

Don Juan. Der Mythos des Fluches, der die meisten trifft.
Das Ich, das gar nicht daran denkt, von seinem Thron her-
abzusteigen, das sich auf seinen Eroberungswillen und seine Macht versteift, das sich gegen alles erhebt, das ihm
widersteht oder es zu beeinträchtigen droht. Die Unfähigkeit, sich vom Äußeren zu lösen und zum Inneren zu gelangen. Verdammt zur Zerstückelung, zur Quantität.

14. Dezember 1965
Ermüdung. Aber es ist sinnlos, aufzubegehren. Die Kraft,
die mich in ihre Dienste zwingt, nimmt auf meine Schwäche keine Rücksicht.

Den Mut und die Kraft haben, allein zu sein, sich von dem
Durcheinander fernzuhalten. Damit beginnt alles.

18. Dezember 1965
Er hat überwältigende Intuitionen gehabt, er hat immer
das Elementare gestreift, aber es ist ihm niemals gelungen,
in ihm aufzugehen und in ihm zu verharren. Er hat es niemals fertiggebracht, sich als Einheit zu begründen; denn
er besitzt kein Zentrum. Im übrigen habe ich immer wie-

der gesehen, daß in ihm die Intelligenz ein Übergewicht hatte und daß das auf Kosten des Seins ging, so daß dieses niemals imstande war, die Funde, die jene machte, zu ordnen und zu leben. Der Beweis: Je weiter er vordrang, desto abstrakter, verwirrter, unverständlicher wurde er, obwohl ihn doch seine Methode — wenn man nur an die Intuitionen denkt, die ihn erleuchteten — zur Klarheit und Strenge hätte führen müssen.

Auf das Wesentliche zu stoßen, das ist noch nicht viel. Es kommt vielmehr darauf an, es zu entbergen und dann freizulegen, es zu befreien von allem, was ihm fremd ist.

20. Dezember 1965

Das Leiden der vergangenen Jahre rührte daher, daß das Ich mich befleckte, mich behinderte, mich abschnitt vom Strom des Lebens.

1966

13. Januar 1966
Der junge Schauspieler, dem ich vor einigen Tagen begegnet bin: »Man hat mir gesagt, ich könne das Leiden nicht ausdrücken, wenn ich nicht gelitten hätte. Ich versuche zu leiden, aber es gelingt mir nicht.«

14. Januar 1966
Vom Unsagbaren kann man nur sprechen, indem man es verrät. Der stammelnde Ausdruck verrät es am wenigsten.

15. Januar 1966
Je mehr du dich reduzierst, desto mächtiger wirst du.

16. Januar 1966
Was ist das für ein armes Ding, das Gedicht, wenn man bedenkt, wodurch es hervorgerufen wird und was es erstrebt. In der Tat gelingt es ihm nur, einen Zipfel des Schleiers zu heben.

17. Januar 1966
H. Q. Er denkt an nichts als an den Selbstmord, aber er wird sich nicht umbringen; denn er klammert sich zu sehr an sich selbst. Und wenn er sich eines Tages, wider Erwarten, doch dazu entschließen sollte, so braucht er es dann nicht mehr zu tun; denn in dieser letzten Sekunde hätte er sich befreit. Er gehört zu den Menschen, die ihren Selbstmord verpassen und, sowie sie wieder am Leben Geschmack gewinnen, in sich ein heftiges Bedürfnis zu leben

entdecken. Sie haben das Ich zerschmettert. Sie werden zum Leben geboren.

21. Januar 1966
Die ganzen letzten Jahre das Gefühl, nichts zu sein, buchstäblich nichts. Das Ich hielt mich in seinen Klauen. Ich übertreibe keineswegs, wenn ich sage, daß das lange Zeit eine Frage von Leben und Tod war. Jetzt nähere ich mich dem Leben. Das Gefühl, nichts zu sein, ist ein ganz anderes.

22. Januar 1966
Früher: wie dürstete mich nach den Menschen. Ich dachte, sie wüßten Bescheid, sie würden mir helfen, mir die Antwort liefern. Jetzt: nicht mehr die Menschen, sondern der Teil des Universellen, der in ihnen ist. Die Art, wie sie ihn leben.

Sehr oft flüchten wir uns, da wir nicht zu leben verstehen, in hausgemachte Tragik.

24. Januar 1966
In der allgemeinen Meinung ist der Dichter ein Träumer, ein Mensch, der keinen Sinn für das Alltägliche hat, der sich fernhält von der Realität des Lebens.
Dabei ist er, sofern er sich bemüht, das Zentrum zu erreichen, ganz im Gegenteil das vollständigste, ausgeglichenste, tiefste und am tiefsten verwurzelte unter allen Geschöpfen.

11. Februar 1966
Das Denken entwickelt sich in Ejakulationen. Daher der kurzatmige Rhythmus, der unser Sprechen skandiert. Den geschriebenen Satz dem gesprochenen Wort nachbilden. Das ist das geheime Schema, an dem man sich ständig ori-

entieren muß. Alles, was ich schreibe, spreche ich mir im
Geiste vor.

12. Februar 1966

Ich dachte oft, in unserem Zeitalter bedeute die Wissenschaft eine Gefahr für die Kunst. Dem ist nicht so. Die
Gelehrten und die Forscher verraten fortwährend jene Uni-
versalität der Wissenschaft, die gewissermaßen ihr Herzblut ist. All diese Arbeiten und Entdeckungen, all diese
erstaunlichen Leistungen des Intellekts zielen nur darauf
ab, Todesmaschinen von einer erschreckenden zerstöreri-
schen Potenz hervorzubringen. Nur noch die Kunst hält
das Universale unter uns Menschen am Leben.

Ich trete bei einem Schuhmacher ein, und wie ich ihn so
auf seinem Schemel sitzen sehe, hinter einer Reihe von
Schuhen, die ihm bis zum Gesicht hinauf reicht, da empfinde ich insgeheim Mitleid mit seinem Los. Der Gedanke
kommt mir: Wenn ich leben müßte wie er, Stunden im
Sitzen verbringen, würde ich das nur schwer, ja vielleicht
gar nicht aushalten.
Dann wird mir plötzlich bewußt, daß ich, ganz wie er, den
hellichten Tag an einen Stuhl gefesselt bin, ja daß ich an
manchen Tagen zwölf oder sogar fünfzehn Stunden im Sitzen verbringe. Leichte Erschütterung, als ich mir eingestehen muß, daß diese Situation absolut identisch ist mit jener und daß sie nur dann einen völlig anderen Inhalt erhält,
wenn man sie von einem anderen Wertesystem aus beur-
teilt.

13. Februar 1966

Einige dieser Notizen klingen zu entschieden, zu bestimmt. Es geht nicht darum, daß ich manchmal in eine
gewisse Selbstgefälligkeit verfalle. Aber sehr oft kämpfe
ich mit solchen Zweifeln und mit einer solchen Angst vor
der drohenden Vernichtung, daß ich — ohne es mir be-

wußt zu machen, in einem reinen Reflex der Selbstverteidigung — das Bedürfnis habe, mit allem Nachdruck den Ort zu bestimmen, an dem ich meine Wurzeln schlage. Dabei radikalisiere ich meine Standpunkte, markiere meine Positionen mit einer gewissen Unnachgiebigkeit. Es ist immer dasselbe: Je unsicherer wir sind, desto stärker sind wir versucht, unsere Stimme zu erheben.

Das Zentrum hat seinen festen Ort. Wir müssen uns so lange von uns forttreiben lassen, bis wir unser Zentrum mit ihm zur Deckung bringen können.

Die Existenz eines Gottes annehmen heißt, sich zu verstümmeln. Heißt das Vitalste, das Wesentlichste des Menschen zu verraten.

Das Werk kommt von jenseits des Grabes.

Das Unwandelbare. Es ist am Ursprung. Der Mensch wird es erreichen, wenn er zu seiner Quelle zurückkehrt, wenn er seine Einheit vollendet, weit jenseits, weit diesseits des Gefühls, des Willens, des Intellekts. Was an den großen Werken als Kälte erscheint, ist das Antlitz des Unwandelbaren.

14. Februar 1966

Das Neutrale ist die Energie. Damit es keinen Verlust gibt, damit sie in sich selbst zurückfließt, kann die Energie nur eine arme, kalte Gestalt annehmen.

Die *Sache* kann nur durch eine negative Annäherung gezähmt werden.

15. Februar 1966

Nur tiefe Menschen können sich der unheilbaren Dummheit, die uns so oft knechtet, bewußt werden und bewußt bleiben.

Es gibt zwei Pole: den des Sinnes und den des Nichts. Der Mystiker hält sich in der Nähe des ersten auf, weit oberhalb der gewöhnlichen Menschheit. Sein Beispiel und das, was er uns von seiner durch Maßlosigkeit gekennzeichneten Erfahrung mitzuteilen vermag, betrifft uns nur sehr von ferne. Der Schriftsteller hingegen hält sich, von beiden Polen gleich weit entfernt, mitten im Menschengetümmel auf, im Dickicht der Leiden und Konflikte. Für ihn kommt kein Ausweg in Frage, er liefert keine Botschaft, schlägt keine Antwort vor. Durch sein Beispiel und sein Werk hilft er denen, die zum Unwandelbaren aufbrechen wollen, sich in einen Zustand zu versetzen, der es ermöglicht, das Denken und die Freiheit zu gebrauchen.

Mein Geist neigt zur Synthese. Aber reduzieren, den Kern herausschälen, das bedeutet manchmal auch entstellen, ärmer machen, verstümmeln. Bin erbittert darüber, daß in diesen Aufzeichnungen nichts übrigbleibt von all dem Unentwirrbaren, mit dem ich mich herumschlage.

16. Februar 1966

Das glühende, schmucklose Bild des Universellen in einem Gemälde von Cézanne. Souveränes Gleichgewicht, ruhige Kraft, neutrale Intensität. Wenn er darauf bestand, alles in der Natur auf den Kegel, den Zylinder und die Kugel zurückzuführen, so wollte er damit vielleicht einfach sagen, daß das so verschiedenartige Gesicht der Natur auf jene einfachen geometrischen Formen zurückgeführt werden müsse, weil sie ordnen, strukturieren und in uns Entsprechungen finden, die uns zum Empfinden des Unwandelbaren führen.

18. Februar 1966

Seltsam: Für den Gläubigen beweist alles die Existenz Gottes. Für den Ungläubigen hat nichts Beweiskraft, obwohl auch er, wie der Glaubende, staunen kann über die wunderbaren Harmonien, die den Kosmos oder das Atom beherrschen. Nur schließt er daraus nicht, daß sie zwangsläufig einem göttlichen Willen entsprungen sind. Er konstatiert und wundert sich, er sinnt nach über Milliarden anderer Möglichkeiten, über tausendfach komplexere Harmonien, über ein — nach menschlichen Begriffen — hundertfach schlimmeres Durcheinander. Selbst wenn es einen Sinn gibt, so denkt er, ist uns dieser Sinn verborgen, wir haben an ihm nicht teil, er nützt uns nichts, es ist, als existiere er gar nicht.

19. Februar 1966

Einige Seiten Prosa von Rilke wiedergelesen. Sätze, die man als immateriell bezeichnen kann, die fähig sind, die flüchtigsten Seelenzustände, Empfindungen, Gedanken zu erfassen. Aber diese ungewöhnliche Fähigkeit, alles einzufangen, hat ihn daran gehindert, sich zu reduzieren und zu entschlacken. Ein weiblicher, allzu sensibler Mensch, dem es an Kraft und wahrer Strenge mangelt. Das Ich mischt sich häufig ein. Sicher, die *Sache* ist häufig da, aber sie wird nicht genügend deutlich. Wer sie in sich trägt, kann sie gewiß auffinden. Aber Rilke ist weder imstande, sie zutage treten zu lassen, noch sie in sich zu bewahren.

20. Februar 1966

Die meisten Menschen lassen sich von ihrer Subjektivität hinters Licht führen.

Direkt aufs Ziel losgehen zu wollen, ist die beste Methode, sich zu verirren. Wieviel Zeit habe ich verloren. Wegen des Dursts, der Ungeduld. Weil ich mich weigerte, zu scheitern, zu verlieren, Fehler zu begehen.

21. Februar 1966

Ich glaube, daß ich jetzt besser zu leiden vermag. Mein Wesen scheint endlich anerkannt zu haben, daß das Leiden unser Los ist.

Ein Lyrismus, der im wesentlichen von Gefühl, Gemütsbewegung, Stimmung gespeist wird, richtet sich nur an einen Teil von uns selbst, den launischsten und oft auch gierigsten. Wenn der Satz dem Neutralen (oder zumindest der Suche nach ihm) entströmt, enthält er nichts mehr von einem derartigen Lyrismus. Dann ist er ein Energiekern. Seine Wirkkraft ist nicht mehr abhängig von unserer inneren Stimme. Er wirkt auf der Ebene des Wesens.

23. Februar 1966

Anfangs belastet man sich mit unnützem Wissen, mit falschen Problemen... Dann reinigt, entschlackt, verdichtet man sich allmählich, kann sich dabei allerdings des Eindrucks einer Verarmung nicht erwehren. Das erklärt, warum so viele Menschen sich nicht von ihrem Ballast befreien wollen. Der Wirrwarr ist für sie gleichbedeutend mit Reichtum.

24. Februar 1966

Wie viele Notizen stehen in diesem Heft, vor allem am Anfang, die mich nicht befriedigen. Die Unmöglichkeit, mich offen zu halten, beim Widersprüchlichen zu bleiben und bei dem Dialog, den ich mit der *Stimme* führe. Ich wußte noch nicht, daß es wichtig ist, unserem Bedürfnis nach Logik nicht nachzugeben; es führt uns auf den Weg zu Klarheiten, die nichts als Lügen sind. In diesen Aufzeichnungen gebe ich nur einem Teil der Auseinandersetzung Raum. Sie sind beschnitten um den Protest, mit dem ich ihnen in meinem Innern entgegentrat.

In das Schaffen den Kampf integrieren, aus dem es hervorgeht, dieser endlose Schlagabtausch zwischen dem Ja und dem Nein, dem Für und dem Wider.

25. Februar 1966
Die Einbildungskraft — die wahre, die ihre Quelle im Zentrum hat, das Denken zur Entfaltung bringt, gespeist wird von unseren Problemen und Widersprüchen, und nicht jene, die nur Phantasterei ist, oder jene andere, die sich den Normen des Wahrscheinlichen unterwirft — verfügt über ein Aggressions- und Subversionspotential, das weit mächtiger ist als das des diskursiven Denkens. Das Denken erörtert, argumentiert, man kann es diskutieren, es widerlegen. Unmöglich jedoch, der furchtbaren Freiheit der Imagination Widerstand entgegenzusetzen. Sie wirkt wie Dynamit. Wenn sie explodiert, fliegen die sichersten Gewißheiten und Überzeugungen in Fetzen.

5. März 1966
Zuerst ist man eine undifferenzierte Einheit in einer undifferenzierten Masse. Dann differenziert man sich, gewinnt Distanz, sondert sich ab. Schließlich empfindet man sich als gleich. Nun kehrt man in die Gemeinschaft zurück, und die Einzigartigkeit nimmt um das Gemeinsame zu.

7. März 1966
Früher war für mich alles problematisch, konfus, stürzte mich in Verwirrung oder Niedergeschlagenheit. Nun festigt sich alles, findet Bestätigung, stärkt mich. Alles wandelt sich zur Gewißheit.

8. März 1966
Das Nichts erneuert, regeneriert. Der Durchgang durch das Nichts führt zu extremster Einzigartigkeit.

9. März 1966
Die Presse, die Photographie, die Filmreportage, die So-

ziologie, Psychologie, Psychoanalyse usw. haben der Literatur nach und nach das genommen, was ihr nicht gehörte. Seitdem ist sie nur noch das, was sie sein soll: Kampf, um sich zu erkennen, sich vom Ich zu befreien, die Einheit zu erreichen, zur Schönheit zu gelangen. Und diese ist Einfachheit, Intelligenz, Energie, Präsenz.

12. März 1966

Was Wunder, daß alles auf eine Katastrophe zusteuert. Die Politiker sind nur zu oft unzurechnungsfähig. Sie tragen nur bestimmten Gegebenheiten Rechnung, schätzen gering, was den Menschen ausmacht, weigern sich, das Wesentliche in Betracht zu ziehen. Wie können sie führen, wenn sie sich weigern, die Probleme zu sehen, wenn sie unfähig sind, sie zu durchdenken? Und dann: Wer führen will, muß auch bereit sein, sich opfern zu lassen, sich zu opfern. Sie aber werden vom Ich, von den lächerlichsten Ambitionen vorwärts getrieben.

14. März 1966

Warum gelingt es uns nicht, die Liebe schlicht und spontan zu leben, so wie es ihrem Wesen entspricht? Warum vergöttlicht man sie, läßt sie Dogmen verkünden, Kategorien aufstellen, Banner schwingen?
Wir verbannen, zerstören, martern, töten in gutem Glauben, sogar im Namen der Liebe.

16. März 1966

Wenn ich sehe, was das Leben ist, wenn ich an seine unausschöpfbare Schönheit denke, an seinen Reichtum, seine Unermeßlichkeit, werde ich zuweilen von tiefer Ehrfurcht ergriffen. Mit dieser Ehrfurcht würde ich gerne jedem Geschöpf begegnen.

Der Künstler ist der wahre Denker, der echte Philosoph.

17. März 1966
Du kannst nur schreiben, indem du dich an das »Nichts
zu sagen« hältst. Dabei muß ein Schriftsteller bleiben, der
sich gezwungen sah, sich vom Sichtbaren abzuwenden,
und der nur noch in seiner Nacht existiert, in seinem
Mangel, in seiner Spannung hin auf das Neutrale.
Es geht also nicht darum, etwas *auszudrücken*, sondern darum, eine Spannung zu verkörpern, den Mangel spürbar zu
machen.

18. März 1966
Neben dem Schreiben sind es die menschlichen Begegnungen, die mir wirklich Freude bereiten. Aus diesem
Grunde lebe ich jede Begegnung, jeden Gedankenaustausch mit größtmöglicher Transparenz und Intensität.

19. März 1966
Man liest ein zehn Jahre altes Tagebuch. Lächerlich, einfach lächerlich. Ebenso, wenn man an das zurückdenkt,
was man schon vor langer Zeit durchgemacht hat. Das Imaginäre tritt nicht mehr hinzu, um zu bereichern, zu ver-
schönern, begierig zu machen. Nur Fetzen bleiben übrig.
Was einst erlebt wurde, was prall war von Leben, ist tot.
Das war also alles, diese Leiden, diese Probleme, diese Leidenschaft? So mager waren die Anlässe. Also ist das Leben
nichts als Einbildung, Köder, Täuschung, und deshalb mache ich alles lächerlich.
Aber kann man das Imaginäre ablehnen? Und soll man es?
Es ist jenes Fieber, das die Flamme anfacht, die uns stoß-
weise brennen läßt in der Finsternis. Es ist das Leben.

20. März 1966
Einen Menschen lieben heißt, ihn unserer Einbildungskraft
auszuliefern und ihr als Nahrung zu überlassen. Sehr oft
jedoch ist das geliebte Wesen nur ein Vorwand, eine Einbildungskraft zu erhitzen, die weiterhin vom Ich gespeist

wird. So kommt es, daß der Verliebte sich eine Person zurechtzimmert, die mit dem wirklichen Menschen nichts gemein hat. An dem Tag, an dem die Einbildungskraft diese Person nicht länger mehr am Leben erhält und der reale Mensch sein wirkliches Gesicht enthüllt, kommt es dann fast zwangsläufig zur Enttäuschung. Denn wenn man die äußere Welt mit kühlem Blick betrachtet, erscheint sie recht trübe und arm, verglichen mit den Bildern von verschwenderischer Fülle, die uns unsere Phantasie als Leben vorgaukelt.

22. März 1966

Wenn es uns gelänge, dem Ich zu entkommen, bliebe freilich immer noch das Unsagbare und die Unfähigkeit der Worte, das zu fassen, was sie ausdrücken sollten. Aber immerhin hätte sich die Schwierigkeit, sich verständlich zu machen, erheblich verringert.

23. März 1966

Das Unerträgliche: dazu verdammt sein, sich mit Fragen herumzuschlagen, von denen man weiß, daß sie keine Antworten zulassen.

26. März 1966

Vernichte das Nichts das du bist
damit es sich dem Nichts darbiete

Der Riß im Satz. Er ist da, um den Satz zu relativieren, um anzuzeigen, daß er immer falsch sein wird, weil er unzulänglich ist.

Jenes Magma in uns, jenes Unnennbare kann nur die Einbildungskraft hervorholen, ohne daß es verfälscht wird. Die Einbildungskraft ist frei, sie entzieht sich jeder Kontrolle, sie ist von gleicher Natur wie das Magma, das sich niemals fassen läßt.

27. März 1966

Mir scheint, ich habe eine Aufgabe zu erfüllen. Und es scheint mir auch, daß der Tod mir nichts anhaben kann, bevor ich sie nicht zu einem guten Ende gebracht habe. Aber es bildet sich ja ein jeder ein, eine Aufgabe zu haben. Das flunkert uns unser Lebensinstinkt vor. Laß dich nicht täuschen.

Wie schnell man sich zufrieden gibt, sich belügt, sich Illusionen hingibt, dem Wahren das vorzieht, was einem leichtfällt und einen beruhigt.
Sich einen unerbittlich klaren Blick schaffen.

Versteht man, daß das Ich eine Wüste ist, legt man die Quelle frei.

29. März 1966

Der Rhythmus des Satzes ist Seinsweise, Vision der Welt.

Dieser geheimnisvolle, erstaunliche Augenblick, in dem das Wort hervorschießt, in dem sich jene Energie entlädt, die für das Emportauchen des Werkes sorgt. Gleichzeitig plötzliche Rückkehr zur Unschuld, zum Ursprung. Das Wesen ist neugefaßt, ist eins. Dieses Geheimnis entzieht sich jeder Analyse. Und trotzdem beschäftigt man sich unaufhörlich mit ihm.

Jede Wahrheit ist arm, bescheiden, ohne Glanz. Aber wir ziehen das vor, was uns mitreißt, uns träumen läßt, Illusionen schafft. Ein tiefes, also schmuckloses und strenges Werk lehnen wir ab zugunsten eines oberflächlichen, dessen glänzende Form uns verführt.

30. März 1966

Wer das Drama des Andersseins lebt, ist ein Privilegierter. Er schlüpft am leichtesten aus seinem Ich heraus.

2. April 1966

N. Sie leidet, aber ihr Leiden ist steril. Denn es führt sie in keinem Augenblick zur Bewußtwerdung. Und das Unglück will, daß sie katholisch ist. Daß man ihr beigebracht hat, Leiden sei immer etwas Positives.

7. April 1966

Wenn ich ganz am Boden bin, erdrückt, angewidert vom Wahnsinn dieser elenden Welt, so daß ich keine Kraft mehr habe, dann versuche ich wenigstens, mich nicht davonzustehlen, sondern auszuharren in Passivität und Schweigen. Abends wird mir dann, obwohl ich nichts getan habe, der bescheidene Trost zuteil, daß ich mich nicht gedrückt habe.

12. April 1966

Der langsame Rhythmus des Tiefenlebens. Doch der homo physiologicus und sociologicus, dem man einen anderen Rhythmus aufgepfropft hat, der anderen Werten und anderen Bedürfnissen gehorcht, wird ungeduldig und will den Prozeß beschleunigen.

17. April 1966

Du weißt, es gibt keine verlorene Zeit. Höre auf, dich zu geißeln.

Es tritt ein, was man so sehr erwartet, ersehnt hat. Aber man nimmt nicht teil. Ein anderer ist an unserer Stelle, tritt dem Unbekannten entgegen. Erst wenn man durch das Denken auf das zurückkommt, was von jenem anderen erlebt worden ist, eignet man es sich an. Arm sind jene, die beim Ereignis stehenbleiben.

20. April 1966

Sein und Wissen stehen in einer Wechselbeziehung. Wenn das Sein das Wissen speist, kontrolliert, akzeptiert, so bereichert dieses das Sein, läßt seine Möglichkeiten anwachsen. Wo das Sein fehlt, gibt es nur Pseudo-Wissen, Narrheit und Plunder.

Sein Leben leben. Und nicht jenes, das die anderen uns aufzwingen wollen.

27. April 1966

An seiner Geburt arbeiten ist Sträflingsarbeit.

30. April 1966

Überlaß dich der Drift. Sie führt zum Zentrum.

7. Mai 1966

Das Nichts. Schwelle zum Sein.

9. Mai 1966

Wenn die Wirkung der Droge nachläßt und der Süchtige zu sich kommt, erscheint ihm der Schrecken der menschlichen Verhältnisse unüberwindbar. Er will nur eines: zurücktauchen, das Bewußtsein ertränken, das Brennen der Zeit und des Todes nicht mehr leben müssen. Für mich gilt das Gegenteil. Unmöglich zu entfliehen. Ein unendliches Leiden. In den schwärzesten Krisen meines Lebensüberdrusses habe ich es niemals fertiggebracht, mich Zerstreuungen hinzugeben, zu trinken oder mich zu betäuben (mit welcher Droge auch immer). Woher kommen solche Verbote, die mir jede Fluchtmöglichkeit verbauen und selbst extremer Zerrüttung widerstehen?

13. Mai 1966

Delirium der Einbildungskraft, sobald sie vom Wesen und vom Denken nicht mehr gespeist, kontrolliert, im Gleichgewicht gehalten wird. Delirium des Denkens, sowie es von der Einbildungskraft nicht mehr erweitert und abgelöst und vom Wesen nicht mehr genährt wird.

Wesen, Denken, Einbildungskraft müssen immer in Symbiose arbeiten, müssen innig vereint sein. Maßt eines von ihnen sich eine Vorrangstellung an, wird alles falsch.

16. Mai 1966

Wiederaufkommen des Nazismus in Deutschland. Entdekkung von Nazi-Übungslagern in Chile. Krieg in Vietnam. Tyrannei, Bürgerkriege, Gewalttaten in den schwarzen Ländern, die vor kurzem die Unabhängigkeit erlangt haben. Immer noch Sklaverei. Rassismus. Konzentrationslager in Rußland. Polizeistaat in Spanien. Atomares Wettrüsten... Immer der Wille zur Macht, immer dasselbe Bedürfnis, zu unterdrücken, leiden zu lassen, zu erniedrigen, zu knechten, zu töten — und dabei die Anstiftung zum immer gleichen Heroismus. Die unzulässige Verknüpfung dieses Heroismus mit dem, was das Niedrigste, Animalischste im Menschen ist.

21. Mai 1966

Wenn zwei Menschen vollkommen teilhaben am Universellen, gibt es kein Problem, über das sie uneins sein könnten.

22. Mai 1966

Die Kunst. Und die Heiligkeit. Die einzigen möglichen Abenteuer. Die einzigen, die unserer Maßlosigkeit angemessen sind.

Das Werk, mit dem wir in ein Zwiegespräch eintreten, ähnelt ein wenig einem Haus am Rand unseres Wegs. Wir können dort eine Pause einlegen, unsere Last von der Schulter werfen, Kraft schöpfen. Aber es kann nicht darum gehen, daß wir in diesem Haus bleiben oder es mit uns forttragen.

23. Mai 1966

Nein zur Welt der Erscheinungen. Nicht ein verdrossenes oder forderndes Nein, sondern ein Nein im Namen des Unwandelbaren. Mit ihm beginnt das Abenteuer.

25. Mai 1966

Das Werk bedrängt den Leser, bringt durcheinander, was er denkt und wozu er seine Zustimmung gegeben hat. Seine Rolle besteht darin, den Leser in das Labyrinth hineinzuführen; dort bleibt er sich selbst überlassen.

26. Mai 1966

Meist verlangt der Leser vom Schriftsteller, daß er ihm das Denken und das Leben abnehme. Er geht im Werk auf, verliert sich in ihm. Aber nichts ist dem Sinn des Werkes mehr zuwider als diese Form der Teilhabe. Das Werk hat nichts anzubieten. Keine Botschaft, keine Antwort, keine Werte, kein Urteil, keine Schau der Welt. Es übernimmt nur eine Funktion: zu protestieren, Fragen zu stellen, die Bewußtwerdung bei denen zu fördern, die sich ihm zuwenden und die immer, ob sie nun in einem Traum leben oder nicht, den Konventionen, den Konditionierungen, den Delirien des Ich unterworfen sind. Das Werk muß sie zwingen, von Grund auf tabula rasa zu machen und alle Werte minutiös zu überprüfen. Es ist dazu da, um zu zerstören, nicht um eine Welt feilzubieten, in die man sich flüchten und von der man sich verzaubern lassen kann. Sein Wert besteht in seinem Aggressionspotential.

31. Mai 1966

Gott ist tot, der Humanismus ist in Konkurs gegangen, alle Werte sind zerstört, der Mensch ist durch die materialistische, technisierte und bürokratische Gesellschaft, in der er lebt, mehr und mehr entwürdigt worden. Dem Künstler kommt es zu, daran zu arbeiten, daß der Prozeß vorangetrieben, die Liquidation beschleunigt wird. Das

Neue kann erst kommen, wenn das Alte radikal zerstört
worden ist.

2. Juni 1966

Allmählich beginnt mir der Sinn jener Phase, die ich zwischen Zwanzig und Dreißig durchgemacht habe, klar zu
werden. Alles, was ich bin, denke, empfinde, hat seinen
Ausgangspunkt in jenen Jahren, und so wird es auch bleiben. Ich erkenne, daß ich sie dazu benutzt habe, mich zu
zerstören, mich bis zur Ohnmacht zu reduzieren, die
menschlichen Möglichkeiten zu erproben. Dem äußeren
Anschein nach tat ich nichts, lebte ich nicht, und doch
habe ich während dieser Krise alles gelebt, alles kennengelernt, alles erfahren. (Diese Behauptung, in der man lediglich Einbildung und Eitelkeit sehen wird, gehört zu jenen,
die einen in den Augen der Mitmenschen unweigerlich dis-
qualifizieren und dazu führen, daß man nicht mehr ernst
genommen wird.) Das geschah mit einer Intensität, daß
ich mehrmals beinahe untergegangen wäre. Der Körper er-
müdete, verfiel, ich fühlte, daß ich direkt auf den Tod zu-
ging. Ich begreife heute, daß der Tod des Ich den Tod
des Körpers nach sich ziehen mußte, daß er sich sozusagen
objektivieren, sich radikalisieren mußte in der körperlichen
Zerstörung. Aber am quälendsten war nicht die physische
Heimsuchung, die unüberwindliche Müdigkeit, der
Muskelschwund, die Schlaflosigkeit, der Widerwille gegenüber der Nahrung. Am quälendsten war die Tatsache, daß
ich nichts verstand, daß ich mit der Verwirrung kämpfte
und daß mir für meinen Kampf nichts zur Verfügung
stand.
Wenn man so schreckliche Momente überlebt hat, will es
einem scheinen, als habe man nichts mehr zu fürchten, als
könne man nun die schlimmsten Schwierigkeiten überwinden.

Am Ende dieser Jahre, in denen ich den Heiligen Johannes

vom Kreuz las, Pascal, Plotin, Lao-tse, Platon, Meister Eck-
hart, Mondrian, Beckett, einige andere noch, war ich maßlos erstaunt festzustellen, daß ich schon gedacht, ja manchmal geschrieben hatte, was sie selbst — jedenfalls was das
Wesentliche der Methode und die tiefsten Intuitionen be-
traf — gedacht und geschrieben hatten. Daß ich mich be-
stätigt fand von jenen, die sehr weit vorgestoßen waren.
Ich weiß jetzt, daß es gar nicht anders sein konnte. Dennoch: Nach Jahren der Niedergeschlagenheit, der Verlorenheit, des Selbsthasses eine solche Entdeckung zu machen,
bedeutete für mich eine brutale Konfrontation mit dem
Nicht-Denkbaren, mit etwas, das noch seltsamer und unverständlicher war als das, was ich bisher erlebt hatte.

4. Juni 1966

Dürre werden, um die Quelle zu finden.

Das größte Wagnis: aufrichtig sein wollen. Man selbst sein
wollen.

5. Juni 1966

Der Gefangene in seiner Zelle. Ein einziger Gedanke: aus-
brechen. Er verfügt über keinerlei Hilfsmittel, man hat
ihm alles weggenommen. So ist er gezwungen, Hartnäckigkeit zu entwickeln und geniale Ideen. Seine Chance liegt
gerade darin, daß es für ihn unmöglich ist, sein Vorhaben
zu verwirklichen. Dasselbe gilt für den Schriftsteller. Er
hat nichts zu sagen, niemand kennt besser als er die Vergeblichkeit seines Geschäfts, und doch muß er schreiben.
Seine einzige Sorge: Wie kann man aus dem Unmöglichen
eine Möglichkeit, eine Chance machen.

6. Juni 1966

Wenn die *Sache* einen beherrscht, kommt es vor, daß Verlorene oder Unglückliche oder Ausgehungerte einen auf-

suchen. (Die gnomische Formel: Wer liebt, hat die Kraft des Magneten*.)

7. Juni 1966
Die bescheidene, anonyme Einzigartigkeit, die aus dem langsamen Vorstoß ins Innere erwächst, aus jener Wesenhaftigkeit, in die uns die Zerstörung des Ich führt, ist viel verwirrender, seltsamer, rätselhafter — oft durch das, was sie an Einfachem, Elementarem enthält — als die anerkannteste Originalität.
Die verschiedenen Arten der Originalität sind bekannt. Jedes Mal handelt es sich um ein Zuwenig oder Zuviel. Jede Einzigartigkeit aber ist einmalig und nicht reduzierbar. Anders als die Originalität ist sie nicht ans Ich gebunden, sondern hat teil an jener Unermeßlichkeit, zu der gelangt, wer über sich hinausgegangen ist.

8. Juni 1966
Es geht nicht darum, zu einem bestimmten inneren Zustand zu gelangen, sondern darum, die Gegensätze auszuhalten, sich niemals zu weigern, der Kampfplatz zu sein. Nicht statische Ruhe, sondern Umherirren. Und die Dynamik, die aus dem Kampf entsteht, wenn man den Streit der Gegensätze hinter sich lassen will.

9. Juni 1966
Das Unwandelbare hält sich nirgendwo sonst auf als im Unwesentlichen, im Alltäglichen, im Unsicheren, im Durcheinander. Unbedingt auf alles eingehen, alles leben, alles aufnehmen, alles an den inneren Destillationsapparat weitergeben. Aber jenes Unwandelbare kann nur in Bruchstücken erfaßt werden, in einer Weise also, die seiner Na-

---

* Im Original ›l'aimant‹, ›der Magnet‹, aber auch ›der Liebende‹. (Anmerkung des Übersetzers.)

tur widerspricht. Aus diesem Grunde ist jedes Kunstwerk von vornherein zum Scheitern verurteilt.

13. Juni 1966

In der Kunst ist die Schönheit das Gesicht des Unwandelbaren.

15. Juni 1966

Frei sein. Sich vom Ich befreien und von jeder Form des Ehrgeizes. Von allen Dogmen, Überzeugungen, Gewißheiten, Fremdbestimmungen. Der Künstler ist ein freier Mensch. Durch sein Leben und sein Werk soll er zu dieser Befreiung verhelfen. Soll er jenen beistehen, die darum ringen, frei zu werden.

Der Überdruß, der schreckliche Überdruß, war Selbsthaß, Selbstzerstörungswille, Tod — und der heftige Wunsch, geboren zu werden. Also Geburtswehen.

18. Juni 1966

Ein Junge aus meiner Familie leistet gerade seinen Militärdienst ab. Er hat an dem großen Frühjahrsmanöver teilgenommen, das von der französischen Armee jedes Jahr durchgeführt wird. Zwei Lager standen einander gegenüber: die Blauen und die Roten. In jedem Lager hatten die Offiziere Belohnungen ausgesetzt für den, der die meisten Gefangenen machen, die meisten Waffen erbeuten würde. Da haben die jungen Burschen sich auf das Spiel eingelassen, und jedes der beiden Lager hat gekämpft, um zu gewinnen. Das Ergebnis: zwei oder drei Tote, mehrere Schwerverletzte, von denen einer den Feuerstoß einer (blind geladenen) Maschinenpistole voll ins Gesicht bekommen hat, abgefeuert aus einer Entfernung von weniger als zehn Metern. Andere haben von Schlägen mit dem Gewehrkolben Kopfwunden davongetragen.
O die Dummheit der Menschen! Ein paar Worte, ein Ver-

sprechen, eine Drohung — und schon stürmt die Herde los, wird die Gewalt entfesselt. Das ewig gleiche Szenarium.

28. Juni 1966

An diesen schönen Sommertagen, an denen man sich nach der schützenden Watte sehnt, die einen im Winter so wohlig einhüllt, weicht der Himmel zurück, und man wird verschlungen von Raum und Licht. Leise Angst.

25. Juli 1966

Natürlich kann der Künstler sich mit dem, was er macht, zur Geltung bringen wollen, kann er sich des von ihm Geschaffenen bedienen, um dem Ich zu willfahren, seinem Machtanspruch Genüge zu tun und seine Gelüste zu befriedigen.

Widmet er sich aber einzig und allein dem Kampf gegen sich selbst, jener Forderung an sich selbst, die ihn umtreibt: geboren zu werden, das Leben zu gewinnen, zum Neutralen zu gelangen, dann muß er mit dem Bewußtsein seiner Mittelmäßigkeit, seiner hoffnungslosen Unzulänglichkeit leben. Von nun an geht es für ihn nicht mehr darum, das von ihm Geschaffene dazu zu benützen, andere zu beherrschen und seiner Eitelkeit Befriedigung zu verschaffen. Sein Los ist eine tragische Einsamkeit. Eine unablässige Qual.

20. September 1966

Nach einer totalen Zerstörung vollzieht sich in mir seit einiger Zeit eine umfassende Neustrukturierung der Persönlichkeit. Und so habe ich die Hoffnung, eines Tages in Ordnung zu kommen und Leichtigkeit und Spontaneität wiederzufinden. Dann wird sich auch mein Satz entkrampfen und nur noch ein Strömen sein.

22. September 1966
Wäre ich nicht an diese Arbeit gekettet, die mich nach
unten zieht, die mich bedroht, belastet und verschleißt,
ich fühlte mich für das Leben mit einer wunderbaren Kraft
begabt.

Meine Neigung, ziemlich oft drei Adjektive nacheinander
zu verwenden, meine Sätze mit einem Dreiertakt zu beenden. Aber ich begreife jetzt, daß das keine Manie ist. Wenn
ich mich auf zwei Adjektive und einen Zweiertakt be-
schränkte, wäre das ungenügend, und ich liefe in gewissen
Fällen Gefahr, mich im Streit der Gegensätze zu verhed-
dern. Dadurch, daß ich gelegentlich drei Adjektive und einen abschließenden Dreierrhythmus verwende, erzeuge ich
eine Raumvorstellung. Ich schaffe ein Dreieck, wo das, was
ich zu fassen suche, das Gravitationszentrum bildet und
so exakt seinen Platz findet.

25. September 1966
Ein Gemälde von Mondrian, woraus besteht es? Aus einer
horizontalen Linie, aus einer vertikalen Linie (oder aus
mehreren) und aus geometrisch geformten Flächen. Jede
Fläche ist gleichmäßig in einer Farbe gemalt, wobei es in
einem Bild nie mehr als vier oder fünf Farben gibt. Wenn
man sich an das hält, was das Auge sieht, dann ist ein solches Gemälde etwas ziemlich Unbedeutendes. Offensichtlich stellt es sich als ein Rätsel dar, welches auf die Methode zurückweist, nach der es entstanden ist. Wer sich
von diesem Rätsel anrühren läßt, wird in einen Prozeß hineingenommen und angeleitet, den Weg, den der Maler be-
wältigt hat, aus sich selbst und für sich selbst noch einmal
zu durchlaufen. Ein solches Werk verkörpert die höchste
Form von Kunst. Sie zielt nicht darauf ab, zu bezaubern
und Empfindungen hervorzurufen, sondern stellt eine Frage, die dich in die Ruhelosigkeit führt, dir zur Selbstwer-
dung verhilft.

29. September 1966

Seine Gedichte gehören noch zur Literatur, denn sie sind in einer Form geschrieben, die sich antiliterarisch gibt, also zwangsläufig abhängig ist von den Übereinkünften, die sie zu verhöhnen oder zu zerbrechen sich bemüht. Wenn er andrerseits das Bekannte flieht, sei es mittels Drogen, sei es dank einer Einbildungskraft, die der Zügellosigkeit frönt, ist er immer nur der Schauplatz von Phantasmen und Halluzinationen, die ihren Ursprung immer noch im Ich haben. Selbst dann, wenn er unter der Wirkung der Droge (die von Zwängen befreit, enthemmt, die Konflikte einschläfert) die Erfahrung des Unbegrenzten macht, geschieht das mit Hilfe einer von außen kommenden Substanz. Das heißt: Sein Wesen hat die Methode, die auf natürliche Weise zu jenem Zustand führen kann, nicht akzeptiert. Wer Drogen nimmt und beispielsweise von Haß erfüllt ist, der kann sicher jenen Zustand kennenlernen, in den zu gelangen sonst nur das Aufbrechen der Liebe ermöglicht. Aber was hat eine solche Erfahrung für einen Sinn? Wenn die Wirkung der Droge nachgelassen hat, findet sich dieses Individuum dann nicht gänzlich unverändert wieder? Es ist leicht, die Droge zu nehmen und jene Zustände zu durchleben, in denen das Wesen alle Grenzen aufgelöst, die Zeit vernichtet und das Ewige erreicht hat. Aber etwas ganz anderes ist es, sich zu jenem kostspieligen Unternehmen zu verpflichten, das einen eventuell auf den Weg dorthin bringen kann.

2. Oktober 1966

Sich fliehen:
Gefangener bleiben
des Ich.

Hinabsteigen in sich:
zu den anderen gehn,
zur Liebe.

3. Oktober 1966

Liebe ist Unvernunft, Maßlosigkeit. Versucht einer, die Strenge, die Unnachsichtigkeit einzusetzen, die erforderlich sind, um Liebe in sich freizusetzen, so wird er für einen Schwärmer gehalten.

7. Oktober 1966

Der Künstler muß sich nicht nur von seinem Ich losreißen, sondern auch und vor allem sich ans Nichts halten, zurückweisen, was das Ich und die Biographie ihm an Material anbieten. Wer hat schon diesen Mut? Groß ist die Zahl derer, die sich ein solches Kreuz nicht auferlegen können und sich beeilen, den Rückwärtsgang einzulegen.

12. Oktober 1966

Es gehen uns durchaus Lichter auf über die Mittelmäßigkeit und Kleinlichkeit dieses Ich, das uns gefangen hält. Bloß nehmen wir das Angedeutete nur selten wahr, weil es uns niemals schmeichelt. Anstatt zu begreifen, daß das die einzigen Lichter sind, die uns bei unserer Suche nach uns selbst leuchten könnten, verlieren sich viele im Labyrinth, und so läuft dann das Tauchen in sich selbst auf eine narzißtische Selbstbetrachtung hinaus.

Die Euphorie der letzten Monate. Ich fühle, daß sie mich aus dem Gleichgewicht bringt und mich vom Zentrum entfernt. Ganz wie das Leiden und den Selbsthaß muß ich sie allmählich hinter mir lassen.

14. Oktober 1966

Einen unbarmherzigen Bildersturm auslösen. Mehrere Dutzend angeblich wichtiger Werke für wertlos erklären. Partei ergreifen gegen Werte, die seit Jahrhunderten Gültigkeit haben. Glattweg ablehnen, was man lehrt, was die sogenannten Sachkundigen faseln. Sich selbst gegenüber —

mit der größtmöglichen Bescheidenheit — das Eingeständnis wagen, daß man als einziger recht hat gegen Millionen und Abermillionen Andersdenkender (zu denen auch die sogenannte Elite nahezu komplett gezählt werden darf). Angesichts dieser verblüffenden Evidenz nicht in Panik geraten. Den Mut haben, der Einsamkeit, die sie mit sich bringt, die Stirn zu bieten...
Nur um diesen Preis kann man der Verwirrung entgehen. Aber es gibt so viele, die in Angst geraten, die vom Schwindel ergriffen werden.

15. Oktober 1966
Meine Bewunderung für Mondrian und für Bram van Velde ist gleich groß. Und das, obwohl ihre Werke nichts Gemeinsames haben. Das eine ist streng, schweigsam, klar. Das andere ist zügellos, wild, gewaltsam, tragisch. Aber in beiden Fällen dieselbe Suche, dieselbe Unnachsichtigkeit, derselbe Hunger. Man muß sehen, daß jeder die *Sache* nach einer bestimmten Art lebt, die Funktion seiner Einmaligkeit ist, und daß er jeweils den einen Pol unter Ausschluß des anderen auszudrücken hat.
Mondrian möchte, daß sein Bild frei sei von jeglicher Tragik, daß es Frieden atme. In seinen Augen zählt nur der Moment, in dem der Mensch, frei von seinen Fesseln und von der Zeit, zum Ewigen gelangt. Für Bram van Velde gilt das Gegenteil. Was ihn beschäftigt, was er ausdrücken möchte, sind die Schrecken des Todeskampfes. Wohin dieser führt, darüber deckt er den Mantel des Schweigens.

16. Oktober 1966
Ergänzend zur vorigen Notiz: Bram van Velde ist überaus empfänglich für die Probleme und Schwierigkeiten der menschlichen Natur, die sich jeden Tag mehr erniedrigt. Wenn er auf seinen Bildern die Augenblicke seiner eigenen Verfinsterung wiedergibt, die so beladen sind mit Angst, mit Leiden, mit Zweifeln, mit Panik, versteht es sich von

selbst, daß er auch die Verwirrung und die Zerrissenheit
der Epoche zum Ausdruck bringt.

Das Ich stellt alle Fähigkeiten des Menschen in seinen
Dienst. Deshalb haben wir, solange es existiert, die Ideen,
Reaktionen, Verhaltensweisen nur in der Form, wie sie die
Frustrationen, die Begierden, der Machtwille des Ich uns
aufzwingen.

18. Oktober 1966

Ich gehe meinen Weg mit einer bescheidenen Unnachgiebigkeit, einer unerbittlichen Sanftmut, und selbst jene, die
mir nicht recht gaben, die mein Unternehmen mit Ironie,
Skepsis oder Unverständnis betrachteten, legen schließlich
die Waffen nieder. Da sie nicht mehr wissen, was sie überhaupt noch denken und wo sie mich hintun sollen, bringen
mir einige unter ihnen sogar eine Art Wertschätzung entgegen. Lächerlich.

Mondrians Werk und die ihm eigene Methode werden heute noch nicht besser verstanden als zu seinen Lebzeiten.
Ich habe mehrere Aufsätze über ihn gelesen, aber keiner
hat mich befriedigt. Kürzlich erst wurde er, in einer Zeitung, die ihm einen langen Artikel widmete, des Fanatis-
mus und Intellektualismus beschuldigt. Unglaublich: Dieser Mensch war die Demut und das Feingefühl in Person,
er lebte wie ein Asket, hatte nur das eine Ziel, in jenen
Zustand zu gelangen, wo der Intellekt nicht mehr eingreift
und alles in einem nur noch Licht ist und Unermeßlichkeit.
Und da wirft man ihm ausgerechnet das vor, was er nicht
war, das, was sein Leben und seine Arbeiten ablehnten,
ja negierten. Wann wird man zuzugeben geruhen, daß die
Suche nach dem Absoluten äußerste Unnachgiebigkeit, unerbittliche Strenge verlangt?
Nur ein Text von denen, die ich lesen konnte, taugte etwas; er enthielt Äußerungen von Ben Nicholson. Das ist

nicht weiter erstaunlich. Nur ein Mensch, der denselben Kampf kämpft, war imstande, den Sinn eines so einfachen und außergewöhnlichen Lebensabenteuers zu verstehen.

25. Oktober 1966
Diese Notizen sind Orientierungspunkte, Zielpunkte. Sicher geben sie eine schlechte Vorstellung von meinem dauernden Unterwegssein. Denn das Wahre verhüllt sich von einem Augenblick zum andern, und sowie man es festmachen will, verfälscht, versteinert man es, schließt man es aus von der Bewegung, an der es teilnahm. Oft brauche ich nur etwas Bestimmtes zu sagen, um sogleich festzustellen, daß man das Problem auch unter einem diametral entgegengesetzten Blickwinkel sehen kann, und schon fühle ich die Notwendigkeit, meiner Behauptung die entgegengesetzte Behauptung hinzuzufügen. Nur beim Zusammenstoß dieser entgegengesetzten Aussagen könnte kurz das Neutrale aufleuchten.

27. Oktober 1966
Alles verwerfen, nichts sein. Und angelockt durch ein paar glühende Brocken, erfaßt mich das Ohne-Maß. Weitet mich zu einem Raum, der sich immer mehr ausdehnt.

Das Werk: wie eine Kugel. Jeder Satz ein Radius. Deshalb muß er vom Zentrum ausgehen, zu ihm führen.

29. Oktober 1966
Heute nacht, als ich nicht schlafen konnte, mußte ich an die seltsamen Augenblicke denken, die ich letztes Jahr im Zug, bei der Rückfahrt von Paris, erlebt habe. Ein Gedicht entstand, das mich tief verwunderte:

Ein immer
begierigerer
Blick

der ganze Körper
                wird
                    Auge

Kugel
        die die Kugeln
                aufnimmt

4. November 1966
Offen rebellieren, beschimpfen, alles zerschlagen wollen,
das ist eine Form der Revolte, bei der man es sich leicht
macht. Aber es gibt eine andere, die Intelligenz und Cha-
rakterstärke erfordert. Sie bricht nicht aus, sondern führt
zum Schweigen, zur Selbstbeherrschung und Selbsterkenntnis. Das habe ich in Aix immer geahnt. Hätte ich
damals revoltiert, mit Worten oder mit Taten, meine Revolte hätte lediglich den Effekt gehabt, daß man mich von
der Schule geschickt und für mindestens fünf Jahre in die
Armee gesteckt hätte. Die militärischen Vorbereitungs-
schulen hätte man deshalb nicht abgeschafft und die Le-
bensbedingungen der Zöglinge nicht verbessert. Meine Revolte wäre ganz einfach Selbstzerstörung gewesen. Ich hatte dunkel begriffen: Wenn ich die Ursache besiegen wollte,
mußte ich über den Effekt hinausgehen. Und weiter: Rebellieren war genauso sinnlos und letzten Endes genauso erbärmlich wie sich unterwerfen. Ich litt also in der Stille,
und mein Leiden führte mich zur Reife, zur Selbstbefra-
gung, zur Infragestellung des Systems, und es bestärkte
mich in meinem Ungehorsam. Diese nie — oder fast nie
— ausgedrückte Revolte, die deshalb niemand zerbrechen
konnte, ließ mich immer wachsam sein und half mir, daß
ich dem Einfluß der Schule, seiner Dienstgrade, seines militärischen Geistes auf Dauer entging. Sie gab mir meine
Freiheit und meine Würde zurück.

5. November 1966

Ich befand mich in einer Phase tiefer Depression, als ich
eines Tages zum ersten Mal ein Porträt von Beckett sah.
Als ich dieses Gesicht erblickte mit seiner ganzen Lebenskraft, seinem Raubvogelblick, der einen in seinen Bann
schlägt, da empfand ich einen Schock, und ich begriff, daß
das Leiden einen Ausweg finden, daß es ein Ferment und
nicht nur ein Gift sein kann, daß ich Vertrauen haben
mußte. Und zu wiederholten Malen hat dieses Porträt mir
Energie gespendet. (Von all den Werken, die ich leidenschaftlich befragt habe, von all den Künstlern, an die ich
mich voller Angst wandte, habe ich immer die Antwort
erhofft: *Ja, man kann. Ja, es ist möglich. Man muß es wagen. Sich in Gang setzen. Den Mut haben.*)

6. November 1966

Ich komme auf das Gedicht vom 29. Oktober zurück. Ich
sehe darin folgendes verborgen:
Sehen, beobachten, betrachten, erforschen, mich erfüllen
durch den Blick: meine immerwährende Leidenschaft.
Denn der Blick löst die Entfernungen auf, vereint uns mit
dem, worauf er ruht. Aber der Hunger wächst, und je
mehr er wächst, desto stärker möchte der Blick sich weiten. Und doch kann er sich niemals genügend öffnen, kann
er nie weit genug sein.
Wenn der Mensch ganz und gar dem Sehen hingegeben
ist und gefordert wird von dem, was er sieht, wenn er nur
noch Auge ist, dann existiert der Körper nicht mehr. Die
Pupille hat ihn gleichsam aufgesogen. Aber in dem Maße,
in dem sich der Körper ins Auge zurückzieht, nimmt das
Auge, weil der Blick sich ja ständig weiten möchte, an
Oberfläche und Volumen zu, bis es die Ausmaße des Körpers erreicht hat und seine Stelle einnimmt. So ist dann
der Körper zum Auge geworden, zu einem riesigen Auge,
das imstande ist, das Unendliche zu erfassen, Erde, Sonne
und Sterne in sich aufzunehmen. Jetzt ist der Mikrokos-

mos nicht mehr lediglich die Nachbildung des Makrokos-
mos — er ist um diesen größer geworden, hat einen Teil
der Energie eingefangen, die das Universum bewegt.

Manchmal diese tiefe Stille, dieser vollkommene Friede;
keine Ängste mehr, keine Begierden; es gibt nur noch das
Elementare, das Fundamentale. Und man begreift. Und
man stimmt zu. So habe ich heute nacht die Schönheit
und Größe der Einsamkeit verstanden. Und ihre Notwendigkeit. Denn den andern lieben heißt nicht, sich mit ihm
zu vermischen, sich in ihm zu verlieren. Es heißt, Abstand
zu wahren und über die Leere hinweg eine Brücke zu schlagen, über die ein Austausch stattfinden kann. Damit diese
Brücke auf ihren beiden Pfeilern ruhen kann und diese ein
solides Fundament haben, muß in der Beziehung jeder Distanz zum andern halten, über genügend Oberfläche, Tiefe
und Widerstandskraft verfügen. Jeder Versuch einer Verschmelzung mit dem andern kann nur mit einem Fehlschlag enden.
Doch um zu diesem Verständnis zu gelangen, darf man
sich nicht mehr hassen, sich nicht mehr fliehen, muß man
die Angst vor der Einsamkeit überwunden haben, die nur
eines der Gesichter jener Angst ist, in der wir alle wurzeln.
Dieses Verständnis jedoch, kaum aufgetaucht, verschwin-
det alsbald wieder.

7. November 1966
Wenn man das Ich hinter sich gelassen hat (obwohl es jeden Augenblick zurückkehren kann), die Attitüden, das
Bedürfnis, andere zu beherrschen oder sich ihnen zu unterwerfen oder sie ganz für sich zu haben, dann sind die Beziehungen zu den andern frei von Vorschriften und Gesetzen.
Dann sind in jedem Augenblick Freiheit und Schöpfung.

11. November 1966
Der Künstler, der die Wahrheit sucht, kümmert sich nicht

um Schönheit. Und weil er keinen Gedanken an sie verschwendet, findet er sie und befreit sie; denn sie ist nichts anderes als jenes Licht, das aus dem Wahren strömt.

Die Jugend erwacht in mir. Ich beginne, jung zu werden.

12. November 1966. Jujurieux
Ein kalter, nebliger Morgen. Durchs Fenster sehe ich, mitten auf der Straße, einen Mann, der vom Rad gestiegen ist. Er scheint den Weg nicht zu wissen. Ich gehe hinaus, trete zu ihm; wir sprechen miteinander. Er ist etwa fünfundvierzig, unrasiert, die Kleider ein wenig buntscheckig, aber recht sauber. Er kommt aus dem Beaujolais und will in ein kleines Dorf in den Bergen, wo er Arbeit zu finden hofft. Die letzte Nacht hat er im Freien, in einem Strohhaufen, verbracht. Er erzählt mir, daß er kein Zuhause hat, daß er als Kind von seinen Eltern ausgesetzt worden ist, daß er den Krieg mitgemacht hat, daß er keinen Beruf gelernt hat und sich als Landarbeiter verdingt. In diesem Sommer war er auf einem Bauernhof im Jura, und im Oktober zur Weinlese im Beaujolais. Ein Säufer scheint er nicht zu sein. Ich bin überrascht, in welch gleichgültigem Ton er von sich spricht, weder verbittert noch aufrührerisch oder fordernd; er versucht keineswegs, mein Mitleid zu erregen. Er klagt lediglich darüber, daß es heute überall Maschinen gibt und wie schwer es sei, eine Anstellung zu finden; auch die Mentalität der Bauern habe sich geändert, sei mehr und mehr vom Rentabilitätsdenken bestimmt. Ich gebe ihm etwas zu essen, ein bißchen Geld, und er macht sich auf den Weg. Diese Traurigkeit in seinen Augen. Und die Kälte, der Hunger, das Alleinsein, die Verachtung, die Demütigungen... (Wir alle sehen in einem solchen Landstreicher ja doch nur einen Faulenzer und Trunkenbold. Die automatische moralische Verurteilung rechtfertigt es dann, ihm unser Mitleid zu verweigern und dabei noch ein gutes Gewissen zu haben.) Ich kenne das kleine

Dorf, zu dem er wollte, und ich bezweifle, ob er dort eine Beschäftigung findet. Wie wird er über den Winter kommen?

17. November 1966

Meiner Meinung nach muß jeder Schriftsteller zwei völlig konträren Forderungen gleicherweise gerecht werden. Gefordert sind:
Eine gewöhnliche, deutliche, strenge Sprache ohne Brüche, die durchaus nach Vollkommenheit strebt. Und eine mit dem Tode ringende, gedemütigte, besiegte, suchende Sprache, deren Risse, Stöße, Häßlichkeiten aber auf keinen Fall etwas mit Zusammenhangslosigkeit, Wirrwarr, womöglich Nachlässigkeit zu tun haben dürfen. Ein elegantes und gleichzeitig rauhes Werk also, in dem der Tag und die Nacht in unversöhnlicher Heftigkeit aufeinander prallen.

22. November 1966

Das Leiden war Streben nach dem Inneren, die Freude ist Ausbruch. So daß nicht weniger Energie erforderlich ist, sich dem einen zu überlassen wie das andere auszuhalten. Ich ahnte das schon in den letzten Monaten, als mein Überdruß und meine Niedergeschlagenheit nachließen und dem ausbrechenden Leben zu weichen begannen. Wäre ich nicht wachsam gewesen, hätte mein Wesen der Angst nachgegeben und das Leiden der Freude vorgezogen. Denn wenn es implodiert, gruppieren sich die Teile wieder um die Quelle, von der sie nicht loskommen, und so gelingt es dem Wesen, sich neu zu bilden. Explodiert es jedoch, so verliert es sich im Grenzenlosen.

23. November 1966

Wenn Gide oft auf das Problem der Aufrichtigkeit zu sprechen kam — geschah es aus schlechtem Gewissen, weil die Aufrichtigkeit, die er gebrauchte, ihm ungenügend und anfechtbar erschien?

Gide gehört zu denen, die vom Ich irregeführt wurden. Er war außerstande zu begreifen, daß jener Teil des Ich, der die Oberflächenschichten des Bewußtseins erkundet, sich nicht seiner eigenen Erforschung widmen kann. Daß der Blick, den er auf sich selbst richtete, ein entfremdeter Blick war. Und so ist er, obwohl er immer nur von sich selbst gesprochen hat, niemals zu sich selbst gekommen.

24. November 1966

Die Vergangenheit: Illusion des Gedächtnisses. Die Zukunft: Projektion des Ich. Asche. Rauch. Flamme ist nur im Augenblick.

5. Dezember 1966

Ein Satz, der aus der *Sache*, aus der Suche nach ihr hervorgeht, kann nicht allein das Ganze enthalten. Er bezeichnet nur einen Teil, einen Aspekt, bezieht sich auf einen Augenblick des Weges, enthält also einen Standpunkt und erscheint deshalb, wenn man den entgegengesetzten Standpunkt einnimmt, als ungenügend, unwahr, anfechtbar. Daraus folgt: Wenn man eine positive Aussage macht, muß man sie mit ihrer Negation koppeln, oder mit der entgegengesetzten Aussage, die sie ergänzt und belebt. Wenn der Satz in dieser Weise den Gegensatz in sich aufnimmt, hat er Aussicht, nicht in Frage gestellt zu werden. Sogar innerhalb ein und desselben Satzes muß man den Standpunkt wechseln.

10. Dezember 1966

Es gibt Menschen, die haben eine richtige Ahnung und entdecken ein Teilchen der Wahrheit. Nur daß sie dann bei ihm stehenbleiben, weil sie sich vormachen, dieses Wahrheitsteilchen sei schon die ganze Wahrheit, und die Suche aufgeben.

13. Dezember 1966

Zur Zeit in Paris große, bedeutende Ausstellungen zu Picassos fünfundachtzigstem Geburtstag. Ein Werk der Vielfalt, des Gewimmels. Geradezu eine Monstrosität. Statt einen zur Sammlung kommen zu lassen, zersplittert es. Aber man sollte nicht übersehen, was man aus ihm lernen kann. Es läßt einen entdecken, was wahre Malerei ist, es hilft zu verstehen, daß die Quantität eine Versuchung ist, der man nicht erliegen darf, und daß die Gabe des Malens, so außerordentlich sie auch sein mag, einen nicht zwangsläufig zur Quelle führt.

Trotz seines schöpferischen Genies, seiner außergewöhnlichen Persönlichkeit, des Reichtums und der erstaunlichen Mannigfaltigkeit seines Werks wird man Picasso immer weniger Interesse entgegenbringen als einem Cézanne oder einem Bram van Velde. Denn nicht durch Variation und Mehrung der Manieren, der Stile, der Techniken, der Sehweisen nähert sich der Künstler dem Unwandelbaren, sondern dadurch, daß er sich ein Leben lang auf demselben Wege müht.

14. Dezember 1966

Das Innen auflösen
es verliert seine Grenzen
das Außen strömt ein.

15. Dezember 1966

Zwei Menschen lieben sich leidenschaftlich. Sie wollen miteinander verschmelzen, wollen ein einziges Wesen sein. Sie werden auf ihre Einsamkeit zurückgeworfen. Diese können sie nur überwinden, wenn sie einen Abstand zwischen sich legen.

16. Dezember 1966

Ich habe nur ein Sinnesorgan. Bin nur Auge.

17. Dezember 1966

Keinen besonderen Willen mehr haben, sich als unbegrenzt entdecken und doch eins bleiben, ein Zentrum haben, sich selbst gegenwärtig sein... Das ist so seltsam.

19. Dezember 1966

D. glaubt noch, daß die Wahrheit etwas Mysteriöses, Fernes, mehr oder weniger Unerreichbares sei. Wenn überhaupt eine Chance bestehe, ihr zu begegnen, könne man das nur mit Hilfe irgendeiner östlichen Philosophie oder Mystik bewerkstelligen. Nichts ist falscher. Wahrheit und Erkenntnis gibt es nur durch Selbsterkenntnis. Sich kennen heißt, den Menschen in seiner Ganzheit zu kennen, in all seinen Winkeln, seinen Möglichkeiten, seinen Tiefen. Das heißt also, alle Menschen zu kennen, wie sie auch sein mögen, tugendhaft oder niederträchtig, privilegiert oder mittellos, liebesfähig oder destruktiv.

22. Dezember 1966

Alles was man sagen kann
ist ohne Bedeutung
verglichen mit dem
was nicht gesagt werden sollte

Sage ja zum Tod
und die Ewigkeit
wird deine Wohnung sein

27. Dezember 1966

Kardinal Spellman, der Erzbischof von New York und oberste Militärgeistliche der amerikanischen Truppen, hat vorgestern, am Weihnachtstag, erklärt, daß für ein Ende des Vietnamkrieges keine andere Lösung in Frage komme als der Sieg der amerikanischen Truppen.

Ist das so verwunderlich? Seit Jahrhunderten hat sich die katholische Kirche in den Ländern, in denen sie zu Hause ist, auf die Seite der Machthaber geschlagen, hat das Spiel des herrschenden Regimes, des rechten wie des linken, mitgespielt. Ein Bündnis zu beiderseitigem Nutzen: Der Staat hat das größte Interesse, sich auf die Kirche zu stützen, weil sie die Massen in ihrer Gewalt hat; und die Kirche, die ja eine politische und wirtschaftliche Macht ist, kann gar nicht anders, als sich der Neutralität oder Komplizenschaft des Staates zu versichern. Das erklärt ihre Haltung im Hitler-Deutschland, im faschistischen Italien, in Spanien seit dreißig Jahren. Und jetzt in den USA. (Nur in Rußland erfüllt sich dieses Gesetz nicht; aber nur deshalb, weil der Kommunismus eine Religion ist und die Kirche ihm Konkurrenz gemacht hat.) Aber es gibt genug Leute, die sich weigern, diesen permanenten Skandal zu sehen, oder die, schlimmer noch, ihn zu rechtfertigen versuchen. (Schon vor einigen Jahren, anläßlich eines Streiks von Arbeitern, oder der New Yorker Docker, hatte dieser Kardinal eine der Lehre des Evangeliums wenig entsprechende Position bezogen; Hemingway hatte ihm daraufhin einen empörten Brief geschrieben, in dem er ihn mit »Eure Arroganz« anredete.)

29. Dezember 1966

Wie kann man die Babelisierung, den Wirrwarr zum Ausdruck bringen, ohne sie zu entstellen und selbst dem Wirrwarr anheimzufallen?

31. Dezember 1966

Gestern Besuch bei Bram van Velde, in Genf.

1967

5. Januar 1967

Oft ist es die Furcht, geboren zu werden, die die Angst vor dem Tode erzeugt.

11. Januar 1967

Ein vom Ich versklavtes Denken und ein vom Ich befreites Denken haben nichts miteinander gemein. Dennoch haben wir nur ein einziges Wort, das eine wie das andere zu bezeichnen. Die Feststellung ist erschreckend, daß der Mensch in all den Jahrhunderten, seit er existiert, nicht imstande gewesen ist, den Unterschied zwischen diesen beiden Arten des Denkens festzustellen und für jede von ihnen ein eigenes Wort zu prägen. Wieviel Verwirrung, Unverständnis, Verzweiflung hätten vermieden werden können.

12. Januar 1967

In Kambodscha, wo sie sich kürzlich aufhielt, hat Anna-Maria einen ungeheuer reichen Mann kennengelernt, der außerdem enge Beziehungen zu Mitgliedern der Regierung unterhält. In der Erntezeit kauft dieser Mann viele tausend Tonnen Reis und lagert sie ein. Ein paar Monate später kommt die Hungersnot, die vielen tausend Menschen das Leben kostet. Jetzt fängt er an, nach und nach seine Lagerhäuser zu leeren, und da er das Kilo Reis zwanzig bis dreißig Mal so teuer verkauft, wie er es eingekauft hat, streicht er riesige Gewinne ein.

Wie soll man so etwas bezeichnen und bewerten, das sich

ja — auch in kleinerem Maßstab — in unseren profitbeses-
senen Gesellschaften mehr und mehr häuft?
Als naiv erscheinen mir jene, die glauben, durch eine Änderung der Gesetze und der Institutionen könnten wir zu
einer Lösung des Ernährungsproblems gelangen, könnten
wir die Gewalt aus der Welt schaffen, die die Ausbeutung
des Menschen durch den Menschen begleitet.
Eine Revolution, die nicht aus einer Änderung des menschlichen Wesens hervorgeht, läßt intakt, was sie erfaßt.

15. Januar 1967
Wenn ich schreibe, muß ich den Tonfall, den Rhythmus,
die sich mechanisch einstellenden Assoziationen zerbrechen. Der Satz mit seinen ihn bestimmenden Regeln ist
wie eine vorgefertigte Gußform. Unmöglich, dieser Form
anzuvertrauen, was keinerlei Begrenzung duldet.

20. Januar 1967
Das Werk ist nichts anderes als der Weg, der uns zu seinem Ursprung führt.

Der Geist vollbringt solche Wunder, um sich etwas vor-
zulügen, sich selbst zu betrügen, daß einem der Gedanke
kommt, zu welch erstaunlichen Taten er fähig sein müßte,
wenn er korrekt, gesund, klar arbeiten würde.

10. Februar 1967
Wenn man in der Klarheit lebt, ist es normal, daß das
Wort, das sie ausdrückt, diese Klarheit nachbildet. Ich
brauche mir also nicht vorzuwerfen, daß meine Notizen
zu klar seien. Wenn sie klar sind, so bedeutet das im übrigen nicht, daß sie nicht aus den Tiefenschichten des Erlebten kommen, und auch nicht, daß ich mir einbilde, ich hätte den Abstand überwunden, der das Wort von dem, was
es ausdrückt, trennt.

Solange man nicht verstanden hat, daß — über die Unterschiede der Kulturen, Temperamente und Individualitäten hinweg — Lao-tse, Platon, Plotin, Johannes vom Kreuz, Baudelaire, van Gogh, Gauguin, Cézanne, Kafka, Mondrian, Brancusi, Bram van Velde, Beckett (man könnte natürlich noch weitere Namen hinzufügen) das gleiche Abenteuer erlebt haben und — mit mehr oder weniger Klarheit und auf unterschiedlichem Niveau — von ein und derselben Sache sprechen, hat man von der Kunst sowenig verstanden wie vom Leben.

14. Februar 1967
Unverhoffte Begegnung mit einem älteren Schriftsteller. Ich gehe an das Gespräch mit Vorurteilen heran, in dem sicheren Gefühl, daß ich zu weit entfernt von ihm bin, daß er mich nicht wird verstehen können. Ich bin überrascht. Zuerst vom Menschen. Von seiner Leichtigkeit, seiner Jugendlichkeit, seiner Liebe zum Leben. Dann von seinem durchdringenden Blick. Nach wenigen Minuten hat er mich schon eingeordnet.
»Gewiß«, sagt er, »Sie haben eine ruhige Art, aber in Wirklichkeit ist Ihr Platz unter den Helden Dostojewskijs. Sie sind ein Fanatiker. Sie wollen das Losungswort, die Formel. Sie tun den Dingen Gewalt an, Sie vergewaltigen die Welt. Dabei genügt es doch, sie zu lieben.«
Er wirft mir auch vor, zu weit zu gehen, mich also zu täuschen, und einige Tage lang bin ich vernichtet. Aber als ich meine Ruhe wiedergefunden habe, mache ich mir klar, daß man auf diesem Wege niemals weit genug kommt.

16. Februar 1967
Las mit leidenschaftlichem Interesse die Autobiographie eines schwarzen amerikanischen Bürgerrechtlers, der für die Gleichberechtigung seiner farbigen Brüder kämpfte und der zweifellos ermordet worden ist. Nach den Jahren der Demütigung, die ich in Aix durchgemacht habe, verste-

he ich, daß die Schwarzen in Nordamerika mit Auflehnung reagieren. Sicher, Armut habe ich nicht kennengelernt, ich mußte nicht jede Arbeit annehmen, um zu überleben. Im Grunde war es jedoch dasselbe Leiden. Die Verzweiflung dessen, der gedemütigt wird. Diese Erschütterung des ganzen Wesens, das rebelliert.

Wenn die Erniedrigung andauert und wenn sie vorsätzlich geschieht, kann diese Erschütterung nur in Mord oder Selbstmord enden.

17. Februar 1967

Dieser Maler begreift die Kunst als eine Reaktion auf die Entfremdungen, welche Gesellschaft und Religion uns auferlegen. Er erklärt, man müsse »den Wahnsinn aufwerten«; für besonders wertvoll hält er »alles, was mit Wildheit zu tun hat: Instinkt, Leidenschaft, Laune, Gewalt, Raserei«. Nichts ist falscher als die Schlüsse eines Denkens, das in der Falle der Gegensätze sitzt. Gegen Fremdbestimmung zu revoltieren, heißt sie immer noch ertragen. Und das Gegenteil eines Fehlers zu wählen, heißt nicht die Wahrheit finden, sondern einen anderen Fehler. Gewiß ist es wichtig, die Zwangsjacke des Verstandes, der Moralbegriffe, der Glaubensvorstellungen zu zerbrechen. Aber um die Freiheit zu gewinnen, muß man den Ursprung entdecken. Und nicht, wie er es für richtig hält, der Raserei verfallen.

19. Februar 1967

Seit meiner Hollandreise, auf der ich vor allem die Werke van Goghs und Mondrians kennenlernen konnte, hat die Malerei in meinem Leben und in dem, was ich tue, einen äußerst wichtigen Platz eingenommen. (Vorher wußte ich nichts von ihr. Das Wort, Verbum, hatte eine solche Macht über mich, daß ich mich der Sprache der Farben völlig verschloß.) Ich weiß nicht, warum nichts davon in diese Aufzeichnungen eingeht. Wahrscheinlich deshalb, weil man über Malerei nichts Triftiges sagen kann. Ich fühle mich den Malern viel näher als den Schriftstellern. Sie halten sich außerhalb der Worte, der Ideen, des Intellektes auf, sind sensitiv und intuitiv. Sie stehen auf Anhieb dem Wesen, dem Ursprung näher und gehen eben deshalb oft viel weiter als die Schriftsteller. Überdies scheint mir die Sprache, die sie benützen, ihrem Wesen nach die Sprache des Heiligen zu sein. Daher kommt sie mir geheimnisvoller vor als die Sprache der Worte und deshalb wiederum weniger unfähig, sich des Unsagbaren zu vergewissern. Obschon alles, was ich bin, es mir versagt: Ich habe oft den Wunsch, ein Maler zu sein.

24. Februar 1967

Dieser Mensch weiß, daß ich schreibe. Er stellt mir Fragen, ich weiche aus, sehe mich aber doch gezwungen, ein paar Brocken von mir zu geben. Diese ziehen weitere Fragen nach sich, und bald muß ich in die Tiefe gehen. Wie seltsam das ist: Man sagt etwas Wahres, und gleich muß man mit ansehen, wie es in den Kommentaren, die es hervorruft, unkenntlich wird.

25. Februar 1967

Der wahre Künstler ist die radikale Verneinung der Werte, auf denen die Gesellschaft beruht. Sie kann also nur darauf aus sein, ihn aus dem Weg zu räumen. Sie duldet nur Künstler, die sie unterhalten oder sich kaufen lassen.

26. Februar 1967

Mit E. in einem Café. In mir Leere, Frieden, glühende Intensität. Ich höre, was sie mir anvertraut, überlasse mich gleichzeitig meinen Gedanken, folge dem, was ich vom Gang der ihren errate, sehe voraus, was sie mir sagen wird, lausche auf die Unterhaltung des Paares am Nebentisch, verfolge die Bewegungen der Bedienung, nehme die Geschäftigkeit der Straße in mich auf, notiere die Farben und Formen meiner Umgebung, werde mir bewußt, daß ich nur

noch Wahrnehmung bin, tue aber nichts, dem ein Ende
zu machen.

5. März 1967
Das Sichtbare verstellt uns alles, überschwemmt das Leben, erstickt die Stimme. Für die meisten ist das Wirkliche
und die äußere Welt eins. Wie soll man ihnen klarmachen,
daß diese nur in dem Maße Existenz und Bedeutung hat,
in dem sie in uns widerhallt, in dem unser Empfindungsvermögen sie empfängt und ihr antwortet, daß das Leben woanders ist und daß man sich von der Verhexung durch den
Schein befreien muß, wenn man das Leben fassen und sich
in ihm ausbreiten will. Das Sichtbare hindert uns zu sehen,
und solange man das Ich nicht besiegt hat, ist es nur Augen-
belustigung und Zeitvertreib. Das Wirkliche ist nicht sichtbar, wohl aber das Nichts, der Anfang des Unbegrenzten.

7. März 1967
Wenn man im Hinblick auf den Künstler von einem klaren
Blick spricht, so gibt man diesem Wort eine abwertende
Bedeutung. Man unterstellt, der klare Blick schade der »Inspiration«, der Sensibilität, der Fruchtbarkeit des Unbewußten, er verfälsche oder störe die empfindlichen Mechanismen des Schöpfungsvorgangs. Gewiß, wenn man diesen
als einen Erguß des Ich auffaßt, kann man solche Befürch-
tungen hegen. Für mich, der ich von der Schaffensweise
des Künstlers eine völlig andere Vorstellung habe, hat die
Klarsicht jedoch nicht diesen negativen Charakter. Mache
ich beharrlich von ihr Gebrauch, so bietet sie mir im Gegenteil die Möglichkeit, das Gefängnis zu sprengen und
Zutritt zu erlangen zum Unendlichen.

8. März 1967
Die Leute, die sich hinter ihren Gewißheiten verschanzen,
die lasse ich wohlweislich in Ruhe. Denn ich spüre ihre
Not.

9. März 1967
Leiden heißt gewöhnlich, engstirnig zu sein. Das Leiden
ist sehr oft nur eine Verkrampfung des Ich, eine Manifestation der Ichbezogenheit, der Dummheit, der Eitelkeit, der
Furcht, des Bedürfnisses nach Sicherheit. Deshalb kommt,
wenn ich leide, zu meinem Leiden noch eine Demütigung
hinzu. Die Demütigung, zugeben zu müssen, daß ich dem
Ich nachgegeben habe.

Viele kehren um, entscheiden sich für eine Form von
Flucht, meinen, ein winziges Stückchen Wissen könnte
das Wissen ersetzen.

12. März 1967
Unmöglich, das Unsagbare in Worte zu fassen. Aber das
Wunder ist, daß man es bei dem, der es in seinem Ursprung murmeln hört, mit Worten zum Leben erwecken
kann.

7. April 1967
Zwischen einer Intuition, die auf Anhieb und in Sekun-
denbruchteilen ins Zentrum führt und gleich einen weiten
Blick auf das Wirkliche freigibt, und dem, was man davon
zum Ausdruck bringen kann, besteht ein solcher Abstand,
daß viele nicht einmal versuchen, ihn zu überwinden. Vom
Schriftsteller aber wird verlangt, daß er diesen Abstand
leugnet, und so bemüht er sich, ihn zunichte zu machen.
Diese Aufgabe erfordert eine solche Energie, daß man oft
resigniert, noch bevor man angefangen hat. Denn es
braucht eine Intervention des Denkens, das durch das, was
die Intuition in ihm wachgerufen hat, in Erregung versetzt
worden ist, um das Geschaute zu klären, zu ordnen, zu
strukturieren, es in Ideen zu verwandeln und schließlich
in Worte zu fassen. Aber das, was da hervorgeschossen
ist, vermehrt sich immer weiter, verliert sich, taucht, anders und gleich, wieder auf, und um es zu bändigen und

festzuhalten, muß das Denken eine beträchtliche Anstrengung auf sich nehmen. Außerdem muß es sich um den Brennpunkt der Entstehung herum bewegen in möglichst immer gleichem Abstand, damit die Sätze, die jetzt entstehen, alle auf einer Ebene bleiben und so die Einheitlichkeit der Vision bestmöglich bewahren.

10. April 1967
Man wirft mir vor, ich würde mich von der Welt und den Problemen der Zeit abwenden. Da kennt man mich schlecht. Wie sollte man das auch anstellen, nicht direkt berührt zu werden von dem, was jeden Tag von allen Seiten auf einen eindringt — von dieser Verwirrung, dieser Brutalität, dieser Gewalt, diesem Gangstertum, das weltweit von fast allen Ländern praktiziert wird.
Wenn man nicht gerade ein Geisteskranker oder ein Gesinnungslump oder ein Mensch ohne Bewußtsein ist, kann man nur gegen den Krieg sein, gegen das Unrecht, den Rassismus, die Ausbeutung des Menschen durch den Menschen. Aber welchen Zweck hätte es, wenn ich in diesem Heft auf all dem herumreiten würde, was implizit in ihm ausgedrückt ist? Wenn ich diese ernsten Fragen hier nicht behandle, dann deshalb, weil meine Antworten sich von selbst verstehen und nicht einmal formuliert zu werden brauchen. Zu viele verschaffen sich ein gutes Gewissen, indem sie linke Ideen zur Schau tragen, obwohl sie sie im normalen Leben natürlich bei jeder Gelegenheit verleugnen. Es genügt nicht, gegen einen Krieg aufzustehen, der am anderen Ende der Welt wütet. Das ist leicht, und man kommt dabei auf seine Kosten. Es kommt vielmehr darauf an, daß man sich bemüht, sich selbst von der Gewalt und dem Willen zur Macht zu befreien und sich von den Werten loszusagen, die die Menschen trennen, soziale Ungleichheiten verewigen und nur Chaos und Not hervorbringen. Denn wenn man behauptet, daß man die Gewalt ablehnt, ist es das mindeste, daß man darauf hinarbeitet, sich

selber von ihr zu befreien. Ich jedenfalls bemühe mich darum, und ich glaube nicht, daß es einen anderen seriösen und konsequenten Weg gibt. (Übrigens weiß ich schon seit langem, daß die Gewalt in jedem von uns verborgen ist, und daß praktisch jeder mehr oder weniger ein Nazi werden kann, wenn die Umstände ihn dazu drängen oder ihm die Möglichkeit bieten. Ohne zu simplifizieren kann man sagen, daß in jedem Individuum praktisch eine verachtenswerte, zu allen Schandtaten und vielen Verbrechen fähige Person und ein bewundernswerter, hochherziger Taten und heldenmütiger Opfer fähiger Mensch nebeneinander existieren. Deshalb frage ich mich immer, wenn ich mich in Gesellschaft von Menschen befinde, die sich ernst nehmen, sich um ihre Achtbarkeit besorgt zeigen, sich dem Geist der konventionellen Moral anpassen, wie es ihnen wohl gelingt, jenes Individuum zu verdecken, das tief in ihnen wacht, dem sie oft genug zu Willen sind und das nur aus Feigheit, Egoismus, Gier besteht, aus dem Drang, zu siegen, zu beherrschen, ja zu erniedrigen und zu entwürdigen. Der Prozeß ist wohlbekannt: Je mehr man an sich zweifelt, an seinen Fähigkeiten, seinem Wert, seiner Nützlichkeit, desto eher überläßt man sich dem Willen zur Macht, strebt man danach, die anderen zu zermalmen. Jedes Verhalten, das blindlings darauf abzielt, sich eine Vorherrschaft, eine Überlegenheit zu sichern, ist in Wirklichkeit ein kompensatorisches Verhalten.)

15. August 1967
Ich habe mein Leben auf das Unsichtbare gegründet. Aber wenn die Stimme schweigt, wenn die Quelle versiegt — was für ein Schrecken. Ich bin nichts. Habe nichts.

25. August 1967
Ich arbeite an der Vollendung eines Textes, zögere bei der Wahl eines Wortes, schwanke zwischen verschiedenen Konstruktionen eines Satzes, und ich kann sehen, wie nahe —

im Bereich des Ausdrucks — die Schönheit-Wahrheit und deren Karikatur beieinander liegen. Eine winzige Nuance, und statt der erstrebten formalen Fülle kommt etwas Gesuchtes heraus, eine Effekt-Literatur.

Die ganzen letzten Wochen hat das Staunen mich nicht verlassen. Ein überaus lebendiges Staunen, über das ich jedoch nichts weiter sagen kann. Staunen über die Dinge, die Natur, besonders die Menschen, das Leben. Staunen über das, was ich bin, was durch mich hindurchgeht, in mir murmelt. Und auch Staunen über dieses Staunen. All das ist so merkwürdig, so fern davon, in Worte gebracht werden zu können.

11. September 1967
Das Denken leeren von jeder Erinnerung, von jedem Begriff, von jeder Anwandlung einer Ideenbildung und -verknüpfung, kurz, von allem Bekannten. Und sich aufhalten am Ort des Ursprungs, wo Wesen und Denken eins sind: authentisch sein.

Diese Entmutigung, diese Empörung darüber, daß wir keinen Einfluß nehmen können auf das, was den anderen hindert, zu leben, was ihn hindert, das zu verstehen, was man ihm zu entdecken versucht. Dennoch neige ich immer mehr dazu, mich nicht einzumischen. Es wird mir immer deutlicher, daß man nichts sagen, daß man jeden sich selbst überlassen soll.

20. September 1967
Solange das Denken nicht alle Winkel der Seele durchsucht hat, bleibt es der Gefangene dessen, was sich ihm entzieht.

21. September 1967
Man bestreitet, daß meine Suche nach dem Leben mein

Leben genügend ausfüllen könne. Was soll ich darauf antworten?
Leben, Schreiben fordert eine totale, ekstatische Hingabe.
Denn hier gilt, das habe ich von Anfang an begriffen, das
Gesetz des Alles-oder-Nichts.

Der letzte Akt der Erkenntnis: ein Auge, das in sich selber
blickt.

18. Oktober 1967
Die mit der *Sache* kokettieren. Unerträglich. Schlimmer
als alles andere. Diese Frau, die so vielen Künstlern begegnet ist, ist sehr kultiviert; sie besitzt Begriffsvermögen, sie
verwendet die richtigen Worte, aber es mangelt ihr an Respekt, an Ernst, an Strenge. Sie spricht vom Unsagbaren,
als spräche sie vom Regen oder vom Sonnenschein. Ich
fühlte, daß ich ihr nicht antworten durfte. Es wäre Blasphemie gewesen.

22. Oktober 1967
Diese Freundin ist auf dem Holzweg. Sie schreibt nicht,
um vor sich selbst zu erscheinen, sich bloßzulegen, sich
zu zerstören, sondern um sich selbst zu genießen. Statt
den Versuch zu machen, die Physiologie des Ich zu verstehen — wie es funktioniert, wie seine Komponenten aufeinander wirken, wie es sich selber täuscht —, beschreibt
sie seine Anatomie. Oberflächenkenntnis. An bestimmten
Stellen des Ich bleibt dieses stehen und betrachtet sich mit
Wohlgefallen.
Es scheint zwei Formen der Kenntnis von sich selbst zu
geben: eine Kenntnis des Ich durch das Ich, partiell und
parteiisch, die das Ich letztlich stärkt und reich macht.
Und eine Kenntnis, die es zerstört, als Einleitung der Geburt.

26. Oktober 1967
Jede Anstrengung, jedes Wollen schließt das Ich mit ein,
so daß man nicht willentlich demütig sein kann. Will man
die Demut finden, muß das Ich sterben. Aber damit es
stirbt, braucht man bereits Demut.

Das Neutrale ist Leidenschaft ohne Leidenschaften.

30. Oktober 1967
Man sagt *das Denken*, und weil man mittels seiner aus der
Subjektivität zum Allgemeinen gelangt, nimmt man automatisch an, daß es Objektivität, Loslösung von sich selbst
bedeute. Aber nichts ist falscher; denn das Denken kann
die schlimmste Illusion sein. Das Ich glaubt, durch das
Denken über sich hinauszugehen, und dabei schließt es
sich nur in sich selber ein. Wenn es Begriffe gebraucht,
pervertiert es sie und bedient sich ihrer als einer Äußerung
zwischen seiner Subjektivität und einer Pseudo-Objektivi-
tät.

3. November 1967
Jener Mann in meinem Alter, den ich kürzlich kennengelernt habe: Er ist schön, sympathisch, intelligent, herzlich,
spricht gewandt, wirkt ansteckend mit seiner Lebensfreude, und niemand widersteht seinem Charme. Aber in Wirklichkeit ist er hinter seinem so verführerischen Äußeren
nur ein Ich. Denn er spricht nur von sich selbst, öffnet
sich nicht dem andern. Was ich für Großmut gehalten hatte, ist nur überschäumende Lebenslust, das Vergnügen, ohne Konflikte zu sein und von allen geliebt zu werden.

4. November 1967
Wenn man das Zentrum erreicht, gibt es kein Zentrum
mehr, sondern nur noch das Unbegrenzte.

Das Leben leidenschaftlich suchen heißt, am Anfang unmenschlich gegen sich selbst zu sein.

7. November 1967

Das Unendliche pulsiert im Winzigen.

Als er sich porträtiert, bemüht er sich nicht darum, seine Wahrheit zutage treten zu lassen, sondern darum, dem Betrachter als das zu erscheinen, was er gerne sein möchte. Dieses Schielen auf den andern ist ein Zeichen von Eigenliebe. Demut eines van Gogh: Als er sein Selbstporträt malte, wurde er nicht von dem Hintergedanken geleitet, ein schmeichelhaftes Bild seiner selbst zu zeigen, sich als dieses oder jenes zu beweisen, bei den anderen höher eingeschätzt zu werden. Sondern er hatte nur den Wunsch, sich zu erkennen, seine Wahrheit zu entdecken, jenem *Wer-bin-ich* zu antworten, durch das jeder in das Labyrinth gelangt.

14. November 1967

Da sie unfähig sind, sich von der Epoche loszumachen, wollen viele Künstler die Verwirrung ausdrücken, die sie kennzeichnet. Aber wozu soll es gut sein, dem Wirrwarr eine Form zu geben? Wäre es nicht besser, sich von ihm zu befreien, und dann den andern die Mittel zur Verfügung zu stellen, durch die man ihm entkommt? Was man auch tut, wohin man auch blickt — Presse, Film, Literatur, Politik, Gespräche —, er ist da, uns zu verwirren, in die Irre zu führen. Die Rolle des Künstlers besteht nicht darin, den Wirrwarr zu vergrößern, sondern darin, ihn zu bekämpfen, nicht, ein Werk nach dem Bilde der Epoche zu schaffen, sondern ein Werk, das Kraft und Klarheit in sich birgt und jene Werte, deren Fehlen aus dem Menschen von heute einen Kranken macht.

17. November 1967

Das Denken wird gebildet, geformt, ausgerichtet, bestimmt durch die Probleme, die es zu verstehen und zu lösen versucht. Es hat also riesige Schwierigkeiten, sich von ihnen zu lösen, sie auf Distanz zu bringen und sie zu erforschen. Es ist, als wäre das Denken in einen dichten Wald eingeschlossen, dort, wo es ganz dunkel und unentwirrbar ist; dabei wollte es doch über ihn hinfliegen, ihn erfassen mit einem einzigen Blick, um seine Ränder erkennen und seine Ausdehnung abschätzen zu können.

22. November 1967

Ein Kritiker hat ein paar Gedichte von mir gelesen, und nun schreibt er mir, nicht ohne einen ironischen Seitenhieb, daß er nicht wisse, was das Authentische ist, was dieses Wort, dieser doch sehr in Mißkredit geratene Begriff, den ich wiederholt verwende, bedeutet.

Sagen wir so: Das Authentische könnte jene unberührte Zone in uns sein, die, so scheint es, niemals entstellt, verdorben, verseucht worden ist, die allen Arten von Fremdbestimmung, von Beeinflussung und Assimilation entgangen zu sein scheint. Ein naher, aber unbetretbarer Ort, wo der Ursprung strahlt. Ein vorzeitlicher Ort, wo das Wesen außerhalb der Zeit verweilt, wo die Stimme das Elementare, das Offenbare, das Namenlose verkündet.

23. November 1967

Die Suche nach Erkenntnis, die Reise zurück zum Ursprung — nehmen wir einmal an, das bedeute, 500 000 Kilometer zurückzulegen. Wenn einer den letzten Meter von dieser Strecke nicht schafft, dann ist das fast so, als hätte er sich niemals auf den Weg gemacht. (In Wirklichkeit kann man für diese Reise kein Ende angeben; denn es gibt keines. Oder wenn es eines gibt, dann weicht es andauernd zurück, in dem Maße, in dem man vorankommt. Außerdem muß man diese Reise immer wieder von neuem beginnen. Zumindest aber muß man eines Tages eine Schwelle überschreiten — das ist der Augenblick, in dem das Sehen sich auf sich selbst zurückwendet, in dem das Denken sich von jedem Standpunkt befreit, in dem es beweglich wird, in dem das Zentrum, von dem aus es sich entfaltet, seinerseits erforscht und gereinigt worden ist.)

25. November 1967
Jene, die den letzten Meter nicht geschafft haben, aber so tun, als ob. Sie unterschlagen zugunsten des Ich, was dieses auslöschen sollte. Eignen sich zu den verachtenswertesten Zwecken etwas an — meist, um sich größer zu machen, um besser unterwerfen und herrschen zu können —, was unendlich über sie hinausgeht. Und wer ihr Opfer gewesen ist, braucht viel Zeit und viel innere Klarheit, bis er versteht, daß es sich um Betrüger handelt.

Die Liebe, die ja aus dem Innersten, dem Zeitlosesten des Menschen kommt, ist Spontaneität, Freiheit. Sie kann daher nur vom Einzelnen gelebt und nur vom Einzelnen aus wirksam werden. Wer eine Gruppe, eine Gemeinschaft gründet, um sie zu verwirklichen, muß sofort Regeln aufstellen, eine Organisation schaffen — und all das widerspricht der Liebe. Wie das Leben läßt auch sie sich nicht in einer Gruppe leben. Sie läßt sich weder Ketten anlegen noch Anweisungen geben, weil sie im Innersten des Menschen lebt.

4. Dezember 1967
Das Unvorhersehbare des schöpferischen Augenblicks setzt mich immer wieder in Erstaunen. Gestern hatte ich einen abscheulichen Tag; totale Dürre. Um Mitternacht, ich wollte gerade ins Bett gehen, bekam ich Nasenbluten und mußte mich hinlegen. Ein paar Minuten später hörte ich die Stimme; daraufhin mußte ich schreiben bis drei Uhr in der Früh.
Die Stimme, daß sie spricht, was sie sagt — es ist jedes Mal dasselbe Mysterium.

Die Vision ist nichts anderes als die ins Großartige gesteigerte Seh- und Wahrnehmungsfähigkeit.

5. Dezember 1967

Manchmal, wenn ich an der Peripherie umherirre, möchte ich in meiner Verzückung alles sagen, alles benennen, alles feiern können. Doch das ist eine so ungeheure Aufgabe, daß ich sofort weiß, ich muß darauf verzichten. Der einzige Ausweg besteht darin, daß ich mich zum Zentrum hinarbeite, über das Sichtbare, die Gefühle, die Oberflächenwirbel nichts sage und nur das Nichts stammle. Der Weg zum Unendlichen.

In diesem Sommer war ich so unglücklich darüber, nicht schreiben zu können, daß ich, wenn ich einen Tisch erblickte, mich an ihm arbeiten sah: über mein Heft gebeugt, das Gesicht fast die schreibende Hand berührend, die Knie gegen die Unterseite des Tisches gestemmt. Und dieses Blatt Papier wurde, weil ich auf ihm schrieb, mein Zentrum, mein Kern, meine Nabelschnur, als nistete es in mir dank meiner sozusagen fötalen Position.
Damit beschäftigt, die Kugel, die sich in mir rundete, zu gebären.

7. Dezember 1967

Krise des Denkens, Krise der Sprache. Man hat also festgestellt, daß die Worte uns verraten, daß Selbstaussagen mehr oder weniger Lügen sind, und macht eine Mode daraus, sich mit diesem Problem in immer neuen Aufsätzen und Untersuchungen zu beschäftigen. Niemand aber scheint sich klarzumachen, daß man bereits Vertrauen in die Worte setzt, wenn man sich ihrer so verschwenderisch bedient, um zu erklären, daß man ihnen nicht vertrauen kann.

12. Dezember 1967

Je weiter ich gehe, je klarer es wird, desto weniger verstehe ich. Vergraben im Unsagbaren.

17. Dezember 1967

Denise hat mir zu wiederholten Malen von Teilhard de Chardin gesprochen. Ich kenne sein Werk nicht, wage deshalb diese Notiz nur unter Vorbehalt zu formulieren:

Ich zweifle nicht daran, daß dieser Mann das Wesentliche verstanden, daß er das Leben gesucht hat. Ich wundere mich aber darüber, daß ein so tief religiöser Mensch dazu bereit war, sich einer Organisation einzugliedern und Regeln und Dogmen unterworfen zu bleiben, die das geradezu verneinen, was er in sich selbst entdeckte. Andererseits kann sich aus der inneren Erfahrung kein Wissen entwickeln. Wenn er Hypothesen über die Entstehung des Menschen äußert und Vermutungen über seine Zukunft anstellt, erzeugt er die Illusion, als stütze er sich auf die Wissenschaft. In Wirklichkeit unterliegt er jedoch der Fremdbestimmung durch seinen Glauben; er projiziert seine Hoffnungen und seine Gewißheiten auf Sachverhalte, aus denen er seine Beweise ableitet, und diese können ihn dann natürlich nur bestätigen. Die Wahrheit und die Wissenschaft im Dienste eines Glaubens — das ist die schlimmste aller Perversionen. (Es sind nicht die mittelmäßigen Werke, die Verwirrung stiften und von unheilvollem Einfluß sind; solche Werke werden rasch durchschaut. Es sind vielmehr jene Werke, die Gewähr zu bieten scheinen für Ernsthaftigkeit, Redlichkeit, Aufrichtigkeit, und die von Wahrheit gespeist werden — nur, daß das eine fehlgeleitete, korrumpierte Wahrheit ist, weil sie zu persönlichen oder anderen besonderen Zwecken ausgebeutet wird.)

20. Dezember 1967

Ich habe Worte, wenn ich das Leben habe. Außerhalb dieser Augenblicke kann ich weder sprechen noch schreiben.

27. Dezember 1967

Schon als ich noch ganz jung war, nutzte ich meine Dummheit, meine Fähigkeit, nicht zu begreifen. Ich sehe heute, daß mir dieses Verhalten überaus nützlich gewesen ist, daß es mich davor bewahrt hat, mich mit zuviel unnützen Dingen vollzustopfen.

28. Dezember 1967

Besuch bei Bram van Velde.

1968

3. *Januar 1968*

Die Wörter vernichten heißt, das Auge reinigen.

14. *Januar 1968*

Ich muß wieder an Teilhard de Chardin denken. Er gehört zu den Menschen, die dem Wahren begegnet sind, bei denen man aber nicht versteht, daß sie es nicht erkennen konnten. Anstatt sich an dieses Wahre zu halten, hat er es zu einer Basis seines Glaubens gemacht. Und er hat versucht, seinem Glauben eine wissenschaftliche Grundlage zu geben. Eine Kette von Irrtümern, von Holzwegen. Dagegen die Unfehlbarkeit des Künstlers, der sich keinem Dogma, keinem Glauben, keinem System unterwirft. Der weiß, daß das Wahre keine Beweise kennt, und sich versagt, aus ihm welche herauszuholen. Der nur dazu bereit ist, es zu leben und zum Ausdruck zu bringen.

15. *Januar 1968*

Demütig sein hieße, nichts mehr zu wollen, nichts mehr zu verlangen.

Wenn das Ich keine Angriffspunkte mehr für die anderen bietet, ihnen keinen Widerstand mehr entgegensetzt, hat der Mensch etwas Unangreifbares. Gewisse Leute sehen in einem solchen Menschen jedoch eine Herausforderung und geben sich alle Mühe, ihn zu provozieren, zu verletzen. In der Hoffnung, daß er sein Anderssein aufgibt. Sich als ihresgleichen herausstellt.

16. Januar 1968

Der Sieg über das Ich wäre der Sieg über die Zeit. Der Zugang zum Ewigen.

22. Januar 1968

Wer von einer Leidenschaft besessen ist, dem fließt auf magische Weise zu, wessen er bedarf. Trotzdem wundere ich mich über den Zufall, der mich diese junge Frau kennenlernen ließ.

Sie erzählt mir, daß sie während des Krieges, als sie ein Kind war, Becketts Frau zur Klavierlehrerin hatte. Der Unterricht fand bei ihr statt, in einem Raum, über dem sich eine Art Loggia befand.

Sie sagt, es habe sie in die größte Unruhe, ja fast in Angst versetzt, daß da oben, schräg zum Tisch, mit übergeschlagenen Beinen, einen Ellbogen aufs Knie und das Kinn in die Hand gestützt, jener Mann saß und nichts tat, ganze Stunden absolut reglos, stumm und völlig in sich zurückgezogen dasaß, mit einem Blick, der vor Intensität glühte, aber nichts sah.

26. Januar 1968

Das Leben rundet sich in mir zu immer größeren Kugeln. Es ist dicht, schwer. Aber auch geschmeidig, leicht. Mein Staunen vor mir selbst. Vor jedem Ding. Manchmal bin ich wie trunken.

28. Januar 1968

Ich erkenne jetzt, daß es immer die Leidenschaft war, die in mir wirkte. Das Rugby. Meine Freundschaften. Die Menschen, die ich bewunderte. Die Frauen, die ich geliebt habe. Manchmal das Studium. Aber immer die Literatur, die Kunst. Und schließlich jene Suche nach dem Leben. Sogar meine Langeweile, mein Überdruß war Leidenschaft.

1. Februar 1968

Selbsterkenntnis als zentrale Aufgabe des Denkens. Eines Denkens, das einerseits das Ganze zu erforschen sucht, von dem es ein wesentlicher Bestandteil ist, das andererseits jedoch vor allem sich selbst in den Blick nimmt, sich prüft und analysiert. Dem es gelingt, das zu erfassen, was es als Blick begründet, was seine Vision bestimmt. Wenn die Selbsterkenntnis ihr Ziel erreicht (ein Ziel, das in jedem Augenblick neu erobert werden muß), hebt sich dieser sich selbst betrachtende Blick auf, und das gesamte Denken ist nur noch Vision.

4. Februar 1968

Es gibt Menschen, die tun ein paar Schritte vorwärts, und schon fangen sie an, die andern von oben herab anzusehen, weil ihnen das Herz aufgeht in ihrer Freude und ihrem guten Gewissen. Wenn man sich auf den Weg begeben hat, ist es aber unbedingt notwendig, niemals stehen zu bleiben. Andernfalls gibt jeder Schritt hin zum Nichts einen Anlaß zu Zufriedenheit und Stolz, und statt zur Freiheit zu führen, endet der Weg vor einem Grab.

8. Februar 1968

Wenn die *Sache* mich verwüstet, versuche ich nicht, sie zu bändigen. Ich trete zurück. Ich lasse sie toben.

11. Februar 1968

Viele wären bereit zu zahlen, aber unter Blitzen und Donner. Sie würden sich in die Glut werfen, Schluß machen mit dem Ich, und wäre es unter schrecklichen Qualen. Nur schnell müßte es gehen. Zu ihrem Unglück gibt es keine plötzliche Enthüllung, kein Wunder, keine Erleuchtung. Und es ist nicht gerade erhebend, seine Engstirnigkeit zu entdecken, seine Dummheit, seine Lügen, seine Feigheit. Zuerst einmal muß man eine endlose Folge von Tagen des

Überdrusses, der Leere, des Ekels, der Angst, des Schwindels durchleben. Ganz langsam. Mühselig.

17. Februar 1968
Wenn man sich erhebt, sich losreißt, schlägt man Wurzeln.

22. Februar 1968
Ich bin nicht von A aufgebrochen, um mich nach B zu begeben. Nein. Ich gehe einfach vorwärts auf einem Weg — der, so hoffe ich, mit meinem Tode enden wird — und bewege mich auf einer Spirale, die ich in beiden Richtungen durchlaufe. Und jene Wahrheit, von der ich manchmal spreche, ist weder ein Konzept, noch eine Erfindung, kein Glaube, keine Illusion, keine Gewißheit, keine Schlußfolgerung innerhalb eines Systems und kein Endpunkt, an dem alle Probleme wie durch Zauberhand ihre Lösung fänden.
Diese Wahrheit kann man nicht isolieren, festmachen, formulieren. Denn sie ist vermengt mit dem Leiden, dem Zweifel, der Not, und wird deshalb von Augenblick zu Augenblick gelebt. Sie ist in all dem zu entdecken, mit dem wir konfrontiert werden.

23. Februar 1968
Um den Blick auf das Innere richten zu können, muß man sich abwenden vom Sichtbaren, von der Erscheinungswelt. Sich entfernen von den andern. Der Weg zur Fülle geht zuerst durch die totale Verlassenheit.

24. Februar 1968
Das Schreckliche zu Beginn ist, daß man Zustände und Verwandlungen durchleben muß, zu denen man den Schlüssel nicht besitzt; die man interpretiert, und oftmals verdammt, aufgrund von Vorstellungen, die einem von der allmächtigen, gleichwohl von falschen Werten ausgehenden

und sich zersetzenden Gesellschaft eingepflanzt worden sind.

4. März 1968

Ein Freund wünscht sich, daß meine Gedichte weniger transparent seien, daß ich ihnen mehr Geheimnis verleihe, daß ich ihre Umrisse ein wenig unscharf mache. Aber wenn sie so, wie sie sind, direkt und nackt, keine Wirkung auf ihn haben, wie könnte er die Wucht von Texten spüren, die weniger klar und scharf wären? Das Ganze ist ein komplettes Mißverständnis. Für ihn, der nur Empfindungen sucht, der vom Gedicht nichts anderes verlangt als eine kurze, leichte Verzauberung, beruht die Dichtung wohl nur auf der Magie des Worts. In dieser Hinsicht können ihn meine Gedichte also nur enttäuschen. Und was das Inhaltliche betrifft, das, was sie wiederzugeben beabsichtigen, da versagt seine Aufnahmefähigkeit. So erwartet er von ihnen, was ihnen zu verweigern gerade mein Bemühen ist, und verkennt, was sie rechtfertigt.

10. März 1968

Wenn ich vom Ich sprechen will, von seiner Zusammenhanglosigkeit und von seiner Neigung zum Erbärmlichen, muß ich ins Erbärmliche verfallen, in die Parodie, in den schwarzen Humor, in den Nonsens. Ein fröhliches Clownsgesicht, bei dessen Anblick man weinen muß, oder umgekehrt.

13. März 1968

Früher begriff ich nicht, und die Welt erschien mir absurd, unverständlich. Heute begreife ich, und diese klägliche Welt erscheint mir verrückt.

15. März 1968

Leben ist Sterben. Schaffen, zerstören. Das Werk muß diese doppelte Bewegung aufnehmen.

16. März 1968

Authentisch sein hieße, den Ursprung besitzen.

Ich kann mich zwar der Quelle überlassen, aber ein allzu spontanes Schreiben scheint mir, auch wenn es im Fundamentalen bleibt, doch des Hintergrundes zu entbehren. Ich ziehe ein Schreiben im zweiten Ansatz vor. Anstatt mich auf die Stimme zu verlassen, bearbeite ich sie, ich fechte sie an, durchforsche sie, so daß ihr Sprudeln in sich selbst zurückfließt, sich intensiviert in dem Satz, den es hervorbringt, und einen Energiekern bildet. Eine solche Art zu schreiben erfordert eine beträchtliche Anspannung. Zuerst einmal muß ich die »Inspiration« freundlich aufnehmen. Dann muß ich — ohne das labile Gleichgewicht, aus dem sie hervorströmt, zu gefährden — sie mit Bitten bestürmen, neue Energien aus ihr herausholen, sie zu Funden zwingen, die sie von sich aus nicht hätte anbieten können. Doch das ist nur möglich, wenn Sein und Denken völlig eins geworden sind. Danach treten sie wieder auseinander, ohne sich zu spalten, und eröffnen einen Dialog, der sie dazu bringt, alles zu geben. So kann das Denken aus den reichen Reserven des Seins schöpfen und braucht keinen Leerlauf zu befürchten. Es wird ständig gespeist, angekurbelt, aktiviert. Daher jene Zweit-Spontaneität, die ich erreichen möchte und die vor zwei Fehlern bewahrt: vor Angestrengtheit und vor Literatur.

20. März 1968

Das ist evident: Nichts hat einen Namen. Alles muß benannt werden.

21. März 1968

Eine Energie, die abfließt, ohne zu versiegen. Ja die zunimmt, indem sie sich verströmt.

24. März 1968
Er ist dreiundzwanzig, quält sich mit Fragen, kann deshalb
nur unter Schwierigkeiten weiterstudieren. Ein Mädchen,
das er kannte, hat sich umgebracht. Er verzehrt sich in
seinem Schmerz, hat keine Kraft mehr, kann nicht mehr
lachen. Im Café, in dem wir saßen, sprach er so leise, daß
ich nur die Hälfte von dem verstand, was er mir sagte.
Er steht dort, wo ich in seinem Alter war, und in seinem
unsicheren, sich zurückziehenden Blick lebten für mich die
Jahre meines Elends und meine Niedergeschlagenheit wieder auf.
Bedrückt von seinem Leiden, vermochte ich nicht, mit ihm
zu reden.

3. April 1968
Manchmal ist das Leben so nah, so erfüllt, es erlangt, während es sich in mir rundet, eine solche Dichte, daß ich das
Gefühl habe, ich könnte es in meine Hände nehmen. Unvermeidlich, daß ich dann an einen Kieselstein denke. An
einen glatten, schweren Kiesel. Fast brennend ist er, fast
kugelförmig.

5. April 1968
In jenen Augenblicken greller Intensität bin ich mir fern,
sehr fern, und bin meine Mutter.

April 1968
Warum erscheint mir diese Suche nach dem Leben, die
ich mit Hilfe des Schreibens unternehme, manchmal so
weit vom Leben entfernt?

Ein Landstreicher-Paar. Sie ist groß, dick, und offensichtlich resolut. Er ist einen Kopf kleiner als sie. Sie schreiten
tüchtig aus, und dabei zieht sie ihn an der Hand hinter
sich her. Als ob er ein Kind wäre. Aber ein Kind von fünfzig Jahren. Ein bizarres Bild, das mir Unbehagen bereitet.

Und diese strahlende Freude, diese Euphorie auf dem entwürdigten Gesicht.

Nicht ein Leiden, das in Ressentiment umschlägt, oder in Zynismus, oder in Aggressivität, oder in Verweigerung und Vereinsamung. Sondern ein Leiden, das dir jede Verteidigung, jede Reaktion, jede Ausflucht verbietet. Das dich nicht aus der Verzweiflung entkommen läßt, das dich zermalmt, glattwalzt und dir den Sinn für deine Identität nimmt. Nur dieses Leiden gibt dich der Gemeinschaft zurück, führt dich zum Mitleid, löst dich vom Ich und bringt dich dazu, den Mitmenschen zu achten, ihn nicht zu verletzen und die Schwierigkeiten, die er mit dem Leben hat, nicht noch zu vergrößern.

Lust, das folgende Paradox aufzuschreiben: Es kommt manchmal vor, daß das Wort das hervorbringt, woraus es entsteht.

Das schönste Geschenk, das man manchmal einem Menschen machen kann: ihn sein Herz ausschütten lassen.

Ausgestoßen. Und meine Arbeit besteht doch darin, ins Innere zurückzukehren, den einzigen Ort, wo ich mich der Flamme aussetzen kann.

Mein Greiforgan ist das Auge.

Wie viele Menschen haben in ihrem Leben nicht ein einziges Mal jemanden gefunden, der ihnen zugehört und sie verstanden hätte; der es wert gewesen wäre, zu empfangen, was sie zu geben hatten.

Ein Buch, das Leben birgt — vielleicht könnte der es aus sich herausholen, der den Mut gehabt hat, sehenden Auges in alle Abgründe hinabzusteigen.

Die Schönheit, die Selbstvergessenheit und starke Konzentration entstehen lassen, kann auch ein häßliches Gesicht verwandeln.

Meine Liebe zum Jazz, besonders zum Blues. Weil er in seinen besten Augenblicken die tiefe, aus Leiden und Entzücken gemischte Empfindung ausspricht, die mich überwältigt, wenn ich das Leben sehe.
Eben habe ich, allein in meiner Küche, lange Minuten mit geschlossenen Augen zu einem Saxophon-Solo getanzt, eine »Flöte« aus Brot in den Händen haltend, ganz auf mein Vergnügen konzentriert.

Wenn eine angebliche Suche nach dem Wahren nur eine weitere Gelegenheit ist, sich zu belügen. Sich der Begegnung mit sich selbst zu entziehen.

Oft versuche ich, mich an dem Punkt aufzuhalten, an dem aus dem Magma die Worte entstehen. Aber ich vermag nichts von den feinen Mechanismen zu erkennen, die diesen Prozeß steuern.

Wenn die Stimme verstummt. Deine Nägel an den steinernen Platten des Schweigens kratzen.

Jene, die ihre Seele verloren haben, diktieren uns ihre Gesetze.

Freude: Wenn alle unsere Bestrebungen eins werden. Harmonie mit uns selbst und der Welt.

13. April 1968
Ich bin das Werkzeug, dessen sich die Hand bedient, die in mir arbeitet, um mich zu formen.

Das Gebot der Moral, das in uns wohnt, und unser Verlangen nach Vollkommenheit und nach dem Unendlichen haben die Religionen hervorgebracht. Im Lauf der Jahrhunderte ist der Mensch schließlich zu der Vorstellung gelangt, dieses Gebot und dieses Verlangen habe er von Gott erhalten.

Selbst heute noch gibt es Menschen, die bezweifeln, daß das ethische Gebot aus sich selbst entsteht. Und wenn man dann noch verlauten läßt, man glaube, davon ein klein wenig in sich selbst zu spüren, werden die andern einen zu überzeugen versuchen, daß man, ob man will oder nicht, gläubig sei.

Was für eine Mühe sich die Herren Politiker geben bei ihrem Versuch, zu verschleiern, daß Politik Gewalt ist, Zynismus, Wille zur Macht, und daß sie die Aggressivität ihrer Wähler zu vertreten haben.

In dieser Zeit, in der alles zerfällt und untergeht — soll da die Kunst sich auf die Seite der Verhöhnung, der Zerstörung, des Verderbens schlagen?

Für mich möchte ich die Überzeugung aussprechen, daß sie eine Bastion sein muß, ein Ort, an dem man wieder Wurzeln schlagen, seine Kräfte erneuern und ein wenig Licht empfangen kann.

Betrachten — getragen und gewiegt werden von der Wärme des Stroms —, das ist mein tiefstes Bedürfnis. Aber in jedem Augenblick ist da eine brutale Hand, die mich aus der Stille herausreißt und rücksichtslos mitten ins Getümmel schleudert.

Eine Droge, zu der jeder fast ununterbrochen seine Zuflucht nimmt, deren Auswirkungen aber niemand ahnt: *das Imaginäre.*

Rätsel des Lichts. Dunkel des Lichts.

Mai 1968

Paris. Begegnung mit Ubac.
Ich kenne ihn seit zwei Jahren, habe ihn auch schon in seinem Dorf in der Nähe von Beauvais besucht. Ein in der Tiefe wurzelnder Mensch von ausgeprägter Redlichkeit, der ganz zurückgezogen lebt. Auch sein Werk liebe ich, seine Gedämpftheit, seine Schmucklosigkeit, und oft habe ich mir gesagt: Wenn ich Maler oder Bildhauer geworden wäre, dann hätte ich in diesem Geist gearbeitet, hätte hoffentlich ein Universum geschaffen, das dem seinen nahegekommen wäre. Es gibt Werke, die uns gefallen, uns interessieren, zu uns sprechen. Und es gibt andere, die erscheinen uns wie ein Teil von uns selbst. Bei mir gilt das für einige strenge Reliefs, die Ubac in Schiefer geschnitten hat, oder für jene aus Kunstharz hergestellten Tafeln, die er so bearbeitet, daß sie an gepflügte Felder erinnern.
Wir sprachen gut drei Stunden miteinander, berührten aber so viele Dinge, daß ich sie hier nicht aufzeichnen kann. Lange verweilten wir bei dem Problem der Beziehungen zwischen Kunst und Moral, das mich ungemein stark beschäftigt. Aber es ist mir sicher nicht gelungen, mich klar auszudrücken.
Unbestreitbar gibt es Künstler, die unter der Einwirkung von Kräften und Antrieben des Unbewußten schaffen. Sie bringen Werke hervor, die sich ihnen entziehen und die ihnen, wenn alles vorüber ist, fremd erscheinen. Und diese Künstler gehören oft zu den größten. Mich jedoch begeistern vor allem jene Werke, die einem wie der Weg und das Ergebnis einer Arbeit erscheinen, die ein Künstler an sich selbst unternommen hat in dem Bemühen, sich selbst zu erkennen und über sich selbst hinauszugehen. Ich behaupte also keineswegs, daß der Künstler sich um Moral kümmern müsse, wenn er tätig ist. Im Gegenteil, ich sage, daß ein Werk — jedenfalls in meinen Augen — nur dann von Gewicht sein kann, wenn es (eine notwendige, aber nicht zureichende Bedingung) ein Ergebnis jener Methode

ist, die ich soeben angesprochen habe; wenn es den Zusammenstoß zwischen den Begierden des Ich und der moralischen Instanz berücksichtigt, unseren Heißhunger nach dem wahren Leben, unser Verlangen nach Vollendung, nach dem Absoluten. Wenn aber dieses Verlangen besteht, dann muß der Künstler seine Einheit verwirklichen, indem er auflöst, was dunkel in ihm war und verhinderte, daß er ein sanftes Leuchten wurde. Ein Leuchten, das erhellt und wärmt. Eine Geste oder eine Stimme, die das Leben preist, rühmt, verherrlicht. Ein Brennpunkt, von dem andere ein wenig Liebe erhalten.

Ich weiß wohl, was Ubac störte an dem, was ich äußerte. Trotzdem erscheint es mir unstrittig — und ich freue mich darüber sehr —, daß er die lebendige Verkörperung dieses Künstlertyps ist, den zu definieren ich mich bemühte.

Eine Ergänzung dazu: Am 1. Mai wurde im Musée d'Art moderne eine Retrospektive seines Werkes eröffnet. Wegen der Ereignisse wird diese Ausstellung voraussichtlich ein kompletter Mißerfolg. Trotzdem ist er nicht mißgelaunt. Kein Wort der Verbitterung.

Gedanken, die ich in meinem Winkel hin und her bewegt habe, manchmal auch anderen, jedoch ohne Erfolg, zu vermitteln versucht habe. Mein ganz egoistisches Vergnügen, als ich entdecke, daß Tausende junger Menschen so denken wie ich. Daß sie nun durch die Straßen ziehen. Daß ich nicht mehr abseits stehe.

September 1968

Das Fundamentale: vielleicht nichts anderes als das Brandmal des Mangels.

Das Wort »Demut«: Ich weiß genau, daß es für viele ein Reizwort ist oder ein Anlaß zu einem Lächeln. Ich weiß wohl, daß ihm ein religiöses Rüchlein anhaftet und daß es zu einem ganzen Komplex von Ausdrücken, Begriffen,

Werten und Verhaltensweisen gehört, die über Bord geworfen werden mußten. In der Tat hat man festgestellt, daß sie oft als Alibi herhalten mußten bei Unternehmungen, die sie ständig kompromittierten, und daß sie unserer heutigen Sensibilität und unserem gegenwärtigen Problembewußtsein auf keinen Fall entsprechen.

Wenn ich trotzdem mit einem einzigen Wort sagen darf, was dieser Begriff Demut evozieren soll: den Verzicht auf die Begierden des Ich, auf den Willen zum Erfolg, zur Macht, auf das Streben nach Besitz; die Achtung des Nächsten und die Liebe zu ihm; den Gehorsam gegenüber den Anforderungen des Fundamentalen. Zu welchem anderen Wort könnte ich da greifen? Ich kenne kein gleichwertiges. Und ich versuche zu leben, was es bezeichnet.

> Zwei Hände schützend
> um die Flamme
> einer Kerze gelegt:
> So tue ich
> wenn ich dich
> umfasse

24. Oktober 1968

Begegnung mit Samuel Beckett.

1969

Februar 1969

Die Norm in unserer Gesellschaft ist der Tod der Seele. So daß jene, die das Leben suchen, sich nur schuldig fühlen können.

Die Freude. Die einzige Aufgabe, die uns gestellt ist, besteht darin, uns zu diesem Gipfel hinaufzuarbeiten.

Sobald man sich den Befehlen der Lebensinstanz entzieht, rächt sich das Leben umgehend, indem es Unzufriedenheit, Unbehagen, Angst erzeugt.

M. läßt sein inneres Wesen an Unterernährung sterben. Die Klagen des Sterbenden überhört er geflissentlich. Doch sie machen ihm Angst, und um ihr zu entkommen, klammert er sich in blinder Panik, wie im Fieber, an die Welt des Gegenständlichen, Bedeutungslosen. So weit hat er sich jetzt von sich selbst entfernt, daß ihm die Worte, die ihn über seinen Zustand aufklären könnten, nichts mehr sagen.

Ist der Sinn des Lebens einmal gefunden, ergänzen sich alle Wahrheiten, verschmelzen miteinander, weisen auf ein und denselben Weg.

Wahrheit, Schönheit, Güte. Eine einzige unauflösbare Wirklichkeit. Zu ihr gelangt, wer die Felswand bis zum Grat erstiegen hat.

Wer sein inneres Wesen erwürgt, verzichtet für immer auf die Freude.

Ich finde, das Werk sollte nur von seiner Sinnsuche sprechen. Von den Rückschlägen. Den Leiden. Der Finsternis. Von den Entdeckungen und von dem Licht, zu denen es führt.

Der heutige westliche Mensch befindet sich auf einem Irrweg. Wer das Leben finden will, muß deshalb gegen den Strom schwimmen. Wie viele versinken dabei, die nicht hätten untergehen müssen, wenn sie sich nicht um ihrer selbst willen von ihrer Epoche hätten lossagen müssen.

Wer sich selbst belügt, sagt sich vom Leben los.

März 1969
Um mehr zu erfassen, haben Auge und Ohr sich in Bohrinstrumente verwandelt.

Warum führt das Verlangen nach einem hochgespannten, intensiven, totalen Leben manche Menschen in den Untergang?

Wenn ich meine Worte meißle, wenn mein Blut im Innern des Granits zu pulsieren beginnt: die Illusion, ein paar Sekunden lang, daß die Zeit ihre Waffen gestreckt hat.

Das Entfernteste bildet den Hintergrund deines Auges.

1. April 1969
Begegnung mit Bram van Velde.

Juni 1969
Niemals den Gegensatz zwischen Intellekt und Geist aus

den Augen verlieren. Je mehr man den Intellekt bemüht, desto größer ist die Gefahr, daß der Geist schläfrig wird.

Die Angst — die sich manchmal auch als Aggressivität und Machtwillen äußert — ist die Wurzel all unserer Übel. Was können wir tun, um sie zu heilen? Solange wir nicht versuchen, unsere Angst in Schranken zu halten, sie zu beherrschen, ihre Wirkung einzudämmen, gleichen wir einem Arzt, der die Symptome der Krankheit zu lindern sucht, aber nichts unternimmt, um ihre Ursache zu bekämpfen.

All diese Entdeckungen und Erfindungen, diese ganze Technologie und dieser ganze Milliardenaufwand, nur um Waffen mit einer globalen Vernichtungskraft zu haben... Gab es jemals eine gemeinsame Aktion von vergleichbarem Ausmaß, um den Menschen dazu zu bewegen, daß er sich zu verstehen und seine Aggressivität zu entschärfen sucht?

Das Schlimmste an der Einsamkeit ist wohl nicht, daß man ganz allein ist, sondern daß man nicht mit sich kommunizieren kann.

Die Atomspaltung war ein ungeheurer Erfolg der Wissenschaft. (Den die Menschheit im übrigen alsbald mit Hunderttausenden von Toten bezahlt hat.)
Im menschlichen Bereich stellt sich jedoch das umgekehrte Problem: Wie läßt sich, ausgehend von unseren Spaltungen, die verlorene Einheit zurückgewinnen?

Weil bestimmte Menschen, die ich liebe, mich nicht akzeptieren, werde ich von einem ganzen Teil meiner selbst verworfen.

Oktober 1969
Robert H. Ich habe ihn vor fast zwei Jahren im Hochland von Savoyen kennengelernt.

Ein Spaziergang am frühen Nachmittag. Ein verschneiter Weg an einem Steilhang. Ein paar Minuten lang beobachtete ich eine zumindest merkwürdige Naturerscheinung: Der Schnee fiel dicht, und gleichzeitig herrschte ein blendendes Licht. Das Ganze war absolut unwirklich. Dieses langsame Fallen schwerer Flocken, die keine Schneeflocken mehr waren, sondern Lichtflocken. Es war, als hätte sich das Licht plötzlich materialisiert und breitete sich in Myriaden von kleinen Flammen über die Erde aus. Einige von ihnen erfrischten mir das Gesicht. Es war seltsam anzusehen, wie der ganze Raum erleuchtet war von dem tanzenden Wogen dieser weißen und goldenen Funken.

Ich hole einen Mann ein, der einen Ölkanister trägt. Da wir etwa zwei Kilometer vom Dorf entfernt sind und er nur langsam aufwärts steigt und alle zwanzig oder dreißig Meter stehenbleibt, biete ich ihm meine Hilfe an. Er nimmt sie an, und wir beginnen uns zu unterhalten. Ich bemerke, daß er den Akzent der Leute vom Südwesten hat, und gleich sprechen wir vom Rugby. Er nennt die Namen von zwei großen Spielern, die vor etwa zwanzig Jahren aktiv waren, seine Klassenkameraden in der Grundschule. Es stellt sich heraus, daß ich zwei oder drei Mal gegen sie gespielt habe, und das schafft schon ein gewisses Einverständnis zwischen uns. Als wir vor dem Hotel ankommen, in dem er als Küchenhilfe arbeitet, lädt er mich zu einem Glas ein, und wir plaudern weiter. (Sein Chef, der jeden Morgen mit einem speziell ausgerüsteten Geländewagen ins Dorf hinunterfährt, weigert sich, ihm das Heizöl heraufzubringen, das er braucht, um sein kleines Zimmer warm zu bekommen. Also muß er sich alle zwei Tage auf den Weg machen, um seinen Kanister füllen zu lassen und ihn sich auf die Schulter zu laden.)

Drei Monate später begegnete ich ihm wieder. Dabei erzählte er, daß er in der Handelsmarine Dienst getan hat. Daß er zwei oder drei Jahre in Marseille gelebt und dann, wegen einer Dummheit, ein Jahr im Gefängnis abgesessen hat. Daß er vor ein paar Monaten heraus kam und für bestimmte Departements im Süden Aufenthaltsverbot hat. Eines Tages lud er mich zu einem Kaffe zu sich ein. Ein peinlicher Augenblick. Er lebte mit einer lungenkranken Frau, der zwei Finger der rechten Hand amputiert worden sind, in einem einzigen Zimmer, das natürlich alles andere als luxuriös war. Den Kaffee tranken wir aus Konservenbüchsen. Er hatte sie mit einem Messer öffnen müssen, ihre Ränder waren ganz schartig.

Das liegt zwanzig Monate zurück, und ich muß gestehen, ich hatte ihn fast vergessen. Gestern abend habe ich ohne ersichtlichen Grund an ihn denken müssen. Ein paar Minuten später klopfte er an meine Tür.

Ein drei oder vier Tage alter Bart und der Blick eines geprügelten Hundes. Man sah sofort, daß es bergab ging mit ihm. Er hatte sich nach Dijon begeben, um Arbeit zu suchen, hatte keine gefunden und mußte, da er kein Geld hatte, seine Jacke, seine Brieftasche und seine Uhr verkaufen. Es blieben ihm gerade noch sein Hemd, seine Hose und seine Schuhe. Außerdem war er halb verhungert. Nachdem er sich sattgegessen hatte, hörte ich ihm den ganzen Abend und noch bis in die Nacht hinein zu. Er hatte ein solches Bedürfnis, sich mitzuteilen und ein wenig Freundschaft zu bekommen.

Seine Mutter starb, als er zehn Monate alt war. Die Großeltern zogen ihn auf. Als er zehn Jahre alt war, erhängte sich der krebskranke Großvater. Ein paar Monate später springt die Großmutter in ihrer Verzweiflung von einer Brücke. Er kann zu seinem Vater zurückkehren, der sich wieder verheiratet hat. Der neuen Ehe entstammen zwei Kinder, die ihn als Eindringling empfinden. Die Jahre vergehen. Seine Schwester heiratet. Eines Tages tötet der Vater den Schwiegersohn, den Grund weiß ich nicht. Mit sechzehn verdingt sich Robert als Schiffsjunge. Fünfzehn Jahre bleibt er bei der Marine. Kennt die Häfen der ganzen Welt. Ein Jahr Gefängnis. Er schafft es nicht, Arbeit zu

finden und wieder Fuß zu fassen. Nervöse Depressionen.
Selbstmordversuch (Öffnen der Pulsadern). Klinikaufent-
halt in einer Stadt im Osten Frankreichs. Einsamkeit,
Schuldgefühle, Verzweiflung. Schlaflosigkeit. Dann wird
sein bester Freund aus dem Gefängnis entlassen. Robert
hat Arbeit für ihn gefunden. Aber der Bursche trinkt,
nimmt Rauschgift (Medikamente). Und wird wegen einer
alten Geschichte erneut inhaftiert. Für Robert ist das ein
schwerer Schlag; er hatte gehofft, mit seiner Hilfe wieder
ins Leben zu finden. Er ist so entmutigt, daß ich befürchte, er wird nicht mehr auf die Beine kommen.
»Manche erwischen die richtige Weiche. Andre nicht.
Aber was können sie da machen? Glaub nicht, daß sie deshalb schlechter sind als die andern.«
»Wenn ich bloß nicht mehr dran denken müßte. Mein
Kopf schafft's nicht mehr. Ich bin zuverlässig, ein guter
Arbeiter, aber der Kopf macht alles kaputt.«
Ein sanfter, gutmütiger, allzu sensibler Mensch; man
spürt, wie er zerrieben wird. Und ein weit besserer Mensch
als all die, mit denen er zu tun hatte oder befreundet war.
Deshalb bezweifle ich, daß er auch nur ein einziges Mal
jemanden getroffen hat, der imstande war, ihm zuzuhören
und ihn zu verstehen.
Er hat hier geschlafen. Ich gab ihm einen Pullover, eine
Jacke, ein bißchen Geld (das ich mir leihen mußte). Dann
hat er sich wieder aufgemacht. Wo wird er stranden? Was
wird er wieder anstellen müssen, um zu überleben?
Leider fühle ich sehr deutlich, daß man außer einer gele-
gentlichen Geste für Menschen wie ihn praktisch nichts
tun kann. Von Konflikten, Bedürfnissen, Ängsten förmlich zerrissen, befinden sie sich in einer so verzweifelten
Lage, daß jede Hoffnung, hier einwirken zu können,
vergeblich ist.
(Diese Stunden, in denen ich mit ihm zum Grund seiner
Verzweiflung hinabgestiegen bin, haben in mir wieder jene
panische Angst geweckt, die mich fünf, sechs Jahre lang

in der Militärschule gequält hat: die Angst davor, mich
zur Armee verpflichten zu müssen, wenn ich von der Schule verwiesen werde oder mein Examen nicht bestehe. Ich
war überzeugt, daß ich mich dann nur noch tiefer in Auflehnung verstricken, alles nur noch schlimmer machen, ein
Hitzkopf werden könnte...)

Um das Nicht-Wollen zu erreichen, ist man auf den Willen angewiesen. Wie diesen Widerspruch auflösen?

Warum bringt mich diese Instanz dazu, daß ich mich auf
mein Suchen versteife, obwohl doch mein ganzes Wesen
weiß, daß es vor allem darauf ankommt, nichts festhalten
zu wollen, Vertrauen zu haben, sich treiben zu lassen?

November 1969
Damit wir imstande sind zu sehen, muß das ganze Wesen
in Bereitschaft sein. Das, was das Auge aufnimmt, geht
uns zwar meist leicht ein, berührt uns aber nicht.

Wenn du leidest und dem Leiden keinen Widerstand mehr
entgegensetzt, wenn du stark genug bist, dich überfluten
zu lassen, wird die Nacht unfehlbar dem Licht weichen.

Dezember 1969
Es lebt sich wahrscheinlich bedeutend leichter, wenn man
sich um den anderen überhaupt nicht kümmert. Wenn
man gar nicht wissen will, ob man ihn verletzt oder enttäuscht, wenn man auf seine Bedürfnisse und Erwartungen
nicht eingeht, keine Rücksicht nimmt auf seinen Hunger,
seine Angst, seine Wunden.

B. ist verheiratet und Mutter von zwei ungefähr zwölfjähri-
gen Kindern. Sie steht in einer schweren Krise. Ihr Mann,
der sehr an ihr hängt, versteht sie, hilft ihr, gibt ihr alle
nur denkbare Zuwendung. Vor kurzem sagte er ihr, wenn

sie unzufrieden mit ihm sei, sich mit ihm langweile, wenn sie ihn verlassen, alleine leben oder ein neues Leben anfangen wolle, so werde er zurücktreten und ihr ihre Freiheit wiedergeben.

Wie ich diesen Mann bewundere! Hier zeigt sich, was lieben heißt. Sehen, was der andere im Grunde braucht. Und die Folgen, wie immer sie sein mögen, auf sich nehmen.

1970

März 1970
Aus dem Verlangen, ein ganzer Mensch zu werden, wächst
die Kraft, zu überwinden, was dem entgegensteht.

Die Instanz, die uns auferlegt, die Übereinstimmung mit
uns selbst zu suchen und dann die Vollkommenheit und
das Absolute — auch sie, so entdecke ich, hat ihre Unzulänglichkeiten, auch sie kennt Krankheit und Exzeß.

In einer vollständigen Passivität verharren zu können, ist,
so denke ich, ein Gipfel, den nur wenige erreichen.

April 1970
Nun, da ich intensive Augenblicke des Friedens, der Fülle,
der Freude kenne, nun kann ich weitere Fortschritte machen im Leiden.

Verzichten, um zu gewinnen und zu wachsen, ist kein
Verzicht.

Das Leiden derer, die vielleicht zu durstig sind: Mit jedem
Schritt, den sie voran tun, zieht sich die Quelle vor ihnen
zurück.

Mai 1970
Madeleine Charbonnier. Ihre Strenge. Ihre Einsamkeit. Ihr
Gesicht, das die Unbewegtheit des Steins angenommen
hat. Wie alt ist sie? Ich weiß es nicht. Vielleicht ist ihr

Alter von derselben Art wie das mancher sehr alter Dinge, die gegen die Erosionskraft der Zeit gefeit zu sein scheinen.

Ihre Suche beansprucht ihr ganzes Leben, so daß sie weder Ausstellungen braucht noch gelegentliche Ermutigungen. Ihre Bilder sprechen vom Umherirren, lassen an Labyrinthe denken...

Sie sagt mir, Langeweile, Überdruß, Zweifel seien ihr unbekannt, sie kenne weder Höhen noch Tiefen, fühle sich weit entfernt von einem Bram van Velde und den Qualen der Angst. Das wenige, was sie mir von sich verrät, entspricht dem, was ich von bestimmten Malern weiß und von Weisen und Mystikern des fernen Ostens. Auch habe ich eine intime Einsicht in das, was sie mir anvertraut; trotzdem muß ich gestehen, daß sie mich zutiefst erstaunt.

Sie lebt, wie es ihrer verfeinerten Sensibilität entspricht, und hat manchmal gewisse Schwierigkeiten, zu formulieren, was sie von sich selbst erfaßt. Aber was macht das schon, es kann ja gar nicht anders sein. Spräche sie mit Leichtigkeit und aus einem Überfluß heraus, wäre es verdächtig, und ich könnte ihr nicht zustimmen. Mir ist es recht, daß sie so ist, wie sie ist. Herb. Rauh. Schroff.

Juli 1970

Ich war vielleicht fünfzehn oder sechzehn. Nach dreieinhalb Monaten Kaserne unser erster freier Sonntag, ein Sonntag im Juli. Früh am Abend erfahre ich, daß in einem Dorf, etwa ein Dutzend Kilometer von Jujurieux entfernt, ein Fest ist — »la vogue«, wie man in unserer Gegend sagt. Ich schwinge mich auf mein Fahrrad und komme an, als der Tanz beginnt. Ich lasse mir kaum Zeit zum Verschnaufen, fordere dann gleich meine erste Dame auf. Wunderbar! Sie spricht mit einem ausländischen Akzent, sie ist blond, sie ist schön. Sie sei Schwedin, sagt sie mir, und mache hier ein paar Tage Ferien. Heute noch kann ich mich ohne große Anstrengung in den Jungen von damals

zurückversetzen und in seine Empfindungen, als er den
Arm um sie legte: eine Mischung aus fürchterlicher Schüchternheit, Verwirrung, Angst vor der Frau, schmerzhaftem
Verlangen, gelöster Freude, Staunen und zitternder Erregung.
Sechs Stunden lang lassen wir keinen Tanz aus. Um drei
Uhr morgens dann die Enttäuschung: Die Veranstaltung
ist zu Ende.
Ein paar Augenblicke später befinden wir uns auf dem kleinen Berg oberhalb des Dorfes. Angst, allein mit ihr zu sein.
Tannenduft. Die Feuchtigkeit der Nacht. Die Lichter der
Autos in der Ebene, und gerade vor uns, schimmernd unter dem Mond, das Wasser des Ain. Ein Kalvarienberg
steht am Wege, und wir setzen uns auf die erste Stufe.
Wir reden, aber meine Gedanken sind ganz woanders, sie
kreisen um die knifflige Gewissensfrage: Soll ich versuchen, sie zu küssen? Aber wenn sie nicht will, wenn ich
sie beleidige, wird es dann so aussehen, als *respektiere* ich
sie nicht? Und wenn ich mich schlecht benehme, was wird
sie von Frankreich denken?
Nach endlosem Zögern nähere ich meinen Kopf dem ihren
— plötzlich kein Gedanke mehr, und die Heldentat ist
vollbracht. Natürlich ist es nicht zu einem richtigen Kuß
gekommen, aber immerhin konnten meine Lippen die ihren streifen...
Ein graues Licht breitet sich über die Ebene, als ich singend zurückfahre.
Im Haus angelangt, mache ich mich mit Heißhunger über
ein kräftiges Frühstück her. Ins Bett zu gehen, habe ich
keine Lust. Ich verlasse das Haus und bummle durch das
noch schlafende Dorf.
Auf einem schmalen Pfad steige ich zu dem Hügel hinauf,
an dessen Fuß das Dorf liegt. Ich setze mich zu Füßen
eines Kirschbaums. Die Kirche, das Rathaus, die Dächer,
die Gärten, die Stille...
Bewegt denke ich an die Männer und die Frauen, die hinter

diesen Mauern liegen. Wie gern würde ich die ernste Freude, die mich nun erfüllt, hinüberfließen lassen zu ihnen, die bald aus ihrem Schlaf erwachen werden. In Aix habe ich oft Heimweh, und in diesem Augenblick wird mir so recht bewußt, wie stark die Bande sind, die mich mit den Bewohnern dieses Dorfes verbinden. Dann stehe ich auf und mache mich an den Abstieg, getrieben von dem Bedürfnis, zu ihnen zu gehen, sie zu sehen, wieder unter ihnen zu sein.

Oktober 1970

Leben — ganz leben, in der Liebe leben — heißt, die Freude zu intensivieren, die zu empfinden das Leben fordert.

Wenn die großen Heiligen, die die Freude suchten, sich dem Vergnügen verweigert haben, dann doch deshalb, weil dieses mehr oder weniger noch die Existenz des Ich voraussetzt, und weil es auf einem Niveau angesiedelt ist, über das man hinausgelangen muß, wenn man imstande sein will, seine gesamte Energie der stärksten Glut zu opfern.

Der Heilige. Von einem Mangel verzehrt, den er nicht ertragen kann.

Vom Ur-Leiden gequält, finden die einen Mittel und Wege, es in sein Gegenteil zu verwandeln. Anderen bleibt nur der Abgrund; sie fühlen sich so schutz- und hilflos, daß sie keine Aussicht haben, ihm zu entgehen.

Je quälender das Gefühl des Abgrunds, desto reicher, dichter und leuchtender die Fülle, die darauf wartet, ihn zuzuschütten.

2. November 1970

Sich bewußt machen, was ist. Damit es existiert.

Ende Dezember 1970. Jujurieux
Ist es die Angst, die die Zeit erschafft? Fast bin ich versucht, es zu behaupten. Seit bald zwei Wochen hat die Angst mich verlassen, so daß ich außerhalb der Zeit lebe. Kein Bedürfnis, jeden Morgen den Tagesablauf zu organisieren, Richtpunkte zu markieren, die Abläufe vorauszusehen, in die sich die Stunden, die ich zu bestehen habe, einordnen werden.
Vollkommen glatte, gleichartige, leichte, rasch verfliegende Tage. Nicht einmal habe ich mich dabei überrascht, daß mir vor diesem oder jenem Augenblick bange gewesen wäre oder daß ich die Tage bis zur Abreise gezählt hätte.
Womit also habe ich sie ausgefüllt, diese Zeit, die für mich nicht mehr zählte? Ich weiß es kaum mehr. Mit Lesen. Mit Ski-Langlauf. Und in der Weihnachtsnacht, als eine dichte Schneedecke gefallen war, ging ich bis zwei Uhr morgens durch die Straßen des Dorfs. Alles war so schön in dieser tiefen, ungewöhnlichen Stille.

1971

Begegnung mit Bernard Noël.

Freude, die Bekanntschaft eines Menschen zu machen, dem man anmerkt, daß er einen wahrnimmt, einen beachtet, sich interessiert für das, was man ist und was man sagt. Nicht, daß man das ausnützen würde, um seinen Seelenladen auszupacken. Nein, man freut sich einfach, bei einem Menschen zu sein, der über seinen Tellerrand hinausblikken kann, der nicht die ganze Zeit damit beschäftigt ist, sein eigenes schmeichelhaftes Bild auf Hochglanz zu bringen, und der den anderen nicht als Publikum für ein endloses Selbstgespräch mißbraucht.

Sein Blick ist gütig und ernst, seine Stimme tief, bedächtig, wohlklingend. Ein in sich selbst zurückgezogener Mensch, der einem zuhört und mit einem spricht und gleichzeitig verborgen bleibt in dichten Schichten des Schweigens. Er gibt einem das Gefühl, als könne nichts die Verbindung, die er mit den Ursprüngen seiner selbst unterhält, beeinträchtigen oder unterbrechen. Man nimmt ein Unausgesprochenes in ihm wahr, wo Unbekanntes ins Leben tritt, ohne von dem schon Gesagten, dem schon Gesehenen sofort verfälscht zu werden, wie es sonst fast zwangsläufig geschieht.

Der Kontakt war gleich da, und nach ein paar Augenblikken fühlte ich mich ihm so nahe, wurde mir so deutlich bewußt, daß er mich richtig einschätzte, daß ich mich fragte, ob wir uns nicht schon seit vielen Jahren kannten und ob ich nicht einfach einen alten Freund wiedergefunden

hatte, so daß gar nicht mehr ausgesprochen werden mußte, was ich ihm sagen wollte.
Nach dieser Begegnung bin ich nicht mehr erstaunt, in seinen kürzlich in einer Zeitschrift veröffentlichten Texten Worte, ja ganze Wendungen zu finden, die ich bevorzuge und mehrfach in meinen Gedichten verwendet habe. Ich wußte ja, wenn man bei seinem Suchen von der richtigen Intuition geleitet wird und von dem Drang, das Fernste zu erreichen, gelangt man zwangsläufig zu Konvergenzpunkten, wo man mit einem anderen übereinstimmt und wo die Verwendung dieses oder jenes Ausdrucks mehr oder weniger unvermeidlich wird. Obwohl ich es wußte oder vielmehr ahnte, empfinde ich eine tiefe Freude, jetzt den Beweis dafür zu haben. Solche Begegnungen helfen einem, an der Schriftstellerei nicht zu verzweifeln.

Dezember 1971
Abgesehen von ein paar Notizen, die ich mehr aufs Geratewohl in meine Hefte kritzle, schreibe ich nichts mehr. Ich habe nicht mehr die Kraft dazu. Nur die überaus schönen Briefe von Bernard Noël — es sind manchmal richtige Gedichte — bewahren mich davor, mich zu hassen, das Schreiben zu hassen.
Er will eine kleine Zeitschrift gründen und hat an einige Schriftsteller einen Fragebogen verschickt. Um mich zu zwingen, meine Niedergeschlagenheit beiseite zu schieben, und um zu sehen, ob ich noch fähig bin, einen akzeptablen Text hinzubekommen, obwohl mir seit Monaten nichts mehr gelungen ist, habe ich einige Zeit darauf verwandt, meinen Antworten ein wenig Gehalt zu geben. Und da ich nicht weiß, ob ich meine Schreibversuche fortsetzen werde, habe ich mich bemüht, von Dingen zu sprechen, die mir wesentlich erscheinen — in dem Bewußtsein, daß diese Seiten vielleicht mein Abschied aus der Literatur sein werden.
Hier die Fragen und meine Antworten:

1. Was bedeutet für Sie das Wort Experiment?
Ihre Frage führt mich zu der Entdeckung, daß dieses Wort nicht zu meinem Vokabular gehört, daß es keines von jenen Wörtern ist, die meine Aufmerksamkeit auf sich lenken, die sich mir aufdrängen, wenn ich mir Rechenschaft darüber abzulegen versuche, was meinem Leben seine Richtung gibt und bestimmt, worüber ich schreibe: mein Verlangen, die Einheit zu gewinnen und zum Ursprung zurückzukehren, mein eigener Grund zu werden, mich selbst hervorzubringen.

Wenn ich dieses Wort, das mir also völlig fremd ist, bewußt vor mich hinstelle, dann sehe ich es innerhalb seiner Wortfamilie und in bestimmten Wendungen: experimentieren, experimentell, Experimente machen, sich auf Experimente einlassen, Experimente wagen, ein glückloses Experiment, ein Experiment wie viele andere... Neben ihrer allbekannten, gewöhnlichen Bedeutung lassen diese Wörter und Wendungen unschwer erkennen, daß es sich bei dem Experiment und demjenigen, der es durchführt oder über sich ergehen läßt, zwangsläufig um eine Zweiheit handelt. Daher mein Eindruck, daß derjenige, der sich auf ein Experiment einläßt, immer mehr oder weniger ein Experimentator ist, also einer, der sich nicht ganz in die Sache hineinziehen läßt, der mit einem Teil seiner selbst beiseite steht und aus seinem Experiment vielleicht verändert, nicht aber verwandelt hervorgeht. Denn jener Teil seiner selbst, den er vor dem Experiment bewahrt hat, läßt ihm eine Zuflucht für den Fall, daß das Experiment zu weit führt, daß es ihm den Boden unter den Füßen wegzieht, daß es ihn vor ein Unbekanntes führt, was jedes Mal extreme Angstgefühle auslöst. Ein Experiment wagen, sich auf ein Experiment einlassen, das bedeutet demnach für mich, sich nicht ganz und gar auf eine Sache einzulassen, sich vor Risiken zu hüten, sich nicht wirklich hingeben zu wollen, sich nicht verwunden, vom Leben formen und forttragen zu lassen.

2. Betrachten Sie Ihre Antwort als ein Experiment?
Keineswegs.
Gewiß gibt jeder, ob er will oder nicht, ob er darauf achtet oder nicht, eine Antwort. Was mich angeht, so bildet das unzerreißbare Gewebe meines Lebens und meines Schreibens diese Antwort. Und Leben und Schreiben sind/ist — soll man der Syntax Genüge tun oder anzeigen, daß beides in Wirklichkeit eines ist und keinen Plural duldet? — ein Abenteuer von solchem Übermaß und solchem schier übermenschlichem Anspruch, daß dem, der sich in dieses Abenteuer zu begeben gezwungen sieht, selbst der volle Einsatz noch als erschreckend unzureichend erscheint. Es kann also keine Rede davon sein, hier von einem Experiment zu sprechen.
Um es anders auszudrücken: Ich sehe in jedem menschlichen Wesen, und ganz besonders im Schriftsteller, im Künstler, einen Schiffbrüchigen. Einen Schiffbrüchigen, der sich dagegen wehrt, verschlungen zu werden, der verzweifelt versucht, sich zu orientieren, zu sich selbst zurückzufinden, zu seiner Erde, seiner Quelle. Auch in diesem Fall wird man nicht behaupten wollen, daß der Schiffbrüchige ein Experiment macht.
Aber worauf soll man nun antworten? Sicher auf all die Fragen, die sich einem undeutlich im Jugendalter gestellt haben, auf die Wirklichkeit und das Leben bezogen die einen, die eine Antwort verdienten, überflüssig und inhaltslos, doch nicht weniger dringlich die andern: Wer bin ich? Was tue ich hier? Wozu bin ich nütze? Hat das Leben einen Sinn? Wie kann ich ihn finden, mit welchen Mitteln? Lohnt es sich überhaupt, ihn zu suchen? Und was geschieht, wenn ich ihn finde? Und wozu diese Qual? Sollte ich dem Leben nicht besser ein Höchstmaß an Genuß abgewinnen? Und warum ist im Menschen so viel Gewalt, ein solches Aggressionspotential? Und warum habe ich Angst vor dem Leben? Und kann man gegenüber dem Sterben ohne Angst sein? Und wie kann ich über mein Ich hinausge-

hen, seine Grenzen zerbrechen, die Konditionierungen ab-
stoßen, die man mir aufgezwungen hat oder die ich mir
ohne mein Wissen selbst auferlegt habe? Und wird es mir
eines Tages gelingen, mich von diesem ganzen Plunder,
diesem Durcheinander zu befreien, Beständigkeit zu erreichen und von diesem Leben, das ich hasse, irgend etwas
zu verstehen? Von diesem Leben, das nur Verzweiflung,
Not und Erniedrigung ist? Von Frage zu Frage durch-
forscht man sein Innerstes, und bald ist man, im Zentrum
des Bewußtseins angelangt, jenes Auge, das beobachtet,
freilegt, bohrt, prüft, registriert. Dann offenbart das Ich,
was es an ausweglosen Konflikten und Widersprüchen in
sich birgt, seinen unstillbaren Hunger nach Besitz, Bestätigung, Herrschaft, das erdrückende Gewicht der Vergangenheit, der individuellen wie der kollektiven, die Fixierun-
gen in eben dieser Vergangenheit und die Projektionen in
die Zukunft, die künstliche Schaffung einer Einheit, die
unvermeidliche Selbstgefälligkeit, den Egoismus, den
Hochmut, die Frustrationen, die Aggressivität, die unzähligen Fremdbestimmungen aller Art und, als das Wesentlichste, eine ungeheure Angst mit einem kompakten Wall
von Vorurteilen, Glaubensannahmen, Überzeugungen...
In Wirklichkeit, und wie man sehen kann, ist das Ich weniger eine Entität mit vielfältigen Aspekten als vielmehr eine
bestimmte, durch Egozentrismus und Ignoranz bestimmte
Art zu existieren.
Bei der Fortsetzung seiner Untersuchung entdeckt das
Auge, daß es über eine seltsame Macht verfügt, daß es ab-
trennt, durchschneidet, beseitigt, vernichtet, auflöst, zersplittert. Daß es die Natur des Ich, das es bis in seine letzten Schlupfwinkel hinein verfolgt, grundlegend verändert,
und daß jeder seiner Eingriffe erweiternd und intensivie-
rend auf das Bewußtsein wirkt.
Dann kommt der Augenblick, in dem das Auge merkt,
daß es großenteils eben jenem Ich angehört, das zu durchdringen es sich bemüht, daß es ihm wesentlich zugehört

und daß das, was es wahrgenommen hat, verfälscht wurde durch die Ängste, Konflikte, Vorurteile, Frustrationen, Fremdbestimmungen, deren Gefangener es war. Und so zeigt sich ihm, daß das, um dessen Erkenntnis es sich bemüht, schon bekannt sein muß. Von da an wendet der Blick sich gegen sich selbst und sucht das Auge zu erforschen, aus dem er hervortritt. Das sind Augenblicke furchtbarer Angst, heftigen Schwindels und unerträglicher Spannungen. Der Bau kracht in allen Fugen, droht auseinanderzubrechen. Der Mensch hat zerstört, woraus er hervorgegangen ist, und ist nur noch Leiden und Trennungsschmerz. Aber gerade jetzt findet er seine Wurzeln wieder, seine Quelle, und es vollendet sich seine Geburt.

Von nun an haben die Spiele des Intellekts und die Trugbilder des Imaginären jeden Reiz für ihn verloren (wenn sie jemals einen für ihn hatten). Jetzt setzt er all seine Energie dafür ein, den Prozeß der Klärung voranzutreiben, seinen Eigenheiten zu entsagen, die Kenntnis seiner selbst — und das bedeutet, die Kenntnis des Menschen — zu vertiefen und zu verfeinern, und sich zu jenem gemeinsamen Land auf den Weg zu machen, wo alle Menschen einander ähnlich sind, wo er endlich dem anderen begegnen, ihn verstehen und lieben kann, wo sein »ich« immer auch ein »wir« ist und wo er endlich gegenwärtig sein kann in der Gegenwart.

Dieses Erforschen, dieses Umherirren leben und aussprechen. Die Zerstörung des durch die Umstände geformten Wesens, das das ursprüngliche Wesen erstickt hat. Die Auflösung seines Wissens, seiner Gewißheiten, seiner Glaubensinhalte, seiner Fremdbestimmungen, der von falschen Standpunkten aus gezogenen trügerischen Schlüsse. Den Zusammenbruch jener Illusion, die ihn annehmen ließ, Experimente könnten ihn zum Leben und zu dessen besserer Kenntnis führen. Leben und aussprechen, daß man über das Ich niemals hinauskommt, daß die Geburt niemals endgültig ist, daß man sich treiben lassen, sich dem Unbekannten ausliefern, daß man sterben und geboren werden muß in jedem Augenblick. Das Warten, das Hungern, das Horchen, das Auf-der-Lauer-Liegen leben und aussprechen. Den Augenblick, in dem die Vision auftaucht. (Sie ist nicht eine Projektion von Bildern, von Phantasmen, von Vorstellungen, sondern einfach die Befähigung zu unbegrenztem Sehen. Das Auge ist verschwunden, es ist nur noch dieser Blick ohne Brennpunkt, der in seiner Ganzheit den Raum wahrnimmt, in dem er am Werk ist. Genauer: Dieser Raum ist nur noch jener Blick, sein Licht.) Die Dürre leben und aussprechen, die Stimme, die verstummt, das Auge, das sich schließt. Die Anwandlungen von Rebellion. Leben und aussprechen, was plötzlich unerträglich erscheint: daß man nichts vermag, daß man gezwungen ist, sich zu gedulden, nichts zu versuchen, nichts zu wollen — und das Wesen begreift sofort, daß es zurückgefallen ist ins Ich, und daß die Passivität, in die es verfallen müßte, damit das Leben hervorschießt, ferngerückt ist. Die Ablehnung aller Sittenlehren, aller Vorschriften, aller Anordnungen leben und aussprechen. Jene biopsychische Instanz leben und aussprechen, von der so viele Mythen aus allen Kulturkreisen künden, die dem Menschen seit vielen Jahrhunderten eingeschrieben ist und die ihn — ungeachtet dessen, was ihm Fesseln anlegt, ihn niederdrückt, ihn in der Materie, im Animalischen gefangenhält — dazu auffordert, immer weiter nach Klarheit zu streben, nach Bewußtsein, nach innerer Freiheit. Die unerbittliche ethische Forderung leben und aussprechen, die sich daraus ergibt. Und auch die allzu zahlreichen Augenblicke des Verrats, der Schwäche, der Finsternis, des Müdewerdens und Aufgebens, und auch das fast ständige Zerriebenwerden zwischen Bedürfnissen und Bestrebungen, die einander ausschließen. Das Offensichtliche, das Wahre, das Gewöhnliche, das Fundamentale leben und aussprechen. Die Strenge, die ihnen gemeinsam ist. Das Hier und Jetzt leben und aussprechen. Jenes Unwandelbare, das immer anders, immer in Bewegung ist. Und was der Augenblick an Ewigem hat.

3. *Sind Sie, was Sie tun?*

Ich wollte ›ja‹ sagen, weil es ja evident ist, daß jeder das ist, was er tut, sagt, verwirklicht (außer, versteht sich, er ist Zwängen, Entfremdungen, Notwendigkeiten unterworfen, die von außen an ihn herangetragen werden). Selbst derjenige, der sich weigert, zu sein, was er ist, der sich ein Bild von sich selbst entwirft und sich diesem angleicht, der also versucht, ein anderer zu werden — selbst der kann nicht vermeiden, zu sein und auszudrücken, was ihn beherrscht, und sei es auch nur sein Wunsch, anders zu werden, als er ist.

Aber wenn Sie diese Frage stellen, bezweifle ich, daß sie sich so einfach beantworten läßt. Deshalb prüfe ich sie und bemühe mich, ihre möglichen Inhalte zu erkennen. Um ihren Sinn besser zu verstehen, will ich ihr andere Formulierungen geben: Bin ich, was ich bin? Bin ich in dem, was ich tue, sage, lebe, schreibe, was ich in der Tiefe meines Selbst bin? Bin ich ein Produkt der Umstände und Zufälligkeiten meines Lebens? Oder bin ich jenes ursprüngliche Wesen, das sich in mein Innerstes verkrochen hat, ausgeblutet und vom Ersticken bedroht? In dem aufschimmert, was ich an Authentischem, an Einzigartigem habe, und das es mir erlaubt — Paradox ohne Rätsel —, ganz und gar ein anderer zu sein und mich sogar seiner Stimme und seinem Auge zur Verfügung zu stellen?

Dieses ursprüngliche Wesen, das eine Nicht-Existenz in der Scham führt, fürchtet sich, ans Tageslicht zu treten. Es entpuppt sich als vollständig abgeschirmt gegenüber jenem anderen, das es stets verunglimpft, zermalmt, verstümmelt hat. Es weiß sehr wohl, daß alles versucht, es mundtot zu machen und zu vernichten. Es steht immer nur mit leeren Händen da, kann keine Beweise bringen, weiß sich im voraus besiegt. Komme ich diesem lebendig

Begrabenen zu Hilfe? Speise ich es, gebe ich ihm neue Kraft, tröste und ermutige ich es? Höre ich stets auf es? Zeige ich mich empfänglich genug für seine Bitten und Beschwörungen, erfülle ich, wozu es mich auffordert, spreche ich die Worte aus, die es mir diktiert? Oder mache ich mich davon und gebe es auf, wenn es sich vor lauter Einsamkeit, Verzweiflung und Verirrung schuldig fühlt, am Ende ist und in Schluchzen ausbricht, wenn die Faust der Epoche es mit der ganzen Wucht ihrer Gehässigkeit und Gleichgültigkeit trifft? Oder wenn es mich im Stich läßt: Nütze ich das aus, um mich Experimenten zu überlassen, meine Antwort nicht ausreifen zu lassen, mich nicht länger von der Verpflichtung quälen zu lassen, das zu tun, was ich bin, mir vorzumachen, daß ich den Schrecken des Hungers und jenem Überdruß und Ekel, die mein Gesicht entstellen, entgehen könnte? Und wenn ich umstellt und in die Enge getrieben bin, so daß es von größtem Vorteil für mich wäre, es zu verraten und mich der Mehrheit anzuschließen — spreche ich dann mit seiner Stimme und in seinen Worten? Oder überlasse ich mich Automatismen, Konventionen, Stereotypien, akzeptiere ich die Maske, die man mir überstülpen möchte, schlüpfe ich in die Haut jener Person, auf die man mich festlegen will, laufe ich all den Moden und Verirrungen hinterher, die charakteristisch sind für unsere Epoche? (Aber wie könnte man übersehen, daß es auf ein und dasselbe hinausläuft, ob man sich dieser Epoche unterwirft oder sich gegen sie auflehnt, und daß beide Haltungen den gleichen Mangel an Freiheit verraten? Denn so oder so antwortet man doch nur auf ein und dieselbe Fremdbestimmung, verdammt man in ein und derselben Bewegung diesen Totgeborenen, der zu seiner Geburt drängt, zum Untergang.)
Unleugbar ist dies die alleinige und einzige Frage. Die Frage, von der alle anderen abhängen. Für den Künstler vielleicht die moralische Frage schlechthin.
Also: Bin ich, was ich tue? Tue ich, was ich wirklich bin?

Bin ich integer, ehrlich, geduldig, entschlossen, unerschrok-
ken, mutig genug, um beharrlich jenen Todkranken empor-
zuziehen, der mir Leben gibt, um Tag für Tag, mit Taten
und Worten die Gegenwart jenes Eindringlings gutzuhei-
ßen, der unerhörterweise alles ins Wanken bringt und
Wahrheiten äußert, die stören?
Ja, ich glaube, daß ich alles tue, um jenen Massakrierten,
der mir mein wahres Gesicht zeigt, zum Leben zu erwek-
ken. Aber wie kann ich auf Ihre Frage eine bejahende Antwort geben, wo doch die Energie, über die ich verfüge,
so schwach ist?

Dezember 1971

Während des inneren Abenteuers. Wenn nichts mehr so
ist, wie es war. Wenn man sich in einer Welt bewegt, die
einem unbekannt, fremd erscheint. Wo man alles unter einem anderen Gesichtswinkel wahrnimmt, so daß man sich
fast immer im Zerwürfnis mit sich selbst befindet. Im Zen
heißt es von diesem Stadium, daß die Wolken keine Wolken mehr, die Berge keine Berge mehr sind... Diese Feststellung muß annähernd wörtlich genommen werden; auch ist
festzuhalten, daß man sich vom Wort löst und daß dieses
mit dem, was es bezeichnet, nicht mehr identifiziert wird.
Auf diese Weise mischen sich das Wort, die Idee, das geistige Bild nicht mehr ein; sie sind nicht mehr jener Realität
aufgedrückt, die uns durch sie bekannt und vertraut erschien. Aber wer das nicht erlebt hat, kann sich die Verwirrung und das unbestimmte Unbehagen, die damit einherge-
hen, kaum vorstellen.

1972

Januar 1972

Ich wollte, ich könnte in mein Leben eintreten, einswerden mit mir. Doch mein Auge trennt mich von allem, was ich tue. Weil ich mir in keinem Augenblick das Recht zu existieren einzuräumen vermag.

Der Freude kann nur begegnen, wer es im Leiden weit gebracht hat.

Wenn ich ja sage zum Leben, habe ich das Gefühl, daß ich jene Instanz verrate, die mich auffordert, das Leben zu suchen.

Die schlimmste Illusion: zu glauben, das Leben befinde sich immer jenseits.

Februar 1972

Antwort auf eine Umfrage:

1. *Woran denken Sie bei dem Wort Zensur?*
Ganz automatisch an diese Wörter und an das, was sie heraufbeschwören: totalitäres Regime, Polizeistaat. An die Künstler und Intellektuellen, die gestern oder heute Zwängen, Einschüchterungsversuchen, einer systematischen Überwachung, ja sogar Repressalien bis hin zu Inhaftierung und Hinrichtung ausgesetzt sind. An den Heldenmut, den sie Tag für Tag aufbringen müssen, um nicht zu verzweifeln, um weder zu schweigen noch zu lügen.

Ich denke auch an all jene Künstler, die selber nie irgendeiner Zensur unterworfen waren, die aber sozusagen zu Opfern zweiten Grades geworden sind durch das Unverständnis oder die Ablehnung, die ihr Denken, ihr Werk gefunden hat. Weil nämlich diejenigen, an die es sich wandte,
durch die vielfältig einengenden, verformenden und ver-
stümmelnden Maßnahmen der Zensur so manipuliert wurden, daß sie nicht mehr imstande waren, das anzunehmen,
was ihnen geholfen hätte, sich zu öffnen und sich der Freiheit zu nähern.
Und wenn ich nun einhalte bei dem Wort Freiheit, diesem
in all seinen Dimensionen und letzten Konsequenzen so
schwer zu erfassenden Begriff, und wenn ich mit meinem
Herzblut unterschreibe, daß das Leben unabdingbar und
von Natur aus wirkliche Freiheit braucht — gleich sind
sie da und drängen sich um mich. Sie umringen, belauern,
tadeln mich, lehnen mich ab, fordern mich auf, mich ihrem
Lager anzuschließen und ein für die anderen, für die Gesellschaft nützliches Individuum zu werden — offenbar scheinen sie zu wissen, wie ein solches Individuum beschaffen
sein und wozu es nützlich sein muß. Und all diese Leute,
die dich überwachen, ziehen, stoßen, bedrängen, sie alle
zusammen sind diese Gesellschaft, die dich gesäugt und
genährt hat und deren integrierender Bestandteil du bist,
gleichgültig, was geschieht. Und du, der du ihre Ziele, ihre
Beweggründe, ihre Lebensinhalte oder vielmehr Nichtle-
bensinhalte verworfen hast, du, der du im Unsichtbaren
arbeitest, du kannst keinerlei Rechtfertigung beibringen,
du stehst zwangsläufig mit leeren Händen da. Du, dessen
ganze Energie in die Arbeit fließt, die du an dir für die
eigene Befreiung tust, du hast nicht die Kraft, sie zurück-
zustoßen, dich zu verteidigen. Und sie sind so zahlreich,
so selbstsicher, so blühend in jeder Hinsicht — sie, die
dich mit einem Blick in die Flucht jagen —, daß du schließlich immer wieder glaubst, sie müßten recht haben. Und
du drückst dich an den Hauswänden entlang, und wenn

sie dich fragen, was du machst oder nicht machst, hast du merkwürdigerweise einen Kloß im Hals und vergräbst dich noch ein wenig tiefer in dein Schweigen. Und selbst, wenn du in großer Einsamkeit lebst — um besser zu sehen, besser zu erkennen, mehr und besser zu verstehen —, sind sie seltsamerweise immer noch da, nicht um dich herum, sondern in dir drin, dort, wo sie verläßliche und tätige Verbündete finden. Und diese Verbündeten haben die Angst in dir geweckt, die von vielen Ängsten genährt wird: der Angst vor dem Leben, der Angst, du selbst zu sein, der Angst vor den Bereichen in dir selbst, zu denen du nicht vorzudringen wagst, der Angst vor dem, was eine wirkliche Freiheit mit sich bringt, der Angst vor dem andern, der dieselbe Angst vor dem Leben und der Freiheit hat und deshalb deine Suche nach dem Leben, nach der Freiheit heftig ablehnt... Die Angst also. Und dazu noch die zahllosen Einflußnahmen, Pressionen, Zwänge, Hemmnisse, Verbote, Tabus, Bombardements, denen keiner entgeht und die darauf abzielen, dich an die Kette zu legen, glattzuwalzen, zu entmannen. Vielleicht noch eine tiefreichende, fundamentale Scham, deren Ursprung ontologisch ist. Denn du weißt, daß du das wahre Leben nicht kennenlernen wirst, daß du nicht dahin gelangen wirst, die ganze Schönheit und Unendlichkeit des Lebens auszuleben, und daß jenes zerbrechliche Ding, zu dem du strebst, dir vorenthalten wird aus Gründen, die nicht nur individueller, gesellschaftlicher und politischer Natur sind. Aber das entbindet dich nicht davon, zu sehen, daß jedes politische Regime auf festen Institutionen ruht und daß die Regierenden eines Landes, die mit jenen Institutionen mehr oder weniger identifiziert werden, zumeist vor allem das Ziel im Auge haben, sich an der Macht zu halten, fortdauern zu lassen, was ist, den Interessen der Leute zu dienen, die zu ihrer Clique oder ihrer Partei gehören, außerhalb derer sie nichts wären. Und daß sie infolgedessen nur den Wunsch haben können, die unaufhaltsame Bewegung des

Lebens abzuleiten, einzudämmen, zurückzudrängen oder auszutrocknen, jene Bewegung, die dahinfließt wie ein Fluß, den Untergrund und die Landschaft verändert und ein Unbekanntes emportauchen läßt, vor dem sich zu fürchten sie allen Grund haben. Deshalb ist jedes Regime, wie immer es beschaffen sein und wie es sich auch nennen mag, zwangsläufig totalitär und repressiv, und mit ihm jede Gesellschaft. Infolgedessen kann der Dichter, der Künstler, der das Wahre ans Licht zu bringen, die Bewegung des Lebens zu begleiten, aufzufangen und zutage zu fördern hat, was geboren werden will, nur ein Dissident und Aufrührer sein. Darum setzt er sich so entschieden dafür ein, daß all diese Tabus, Verbote, Polizei- und Zensurmaßnahmen, die ihn eingrenzen, seine Stimme verfälschen, ihn von sich selbst und seinesgleichen trennen, eliminiert werden. Dabei hofft er auch, seine Arbeit könnte vielleicht andere dazu anstacheln und ihnen helfen, in sich selbst und außerhalb ihrer selbst gegen das zu kämpfen, was von allen Seiten aus versucht, uns zu knebeln, uns in einen Käfig zu sperren, das Leben zu verstümmeln.

2. Glauben Sie, daß Sie mit der Antwort auf diese Frage der Zensur entgehen?
Wenn ich es auch nicht glaube, so hoffe ich es doch.

3. Machen Sie einen Unterschied zwischen Körper und Geist?
Nein. Aber dieser Unterschied existiert, und ich muß ihn hinnehmen. Da ist einerseits ein Denken, das in seiner Struktur, seinen Schritten und seinen Schlußfolgerungen von einem Hintergrund bestimmt wird, den es nie durchleuchtet hat (ein begrenztes, unwissendes, blindes Denken, das ich ein Nicht-Denken zu nennen versucht bin, weil es kein Denken gibt ohne eine faktische Freiheit vom Denken). Von diesem Denken gilt es zu einem Denken zu gelangen, das darauf abzielt, sich von allen Fremdbestimmungen und Zensuren zu befreien, die es prägen, eingrenzen

oder irreführen, ein Denken, das nach seinem Ursprung gräbt, das ein Auge wird, das sich selbst erforscht. Und da ist andrerseits das Knochenpaket, der alte Adam, entkräftet durch die unaufhörliche Aktivität jenes Auges. Die ganze Arbeit besteht darin, die beiden miteinander zu versöhnen, sie sich gegenseitig befreien zu lassen, sie zur Zusammenarbeit zu bringen, darüber zu wachen, daß die Stimme alle Schichten des Körpers durchdringt, sich nährt von seinen Aufregungen, Aufschwüngen, Schwindelgefühlen, von seinem Heißhunger, seiner Panik, seinem Jubel, auch seiner Schwerfälligkeit, daß sie noch in seinem innersten Mark ihre Wahrhaftigkeit überprüft. Dann erst kann sich möglicherweise echte Freiheit einstellen, eine Freiheit, die den Menschen nicht mehr wählen läßt, sondern einem strikten Gesetz unterwirft. Und im Zentrum dieser Freiheit kommt es dann vielleicht zu jenen Augenblicken, in denen der Körper mit seiner Schwere nicht mehr existiert, sondern nur noch ein Auge im Mittelpunkt einer sich ausdehnenden Kugel ist.

Juni 1972

Die Selbstgefälligkeit: der Gipfel des Besonderen.

Im Gefährdeten, Zerbrechlichen, Bedrohten gewinnt das Leben den herbsten Geschmack, macht es am trunkensten.

3. August 1972

Wir haben etwa zehn Tage bei Michel und Annie in Tours verbracht und fahren wieder nach Hause. Mittags Rast auf einem Dorfplatz. Es ist kalt. Wir bleiben im Auto sitzen und essen schweigend ein Sandwich. Draußen ist alles grau. Gedrückte Stimmung. Wir befinden uns in Culan, und ich versuche darauf zu kommen, woher mir dieser Name bekannt ist. Plötzlich erinnere ich mich, daß in diesem Ort im Zentrum Frankreichs im Jahre 1904 der Maler Maurice Estève geboren wurde.

In den letzten Jahren habe ich während mehrerer Paris-Aufenthalte vergeblich versucht, seine Bekanntschaft zu machen. Ob die Nennung seines Namens den Leuten hier etwas sagt? Vielleicht hat er noch Familie. Vielleicht kommt er von Zeit zu Zeit in dieses Dorf zurück. Womöglich hat er hier sogar ein Haus. Und wenn ich Glück habe...

Wir gehen ins Café-Restaurant, um etwas Warmes zu trinken. Ich bemerke die Wirtin hinter der Theke, und in dem Augenblick, in dem ich ihr die Fragen stellen will, die ich mir zurechtgelegt habe, ruft ihr der Kellner zu:

»Monsieur Estève läßt drei Plätze für heute abend reservieren.«

Eilends bezahle ich unsre beiden Kaffees und beziehe Posten am Ausgang des Lokals.

Als Estève herauskommt, gehe ich auf ihn zu. Er steht in dem Ruf, ein ungeselliger Mensch zu sein, jemand, der seine Einsamkeit und seine Arbeit eifersüchtig verteidigt, und so richte ich nicht ohne Bangigkeit das Wort an ihn. Nach einem Augenblick der Überraschung antwortet er jedoch sehr freundlich. Er ist gern bereit, mich für eine Viertelstunde zu empfangen, aber nicht länger, denn es wartet ein Bild auf ihn, an dem er gerade arbeitet.

Er steigt in sein Auto, und wir fahren ihm nach. Unterhalb des Dorfes ein Haus. Ein Flüßchen, Bäume, Wiesen... Ein Platz, der mir gefällt, der mich anspricht, an dem ich mich sofort wohlfühle.

Wir gehen in sein Haus. Ein erster, ziemlich kleiner Raum mit vielen Büchern. Ein zweiter, größerer Raum, Tische mit Bücherstapeln. An den Wänden Zeichnungen und Gemälde.

Kaum sind wir eingetreten, beginnt das Gespräch. Es dauert über vier Stunden. Erregt. Erregend. Vier Stunden im Stehen, denn die Fragen und die Antworten folgen so rasch aufeinander, daß er keinen Augenblick Zeit findet, uns zum Sitzen aufzufordern und uns etwas zu trinken anzubieten. Manchmal ist der Gedankenaustausch so heftig, der Eifer so groß, daß unsere Gesichter sich fast berühren.

Er arbeitet wie besessen. In Paris geht er manchmal tagelang nicht aus dem Haus. Es fällt ihm schwer, in Schwung zu kommen, an einem begonnenen Bild weiterzumalen. Morgens geht er in seinem Atelier hin und her, nimmt sich ein Bild vor, prüft es, geht zu einem anderen... Darüber wird es Mittag. Ein kurzes Mahl, dann wieder zurück ins Atelier. Aber die Arbeit will immer noch nicht in Gang kommen. Manchmal gelingt es ihm erst am späten Nachmittag, mit dem Malen wirklich anzufangen.

Er arbeitet immer gleichzeitig an mehreren Bildern. Jedes entwickelt er bis zu einem bestimmten Stadium, dann läßt er es mehrere Monate, ja sogar ein, zwei oder drei Jahre lang liegen. Wenn er es sich wieder vornimmt, hat er das Gefühl, es besser zu verstehen, besser zu sehen, was ihm fehlt, und meist wird es dann in wenigen Sitzungen vollendet.

Wenn er ein Bild beginnt, fängt er ganz planlos an, hat keine Ahnung davon, was da entstehen könnte.

»Stellen Sie sich vor, Sie erreichen den Bahnhof und springen in den erstbesten Zug«, erklärt er mir. »Er fährt los, und da Sie seinen Zielort nicht kennen, betrachten Sie alles mit anderen Augen. Malen, das ist auch so etwas. Sie wissen nicht, was geschehen wird, Sie kennen den Ort nicht, an dem Sie ankommen werden, und deshalb erleben Sie alles mit außergewöhnlich geschärfter Wahrnehmung.«

Sein Leben gestaltete sich lange Zeit schwierig. Schon in jungen Jahren hatte er gezeichnet und gemalt. Sein Vater verbrannte alles, was er machte, um ihn von der Malerei abzubringen. Doch er freute sich insgeheim darüber; denn er fühlte, daß diese väterliche Mißbilligung ihn in seinem Entschluß nur bestärkte.

Mit achtzehn Jahren packte er dann seinen Koffer und setzte sich ab.

»Mir ging's dreckig. Sehr dreckig, das kann ich Ihnen sagen. Aber ich habe das nie schlecht gefunden.«

Er brauchte lange, um sich selbst zu finden. Erst mit vierzig, fünfundvierzig Jahren hat er das ihm eigene Universum hervorgebracht: fest gebaute Formen, die keine Beziehung zur sichtbaren Welt aufweisen, und kräftige Farben, unter denen Blau, Gelb, Orange und Rot dominieren. Wenn es ihm einmal einfällt, einem Freund einen langen Brief zu schreiben, hat er danach große Mühe, sich vom Schreiben zu lösen. Er würde gerne weiterschreiben, und es braucht einige Zeit, bis er sich wieder auf ein Bild einlassen kann.

Wir bewundern die Werke an der Wand, vor allem ein eindrucksvolles, als Bleistiftzeichnung ausgeführtes Selbstporträt, das er mit sechzehn gemacht hat.

Dann gehen wir in sein Atelier. In diesem Sommer ist er zum ersten Mal von der Ölmalerei abgegangen und macht nur noch Gouachen. Wir entdecken an die dreißig Blätter, einige schon fertig, andere erst angelegt.

Seine Einfachheit. Seine Intelligenz. Sein lebhafter Geist, seine genaue und ausdrucksvolle Sprache. Sein Offensein für alles, was geschieht, für die Welt, das Leben.

Dazu der Eindruck von Ausgeglichenheit, Festigkeit, Stärke. Man fühlt, wie er in sich selber wurzelt, in seiner Arbeit, in dem Werk, das er unablässig vorantreibt. Wie glücklich machte es mich, diese vollständige Übereinstimmung zwischen uns festzustellen!

Seine Vitalität strahlte so stark auf mich aus, daß ich ihn gekräftigt, angefeuert und mit einer durch nichts zu erschütternden Zuversicht verließ. Eine tiefe Freude erfüllte mich, und ich fühlte, wie sie die besten Kräfte in mir weckte.

September 1972

Unsere Allergie gegenüber Wörtern und Begriffen, in denen wir Verdammenswertes zu erkennen glauben, das mit den letzten Jahrhunderten der Vergangenheit anheimgefallen ist. Ich glaube, zu ihnen gehört auch das Wort *Demut*. Aber mir scheint, daß der Argwohn, mit dem wir ihm begegnen, auf den Aspekt der Demütigung zurückgeht, den es beschönigt, und daß manche aus Haß auf dieses Wort und auf das, was an ihm festgemacht wurde, sich am Ende energisch weigern, nach der Haltung zu streben, die es bezeichnet. (Im übrigen ist das ein Beweis dafür, daß sie nicht frei sind von der Macht des Worts, der Wörter...)

Das Werk muß werden und bewirken, was es sagt.

November 1972

Vier Tage in Genf. Dreimal Bram getroffen. Georges Haldas kennengelernt.

Mit ihm sofort bestes Einvernehmen. Überrascht, jemandem zu begegnen, der zuhören kann und nicht immer von sich sprechen muß.

Er bewegt sich im Wesentlichen mit einer erstaunlichen Leichtigkeit und Eigenwilligkeit. Kann jedes Problem unter jedem beliebigen Gesichtspunkt angehen.

Schlägt sich auf die Seite der kleinen Leute, der Verlierer, derjenigen, die vom Leben malträtiert oder vernichtet werden und die sich nicht belügen, die kämpfen und manchmal leiden, ohne zu begreifen.

Unsere Epoche mit ihrer Verwirrung, ihrer Zersplitterung, ihrem Nihilismus. In einem solchen Kontext schreiben und veröffentlichen zu wollen, kommt einem vor wie eine Verirrung. Trotzdem, wenn der Schriftsteller unten zu bleiben versucht, kann er wohl doch eine Rolle spielen. Aber so viele von denen, die schreiben, sind Betrüger.

Über das Leben läßt sich nicht in positiven Begriffen reden.

Aber ich resümiere recht schlecht, was wir in diesen vier Stunden gesprochen haben.

Ich hatte wenigstens einmal den Eindruck, daß man erkannte, wer ich bin und was ich in mir trage. Während dieses Gespächs habe ich mehrmals gedacht, daß ich vielleicht doch kein Versager bin.

Die Idee zu einer Notiz stellt sich ein. Aber eine Kleinigkeit genügt, sie scheitern zu lassen. Eine Schwierigkeit bei der Formulierung, über die ich stolpere, eine Feinheit oder Nuance, die sich meinem Ausdrucksvermögen entzieht, eine unmerkliche Verschiebung des Ansatzwinkels, unter dem ich erfassen will, was da auftaucht. Und sogleich fühle ich, daß die Notiz an Genauigkeit, an Interesse oder an Wahrheit verloren hat und nichts mehr von ihrer anfänglichen Treffsicherheit besitzt.

Um dem Satz Schärfe zu geben, muß man natürlich darauf achten, all die Klischees, konventionellen Attribute und Platitüden, die sich so leicht einschleichen, zu vermeiden... Gleichzeitig aber ist es wichtig, daß man nicht gesucht erscheint, daß man einfach und natürlich bleibt. Wer schreibt, bewegt sich auf einem sehr schmalen Grat. Meist löst man eine Schwierigkeit nur, um sich gleich die nächste einzuhandeln.

Vielleicht bin ich kein Schriftsteller. Vielleicht verlangt mich nur nach einem inneren Abenteuer, das täglich mehr Einsamkeit und Stille fordert... Wie kann ich das wissen? Immerhin habe ich das Gefühl, daß das, was ich erlebe, seine Fortsetzung und Fixierung in den Worten finden muß. Daß das Schreiben insofern wichtig ist, als es jene Bewußtwerdung mit sich bringt, die dem Leben erst seine Vollendung gibt.

Dieser Freund hat ein Auge für das Wesentliche, er erkennt mit untrüglicher Sicherheit das Herzstück eines jeden Werkes, und ich bewundere jedes Mal die Art, wie er gleich auf das Wichtigste zugeht. Wenn ich auch seine

Kriterien ohne Einschränkung anerkenne, so muß ich doch gestehen, daß mir seine zu scharfen Einschätzungen und Urteile Unbehagen bereiten. Dabei weiß ich wohl, er gibt sich deshalb so kategorisch, weil er an das Werk mit der Erwartung herangeht, etwas Bedeutendem zu begegnen.

Ich bin in den gleichen Fehler verfallen, als ich jung war, und ich weiß, was es damit auf sich hat.

Man ist erfüllt von der Sehnsucht nach einem Leben spendenden Wort, und was dieser Sehnsucht nicht genügen kann, das verdammt man ohne Gnade. Man will nicht wahrhaben, daß ein Werk von einem Menschen geschaffen wird, der seine Mängel und Grenzen hat und der nicht schreibt, was er will, sondern was er kann.

Hätte sich dieser Freund mit den Schwierigkeiten des Schaffens herumgeschlagen, so hätte er sicher nicht aus den Augen verloren, daß die Kunst immer nur eine Reaktion auf die Tragik unseres Lebens ist, und daß man sich hüten muß, von einem Werk zu viel zu verlangen.

Zu wissen, daß das Leiden vergebens ist, hebt das Leiden nicht auf, sondern verschlimmert es.

Wie kann man leben, ohne zu schreiben? Wie schreiben, wenn man überzeugt ist, daß es besser wäre, es zu lassen? Ein höllischer, hundert und aberhundert Mal durchlaufener Zirkel.

Es gibt viel mehr Menschen mit Gaben und mit Talent, als man denkt; nur machen sie nichts daraus, weil sie entweder psychisch zu schwach oder weil die Umstände ungünstig sind. Vielerlei innere wie äußere Voraussetzungen müssen gleichzeitig gegeben sein, wenn man auch nur etwas ganz Kleines zustandebringen will. Zur Zeit kommt mir der kleinste Sänger, der ein paar Liedchen geschrieben hat, wie ein bewunderungswürdiger Schöpfer vor.

Das menschliche Wesen besteht nur aus Angst. Aus Angst und Frustration. Frustration und Verlangen. Verlangen und Erwartung. Erwartung und Enttäuschung. Enttäuschung und Langeweile. Langeweile und Abnutzung. Zerfall.

Allein in der kalten Küche. Es regnet. Ein dichter, regelmäßiger, monotoner Herbstregen. Wenn man auf den toten Garten hinaussieht, wenn man dem weichen, aber beharrlichen Rauschen zuhört, könnte man meinen, das Leben sei versickert und sprudle niemals mehr hervor, der Regen werde nie mehr aufhören und die Erde in den Wassern der Sintflut versinken. Der Nachmittag beginnt, und schon kommt die Nacht. Ich sehe vom Garten nur noch die wenigen Quadratmeter vor der Tür.
Allein und mutlos.
Der Schrecken der Stille. Der Einsamkeit. Der leeren Stunden. Womit soll ich sie füllen? Alles ist erstarrt, feucht, eisig. Alles treibt mich dazu, mich wieder dort zu vergraben, wo die Verzweiflung herrscht.
Heute muß ich es mir eingestehen: Ich bin ein Versager. Jetzt arbeite ich schon vierzehn Jahre und habe kein einziges Buch veröffentlicht, keinen Pfennig verdient. Und niemand interessiert sich für das, was ich schreibe. Diesmal habe ich keine Kraft mehr, mich aufzurichten. Kein bißchen Energie mehr. Nicht die geringste Lust, ein Stück weiterzukriechen. Aber ich empfinde keinen Schmerz darüber. Möchte alles loslassen, aufgeben, Ruhe haben.
Ich hatte mir das Schreiben in den Kopf gesetzt, und es hat mich zugrunde gerichtet. Es wäre sicher besser gewesen, ich hätte sehr viel früher aufgegeben. Dann befände ich mich heute nicht in einer so ausweglosen Lage.
Dennoch bereue ich nichts. Was in diesen Jahren war, entspricht dem, was ich bin, und wenn ich neu beginnen könnte, träfe ich die gleiche Wahl. Aber das war keine Wahl. Seit jeher hat es nicht einen Menschen gegeben, der auch

nur ein einziges Mal eine Wahl getroffen hätte. Man kann immer nur hinnehmen, erleiden. Die Bedürfnisse, die Ängste, die Gemeinheiten. Sich in das Loch vergraben, das einem das Schicksal zuweist.

Wie kann ich von dieser Qual freikommen? Ich wollte, ich könnte trinken, Drogen nehmen, irgend etwas tun, damit ich verblöde. Aber dazu bin ich nicht imstande. Je mehr ich leide, desto wichtiger ist mir, daß ich mich von all dem fernhalte. Ich habe nicht einmal das bißchen Aggressivität und Verbitterung, das es mir, wie so vielen Versagern, erlauben würde, Kompensation darin zu suchen, daß ich andere anklage und mir einrede, dieser oder jener trüge die Verantwortung für mein Scheitern. Nein, ich habe niemandem etwas vorzuwerfen, ich empfinde für meine Mitmenschen nur Liebe. Deshalb bereitet es mir auch solchen Schmerz, daß man mich ablehnt.

Seit zwei Jahren nichts mehr geschrieben. Zu entmutigt. Was tun? Endgültig aufs Schreiben verzichten? Aber was fange ich dann mit meinem Leben an?

Auf diesem Stuhl hier sitzenbleiben. Warten, bis der Tod mich zusammenschrumpfen läßt. Vor allem mich nicht mehr bewegen müssen, die Erschöpfung nicht mehr spüren, endlich mich ausstrecken in meiner letzten Ruhe.

Obwohl es dich große Anstrengung kostet, wachst du hartnäckig darüber, daß deine Hilflosigkeit verborgen bleibt. Freu dich doch, daß du dazu noch fähig bist; es ist ein letztes Bollwerk vor dem Absturz.

Jedes Wesen, in dem das Leiden sich eingenistet hat, weiß, daß es das Opfer einer schreienden Ungerechtigkeit ist. Wohl um diesen Skandal abzuschwächen, hat die christliche Religion den Begriff der Erbsünde geschaffen: Das Leiden hat sich meiner bemächtigt, aber der Makel war in mir; infolgedessen kann ich nicht mehr sagen, daß meine Unschuld verhöhnt und daß es niemals eine Rechtfertigung geben wird für das, was ich erleide. Ich bin also mehr oder weniger selbst verantwortlich für mein Unglück, und wenn ich mich von ihm befreien will, muß ich mich reinigen, muß ich zusehen, daß ich ein anderer werde, einer, der besser ist als ich, der aus dem Grund seiner selbst den Ursprung dessen ausgestoßen hat, das ihn verzehrt. Doch eine solche Arbeit endet nie; denn wie soll ich mit diesem Schmutzfleck fertig werden, der meine Substanz von Anbeginn an verdorben hat?

So gehört zu einem endlosen Leiden das unauslöschliche Gefühl eines Grundfehlers, einer Unwürdigkeit vom Ursprung her. Und in der Tat: Ist dieses Gift erst einmal ins Bewußtsein gedrungen, hat dieses die größten Schwierigkeiten, es wieder loszuwerden.

1973

Sonntag, 8. April 1973. Paris
Ich habe mich mit Estève auf 17 Uhr vor seiner Pariser Wohnung verabredet. Da die Concierge nicht da ist, will er mir die Haustür aufmachen. Ich komme ein bißchen früher, damit er auf keinen Fall warten muß. Zu meiner Überraschung ist er schon da. Er hatte dieselbe Sorge wie ich...

Das Zimmer, in dem wir uns aufhalten, erinnert mich sofort an die Räume in Culan: Die Wände hängen voller Bilder, und auf verschiedenen Tischen stapeln sich die Bücher.

Ich fürchte mich ein bißchen vor dieser Begegnung. Die erste hatte eine solche Glut entfacht, daß ich zweifle, ob es noch einmal zu einem derart intensiven Kontakt kommen wird. Aber kaum fangen wir an zu sprechen, verliert sich diese Befürchtung. Sein warmherziger Empfang. Seine Geradlinigkeit. Die Leidenschaft, die ihn bewegt. Es ist ihm wirklich wichtig, von mir zu erfahren, ob ich in den vergangenen Monaten habe schreiben können.

Sein einsames Leben. Die ungeheure Bedeutung, die er der Arbeit beimißt. Selbst auf einem Tiefpunkt bemüht er sich, weiterzumalen. Er hat festgestellt, daß es ihm dann nach einigen Wochen gelingt, die Verbindung zu jenem geheimnisvollen Etwas, das seinem Tun die Nahrung gibt, von neuem herzustellen.

Er hat immer viel gearbeitet. Das erstaunt mich, denn ich weiß, wie leidenschaftlich er das Leben und die Menschen liebt.

Ich frage ihn, ob es ihm nicht schwergefallen sei, sich eine solche Disziplin abzuverlangen. Er erklärt mir, daß seine Frau sehr zart und oft krank gewesen sei; so hat er sich nach und nach daran gewöhnt, zu Hause zu bleiben, sich zu ausgedehnten Sitzungen in seinem Atelier zu zwingen und ganze Winter lang nicht auszugehen. Sie liebte, was er malte, und wurde damit für ihn das Tor zur Welt. Um sie nicht allein zu lassen und um ihr Bilder zum Betrachten geben zu können, hat er dieses zurückgezogene und ganz in der Arbeit aufgehende Leben geführt. Und er hat nichts an seinen Gewohnheiten geändert, nachdem sie nicht mehr da ist.

Vor dem Krieg hatte er kein Geld. Deshalb mußte er sich von Zeit zu Zeit eine kleine Beschäftigung suchen, um ein paar Sous auf die Seite legen zu können. Wenn er dann nach drei oder vier Monaten die Malerei wieder aufnahm, hatte er sich weiterentwickelt. Daher der Mangel an Kontinuität, der für die Produktion jener Jahre charakteristisch ist.

Eine Zeitlang war er versucht, die Malerei zugunsten des Films aufzugeben. Er wollte Regie führen.

Lange spricht er vom Spanischen Bürgerkrieg. Er hat 1923 in Barcelona gelebt, Spanien ist ihm ans Herz gewachsen. Er wollte sich freiwillig melden, wußte aber, daß er einen miserablen Soldaten abgegeben hätte. Außerdem ist er Antimilitarist. Langes Schwanken, dann Gewissensbisse, weil er nicht zur republikanischen Armee gegangen ist. Der Zweite Weltkrieg zeichnete sich ab. Schlechtes Klima. Er spürte sehr deutlich die sozialen Spannungen und sah die Katastrophe kommen.

Einmal wurden sie, weil er die Miete nicht hatte zahlen können, aus ihrer Wohnung geworfen.

Ich frage ihn, ob das Spuren in ihm hinterlassen hat.

»Nein, ich habe all diese Demütigungen vergessen.«

Seltsam. Wenn ein Werk mit Macht seine Gestaltung fordert, verschwendet man keinen Gedanken daran, wie es gespeist werden könnte, und noch weniger an die schwierigen Bedingungen, unter denen es entsteht.

Kurz vor dem Krieg lebte er am Montmartre, in der Rue Lepic. Bei einer Schule, wo jeden Abend die Namenslisten der neu eingezogenen Soldaten ausgehängt wurden. Er hörte die Schritte der Männer und Frauen, die von der Angst hergetrieben wurden und die Namen lasen. Doch er verzagte nicht. Obwohl er wußte, daß er aus dem Krieg vielleicht nicht mehr heimkehren würde, war er entschlossen, bis zur letzten Minute zu malen.

»Ich bin niemals hinuntergegangen, um die Listen anzusehen. Ich sagte mir: Wenn sie dich brauchen, kommen sie dich holen.«

Wir gehen in sein Atelier hinüber. Über eine Stunde lang zeigt er mir die Bilder. Er beginnt mit den ganz frühen, damit ich seinen Weg erkenne. Die letzten vier sind die neuesten. Es sind bei weitem die stärksten, die schönsten. Schlackenlos. Streng konstruiert. Der Eindruck eines souveränen Gleichgewichts geht von ihnen aus. Aber eines Gleichgewichts des Lebens selbst, das nie starr ist, keine Kopfgeburt, kein Willensakt.

All diese Bilder sind sehr verschieden, und doch gibt es keinen Zweifel, daß sie von ein und derselben Hand geschaffen sind.

Er hat eine Vorliebe für Rot, und um es nicht zu häufig zu verwenden, läßt er es gelegentlich lieber weg. Aber dann stellt sich ein Gelb ein, das sich unmerklich in ein Orange verwandelt. Dieses aber muß wärmer und kräftiger gemacht werden, und schon ist das Rot wieder da, und er muß es akzeptieren.

Gerade kommt er aus Zürich, wo er bei einem Sammler enttäuschende Courbets gesehen hat, wahrscheinlich Auftragsarbeiten. Daß Courbet sich zum Verfertigen solch schwacher Werke hergegeben hat, empört ihn.

Er bewundert Matisse, Léger, Bonnard, die er für die drei großen Maler der ersten Jahrhunderthälfte hält. Kürzlich hat er gehört, daß Chagall, zu diesem Punkt befragt, dieselben Namen genannt hat.

»Wenn Sie gut gearbeitet haben, sind Sie dann glücklich?«

»Aber ich weiß ja nie, ob ich gut gearbeitet habe.«

»Und wenn Sie ein Bild beendet haben?«

»Auch nicht. Weil ich immer an mehreren zugleich arbeite. Wenn eines von ihnen fertig ist, stehen neben ihm andere, von denen ich noch nicht weiß, wie ich sie aus der Sackgasse herausbekomme.«

Ich sage ihm, daß eine Retrospektive veranstaltet werden müßte.

»Ach, wissen Sie, die Vorbereitung einer solchen Ausstellung verlangt, daß ich dafür mindestens ein Jahr opfere. Ich kann aber morgen sterben«, erklärt er mit einem hellen Lächeln.

»Deshalb sage ich zu den Leuten: Nach meinem Tode könnt ihr machen, was ihr wollt. Im Augenblick aber laßt mich arbeiten.«

Schreiben. Diese ungeheure Anstrengung. Dieser Kampf. Und wenn die Erschöpfung eintritt: diese Ablehnung, dieser Ekel.

Aber wenn das Schreiben keine Schwierigkeiten böte, was wäre dann an ihm?

Der Kampf mit den Worten ist ein Kampf mit sich selbst: Man gibt sich eine Form, dank derer man intensiver existiert.

24. April 1973

Wenn man mir in diesem Augenblick, so unwahrscheinlich das auch ist, den Beweis erbrächte, daß Gott existiert — oder daß er nicht existiert —, so würde ich darüber keinerlei Freude — oder Verzweiflung — empfinden, und mein Leben würde sich nicht um ein Jota ändern.

Welche Arbeit nehmen wir unablässig auf uns, um aus dem

Geheimnis alles Bedrohliche und Unverständliche zu entfernen.

Euer Gott hat das Gesicht eurer Ängste, eurer Frustrationen und eurer Wünsche.

4. Mai 1973
Besuch bei Maxime Descombin, der sich vor kurzem in eine Klinik begeben hat, um sich operieren zu lassen.
Sein unbändiger Freiheitsdrang. Seine Art, das Wesentliche zu würdigen. Ich kenne niemanden, der einen solchen Sinn für das Fundamentale hat. Die Schärfe, mit der er ein Werk wahrnimmt, sein Bestes aufspürt.
Seine rebellische Kraft. Seine Jugend. Seine Art, den ganzen Plunder, die Lügen und falschen Werte wegzufegen... Er läßt sich niemals von etwas beeindrucken.
»Hauptsache, man ist kein Nachäffer. Es ist immer noch besser, sich zu täuschen und einen Fehler eigener Machart zu begehen, als sich von jemandem ins Schlepptau nehmen zu lassen.«
(Über einen Schriftsteller:) »Er hat es nicht verstanden, von seinem Weg abzuweichen.«
Wir kommen auf Beckett zu sprechen.
»Man fühlt sich wirklich wie eingeschlossen. Er tritt immer auf der Stelle. Aber er hat es verstanden, alles auf der Spitze einer Stecknadel zu plazieren.«
»Worum es bei dem Problem geht, ist klar, hierüber gibt es keinen Zweifel. Aber was dann kommt, die Suche nach der Lösung, das kann nur in der Dunkelheit geschehen, tastend, in der Unwissenheit tappend.«
»Der Künstler, der unterwegs ist, kann sich nicht sicher sein, daß er die Antwort finden wird. Trotzdem werden vielleicht andere in dem, was er geben konnte, eine Hilfe finden.«
»Wenn man sich selbst zu produzieren versucht, ist man

meilenweit entfernt von jeder Sentimentalität, von jedem
Ästhetizismus, von jeglichen festgelegten Regeln.«
Er liest gerade ein Werk von Solschenizyn.
»Seine Enthüllungen über den Gulag sind ein durch nichts
zu ersetzendes Zeugnis. Dennoch ist das Buch ein Werk
der Vergangenheit. Er hat ein Wissen von den wesentlichen Werten, aber er scheint keine Ahnung davon zu haben, daß ein Werk auch Wagnis, Abenteuer, Suche, Erfindung ist.«
»Man muß ja sagen zur Gesamtheit des Lebens. Man muß
alles in sich aufnehmen, sich von allem nähren, was uns
unsere fünf Sinne liefern.«
Ich erzähle ihm von einem Freund, der mich ein wenig enttäuscht hat.
»Nein, Sie haben unrecht. Verlangen Sie von anderen
nicht, wozu es sie nicht drängt. Das ist ein Bursche, dessen
Existenz sich auf dem Alltagsniveau abspielt. Sie aber sind
ein Dichter. Sie müssen geben können, ohne eine Gegenleistung zu erwarten. Wenn man ein Werk schafft, gibt
es keine Hoffnung auf Belohnung. Alle Menschen denken
nur ans Empfangen, verlangen, daß man ihnen gibt.«
Er hebt den Kopf. An der Wand gegenüber seinem Bett
hängt ein Kruzifix.
»Auch sie, mit ihren Gebeten, betteln immer, warten immer auf etwas. Seien Sie nicht wie sie. Lernen Sie zu geben,
ohne gleich die Hand aufzumachen. Wenn ein Dichter
nicht geben kann, wer soll's dann können?«
Wir sprechen lange über Kazantzakis.
»Es zählt nur die Arbeit an sich selbst. Wenn man sich
in dieses Abenteuer eingelassen hat, empfängt man so viel
vom Leben, daß man sich nicht mehr in der Abhängigkeit
von Menschen oder Dingen befindet.«
Obwohl er sehr viel Kraft hat, kennt auch er Perioden der
Dürre, des Unvermögens, in denen er mit sich im Ungleich-
gewicht ist und mehr oder weniger unfähig, dem andern
zu begegnen.

Ich gebe ihm den Brief zu lesen, den ich vor ein paar Tagen bekommen habe; ein Schriftsteller, Lektor in einem Verlag, teilt mir mit, daß man es ablehne, mein Tagebuch zu veröffentlichen.

»Dieser Mensch hat niemals geblutet. Wie aber kann jemand, der nie gelitten hat, Ihr Tagebuch verstehen? Nein, freuen Sie sich, diese Antwort ist der beste Beweis für seinen Wert. Wenn diese Leute Ihre Arbeit akzeptiert hätten, müßte man geradezu beunruhigt sein. So jedoch ist alles gut, alles in Ordnung. Sie können weitermachen.«

Juni 1973

Georges Haldas hat mir den Vorschlag gemacht, in der Reihe »Aire« der Editions Rencontre ein Buch herauszubringen. In ihm könnte ich meine Arbeit in einer Auswahl vorstellen.

Dieses Buch — ich habe die Texte schon zusammengestellt — wird Notizen meines Tagebuchs enthalten, Gedichte sowie drei Prosastücke: eine Novelle, den Anfang einer Erzählung und eine Darstellung der Arbeitsweise Bram van Veldes.

Merkwürdig, wie sich das trifft: Als Kind fragte ich Maman Ruffieux ständig nach ihrer Heimat aus, der Schweiz, die in meiner Vorstellung ein seltsames und märchenhaftes Land war. Und ausgerechnet in der Schweiz erscheint nun mein erstes Buch.

11. Juni 1973

Besuch bei Bram van Velde.

Wenn ich jetzt komme, spüre ich, wie Bram sich über meinen Besuch freut. Unser Kontakt wird immer herzlicher, einfacher, das Du häufiger. Und heute abend empfinde ich fast so etwas wie Rührung, denke ich an unsere erste Begegnung zurück. An jene Augenblicke voller Hemmungen, vielleicht die gezwungensten, die ich zu durchleben hatte. Ich war ungeduldig, wollte das Gespräch in Gang bringen, stotterte herum und attackierte ihn rücksichtslos mit Fragen, die nicht ankamen, so daß die Stille immer dichter wurde, von Sekunde zu Sekunde unerträglicher, und ich mich in dieser zunehmenden Bedrängnis schließlich fragte, ob ich bleiben oder gehen solle.

»Die Leinwand ist der geschaute Augenblick.«

»Ich kann mich nie Wörtern anvertrauen.«

Und er erklärt mir, daß Musik und Malerei uns dem Unsagbaren näherbringen können als Wörter. Vor kurzem hat er einen Film gesehen, die Musik war von Mahler.

»Nur ein paar Töne. Und in einem Augenblick ist der Schrecken des Wirklichen zurückgedrängt, die Seele befreit sich, plötzlich ist eine andere Welt da.«

»Malen ist ein Grundbedürfnis.«

»Man muß etwas nie Gesehenes malen.«

»Ich habe nie die Künstler verstehen können, die mit der Regelmäßigkeit von Beamten arbeiten.«

»Man muß das Unsichtbare zeigen.«

Wir stehen in der Garage und schauen seine neuesten Arbeiten an. Eine Gouache beeindruckt mich ganz besonders. Eine klare Struktur drängt sich auf, und die Augen folgen ihr von oben nach unten. Plötzlich jedoch wird man gewahr, daß eine andere Lesart möglich ist. Man gibt also die erste auf, läßt sich auf die zweite ein. Aber schon bietet sich eine dritte Möglichkeit an... So wird man mitgerissen, ist bald verloren, ohne Halt, wie er sagt, eingetaucht in die Farbe, in jene Energieströme, Spannungen, Transparenzen, jene Art von Fülle, welcher eine spürbare Lebenskraft, ein Pulsieren entströmt — das Leben gleichsam im Ursprung gepackt.

Ich spreche mit Bram über diese Hindernisse beim Lesen. Über die labyrinthische Struktur, die er sich abgerungen hat.

»Aber dies bis zum Ende durchzuhalten, gerade das ist schwer. Das erschöpft.«

Ein Satz von Duthuit fällt ihm ein; dieser hatte beim Be-

trachten eines alten Bildes den Eindruck »einer versunkenen Stadt, in der gefangene Sonnen brennen«.
»Solche Augenblicke (er zeigt auf die Gouachen) sind eine Stütze, geben Kraft zum Aushalten.«
»Es gibt kein Wissen.«
Ich frage ihn nach der Retrospektive, die im Dezember in der Galerie Maeght zu sehen sein wird. Schon des öfteren konnte ich feststellen, daß ihn im Grunde genommen nur seine eigene Arbeit beschäftigt. Eine Ausstellung hält er wohl für etwas Nebensächliches. Es will ihm einfach nicht gelingen, sich dafür zu interessieren, da er — ich fühle es — sich nicht lösen kann von dem, was ihn umtreibt; er hat keine Wahl. Ist eine Ausstellung in Vorbereitung, so weiß er nie, wann sie stattfindet, welche Bilder ausgewählt werden, und ob es einen Katalog geben wird.
»Ich verlasse mich da ganz auf Jacques Putman.«
Er spricht von seiner Sorge, seiner Angst, am frühen Nachmittag an die Arbeit zu gehen. Er bereite sich vor, schiebe jedoch gleichzeitig den Moment hinaus, in dem er sich vor seine Leinwand setzen müsse.
»Aber es kommt der Augenblick, in dem ich nicht mehr anders kann als anfangen.«
»Oft macht mir das Malen Angst. Es fordert eine solche Energie.«
»Das Malen muß kämpfen und die Welt zurückdrängen, die doch nur das Unsichtbare erschlägt.«
»Ich zeige nur, was ist.«
»Wenn ich nicht arbeiten kann, gebe ich die Arbeit nicht auf. Ich bereite mich darauf vor, das aufzunehmen, was mich erwartet.«
Man fühlt, daß seine Gouachen irgend etwas Unausweichliches bergen. Daher ihre Intensität. Und obgleich sie ganz offenkundig abgeschlossen sind, ja zu höchster Fülle geführt wurden, bleiben sie in Bewegung. Das Leben, das zu sammeln, auf den Flächen zu verdichten der Maler nicht abließ, ist weder verstümmelt noch auf ein starres

Schema reduziert worden, das nur dessen Hülle wäre. Es ist da in seiner Totalität. Und es fließt, weich, frei, wild, nicht zu unterdrücken und nicht zu fassen, reißt Zweifel, Hingabe, Taumel, Wut, Überdruß und Erstaunen mit sich fort. Und jede Gouache bringt einen neuen Kampf, neue Gefahren, einen neuen Einfall, neue Farben, ein neues Gleichgewicht, unsicher und gefährlich. Und jedes Bild bringt dieselbe Enttäuschung, dasselbe Gefühl, versagt zu haben, geschirrt zu sein an eine ach so eitle, erschöpfende und unmögliche Arbeit. Und aus jedem Scheitern erwächst dasselbe Bedürfnis, wieder anzufangen, dieselbe trügerische Gewißheit, der nächste Versuch werde ein klein wenig näher an das Unsagbare heranführen. Und jedes Mal dieselbe Ungeduld, dieselbe Dringlichkeit, dieselbe Eile.

Daher diese ungestümen, herben Gouachen, gespannt und heiter, leicht und doch stark, scharf, fremd und überzeugend, gleich der Totalität des Lebens, deren Ausdruck sie sind.

Er deutet auf seine letzte Gouache.

»Vielleicht liegt darin ein gewisses seelisches Glück.«

Und er lacht, jenes stille, verlegene Lachen, das so bezeichnend für ihn ist.

Bram und seine Arglosigkeit. Sein Staunen und seine kindlichen Reaktionen. Seine Verletzlichkeit. Immer angespannt, verängstigt, sein Lächeln oder Lachen ein Bedürfnis, der Scheu zu entgehen oder sich vor dem Blick des anderen zu schützen. Madeleine erzählte uns, daß er 1938 einen Monat lang im Gefängnis von Bayonne saß, weil er vergessen hatte, seine Aufenthaltsgenehmigung verlängern zu lassen. Jene Haft wurde zum Trauma und prägte ihn sehr lange. Selbst jetzt noch, wenn er am Zoll in eine Kontrolle gerät, ist das für ihn jedes Mal ein kritischer Augenblick, und er hat sogar schon auf Reisen verzichtet, um keine Grenzen passieren zu müssen.

Während jener dreißig Tage hatte er einige Zeichnungen auf Briefumschläge und Zettel gekritzelt, die er sich hatte

beschaffen können. Jacques Putman will die Zeichnungen in einem Bändchen sammeln, und wenn Bram bereit wäre, mir zu berichten, was diese Erfahrung für ihn bedeutete, welche Folgen sie nach sich zog, dann könnten seine Geständnisse der Begleittext dieser Zeichnungen werden. Aber seine Antwort bedeutet einen Fehlschlag:
»Ja, natürlich, aber das war nichts Besonderes im Vergleich zu dem, was andere erlitten. Widrigkeiten und tragische Erlebnisse haben ihre Bedeutung, ihre Notwendigkeit. Man muß sich ihnen stellen können.«
(Ich spüre, daß die hier wiedergegebenen, auf dem Papier niedergeschriebenen Äußerungen Brams an Kraft verlieren, nicht mehr packen. Die ihnen ursprünglich innewohnende Macht, zu erschüttern und zu erhellen, kommt sicherlich weniger aus dem, was Bram sagt, sondern wie er es sagt. Wenn er spricht — so ganz ernst, dieses Staunenkönnen, das seine Freude an Entdeckungen vermittelt, diese sachliche Intensität, die das Gesagte außerhalb der Zeit anzusiedeln scheint —, empfindet man, was er ausdrückt. Denn er gibt den Wörtern, die er gebraucht, eine solch sonderbare Dichte, daß sie im Hörer nahezu die Entsprechung dessen auslösen, was sie befördern. Sagt Bram beispielsweise: »Man erlebt seltsame Dinge«, dann erfaßt einen Gewißheit, und man spürt plötzlich mit überraschender Schärfe die Fremdheit dessen, was in einem rumort, was von Zeit zu Zeit im Inneren vorgeht und freigesetzt wird.)
In einem Heft mit Lesenotizen stoße ich auf jenes Interview, um das ihn eine Schweizer Zeitung gebeten hatte, nachdem Beckett der Nobelpreis verliehen worden war. Ich gebe dem Drang nach und schreibe es hier nieder:
»Wir sind so oft in Situationen, die keinerlei Beziehung zur sogenannten realen Welt haben... Samuel Beckett hilft uns durch sein Werk, uns darin zurecht zu finden. Ein Großteil unseres Lebens ist mechanisch, wir haben Angst zu entdecken, was wirklich geschieht. Angst, unsere Zer-

brechlichkeit zu erkunden, und wir können es nicht in Worte fassen. Beckett drückt das mit solcher Genauigkeit aus, daß dieses Erkennen uns stärker macht. Er ist frei, er läßt sich nicht von Meinungen bestimmen. Allein dringt er vor zur Entdeckung jenes Wesens, das wir kaum kennen und das tief in uns ruht.«

Aus einem anderen Interview, anläßlich der Retrospektive im Musée d'Art Moderne, möchte ich einige wenige Worte herausgreifen — und der Gedanke, daß sie mit dem Blatt, auf dem ich sie las, hätten verloren gehen können, widerstrebt mir:

»Malen ist Versinken, Tauchen.«

»Je verlorener man ist, desto stärker treibt es einen zur Wurzel, in die Tiefe.«

»Ich hatte keine geistige Unterstützung. Was nützte mir meine große Empfindsamkeit, es gab keine Rettungsmöglichkeit. Nur die Notwendigkeit des Bildes.«

»Das Drama erdrückt einen.«

»Etwas will aus mir heraus, etwas, das nicht nicht sein kann.«

»Ein Bild ist ein Streben zur Quelle, eine mit dem ganzen Sein angestrengte Suche nach dem Geheimnis des Lebens.«

»Die Arbeit zehrt einen auf.«

»Auch der Maler ist blind, aber er muß sehen.«

Juli 1973

Erhielt den Text von Georges Haldas, der die Einleitung zu meinen *Fragmenten* sein wird. Er hat ihm die Überschrift »Mord oder Opfer« gegeben. Wie wichtig sind diese beiden Begriffe. Ich verdanke Haldas ihre Entdeckung.

Diejenigen, die sich nur um sich selbst kümmern, sind ständig auf der Jagd nach mehr Sicherheit, Geld, Macht, Besitz. Sie verhalten sich wie Beutegeier und gehören automatisch auf die Seite des Mordes.

Diejenigen hingegen, die sich mit ihren Defiziten, der Benachteiligung von Geburt an nicht abfinden, sorgen sich um Gerechtigkeit und Gleichberechtigung. Sie sträuben sich, zu herrschen oder auszubeuten, und wählen statt der Mordtat das Opfer.

Es will mir scheinen, als scheide sich die Menschheit seit den frühesten Zeiten in diese beiden Klassen. Sicher gehört ein Mensch nicht ein für allemal einer von beiden an; es kann geschehen, daß er im Laufe eines Tages oder eines Lebens mehrmals von der einen zur andern hinüberwechselt. Trotzdem: Die Resultante, die sich schließlich doch immer aus einem Leben ergibt, entscheidet über seine Zugehörigkeit zu einer der beiden. Es scheint, als sei unsere Geschichte zu einem großen Teil aus ihrem Zusammenprall gewirkt.

Wenn ich einen Menschen noch nicht gut kenne, frage ich mich oft: Wenn morgen ein Bürgerkrieg ausbricht — auf welcher Seite wird er stehen? Wird er mit denen sein, die die Interessen und Absichten einer Minderheit durchsetzen wollen? Oder mit denen, die für die Verteidigung jener Werte kämpfen, ohne die das Leben nur Erniedrigung, Leiden und Verbitterung ist?

Mord oder Opfer. Unser Verhalten, unser Reden und Tun: Auf welche dieser beiden Einstellungen lassen sie schließen?

Der unablässige Kampf in jedem von uns, in dem sich entscheidet, ob er den anderen achtet, ihn wie ein anderes Selbst betrachtet und behandelt, oder ob er versucht, ihn für seine Ziele einzuspannen.

Diese Angst, die uns überfällt und erdrückt, wenn wir dem Geheimnis gegenüberstehen. Wir versuchen, dem zu entgehen, indem wir bei Lösungen Zuflucht suchen, die so unbefriedigend sind, daß sie die Angst nur noch steigern können.

Die Schlaflosigkeit — eine andere Welt. Deine Hand krallt sich in das Leintuch, und dieses Geräusch macht dir Angst.

Begegnung mit Bram.

»In den unerschütterlichen Massen eines isolierten, ein-
geschlossenen und auf immer in sich gekehrten Wesens,
ohne Spuren, ohne Zwischenraum, zyklopenhaft, kurzes
Aufblitzen, schwarzes Farbspektrum. Ein Enthüllen ohne
Ende. Hülle hinter Hülle, Fläche um Fläche, unvollkom-
mene Transparenzen, ein Enthüllen auf das nicht zu Ent-
hüllende hin, das Nichts, das Ding neu. Und das Begraben
im Einzigartigen, an einem Ort undurchdringlicher Nähe,
gemalte Zelle auf dem Stein der Zelle, Kunst des Einker-
kerns.«

Diese Zeilen aus »Die Malerei van Veldes« schrieb Beckett
1948. Obwohl sich die Malerei Brams seit jener Zeit nicht
wesentlich geändert hat, kann der Begriff der Einkerke-
rung meines Erachtens heute nicht mehr zur Charakterisie-
rung des Werkes angewandt werden. In seinen Bildern und
Gouachen der letzten Jahre beeindruckt mich die Freiheit
und Weichheit (und alles, was dieses Wort dann auslöst,
wenn man die ungeheure Arbeit an sich selbst bedenkt,
die getan werden muß, bevor erreicht ist, was dieses Wort
bezeichnet; diese Leichtigkeit des In-sich-Kreisens in einer
fast ruhenden, einswerdenden Masse), das friedliche und
drängende Leben, das sie durchzieht und ihnen eine erhabe-
ne Weite verleiht. Die Flamme steigt empor und lodert
auf, das Auge entsagt, das Abenteuer wird intensiver, und
so kommt es, daß er — nach dem Beispiel einiger großer
Maler der Vergangenheit — die freiesten und stärksten
Werke an seinem Lebensabend gemalt hat.

Wir sprechen von unserer Autofahrt, von einem Verkehrs-
unfall. Ich spüre, wie Bram sich zurückzieht, und merke
sein Unbehagen. Wir verständigen uns mit Madeleine, das
Thema zu wechseln. Bram stimmt zu. Dann erzählt er uns
— seine Worte wirken abgehackt durch dieses ihm eigene,
verlegene Lachen —, wie eines Tages beim Friseur ein
Mann von einem schweren Unfall zu sprechen anfing, des-

sen Zeuge er gewesen war. Daß er, Bram, es nicht habe ertragen können und unter den erschrockenen Blicken der anwesenden Männer geflohen sei. Angesichts der Lebendigkeit, mit der er dieses Erlebnis schildert, frage ich ihn, ob das bei seinem letzten Friseurbesuch vorgefallen sei:

»Nein, nein... Das war in Holland... 1922...«

»Der Künstler hat nichts als Feinde. Jede Sekunde Kampf, an allen Fronten.«

»Wenn man nicht arbeiten kann, fühlt man sich draußen, und das ist bitter. Aber wenn die Arbeit läuft, ist man leicht.«

Seit Wochen arbeitet er an einer Gouache, die sich verweigert und die er mir lieber nicht zeigen will.

»Wenn die Arbeit nicht vorankommt, ist das alles andere als eine Befreiung, sondern eher ein Massaker.«

»Man muß alles geben beim Arbeiten; das erschöpft.«

»Nein, ich habe keine Kinder gehabt. Das kam von allein so. Das war keine Willensfrage.«

Vor einigen Jahren war er nach New York gegangen (er hatte dort Willem de Kooning und Barnett Newman getroffen). Wir sprechen über die Reise.

»Wie ein Film, sozusagen... Aber das bringt nichts.«

Am Nachmittag machen wir einen Spaziergang durch die Kornfelder. Eine ganze Weile betrachten wir schweigend die arbeitenden Mähdrescher. Dann setzen wir unseren Spaziergang fort. Nach langen Minuten des Schweigens spricht er über die Menschen, die glücklich leben, im Einklang mit sich selbst, und anscheinend keine Fragen haben.

»Das Elend beginnt dann, wenn man diese Einfalt verlernt. Fern von ihr kann der Künstler nur ein elender Mensch sein.«

»Vielleicht leidet der Künstler an einem Seins-Mangel. Durch seine Arbeit bemüht er sich, ihn auszugleichen. Er sucht zu sein. Aber er ist sich wohl bewußt, daß er nicht lebt, nicht im Leben steht.«

»Eines Tages war ich in einem Café in Paris. In einer dieser

Glasterrassen, die sich auf den Bürgersteig hinausschieben. Da war ein Mann, aber statt wie alle anderen zur Straße hin zu schauen, saß er den Gästen gegenüber. Er hatte einen Blick, den man nicht vergißt. Er nährte sich von all den Gesichtern, verstehen Sie. Einige Tage später erfuhr ich, daß es Antonin Artaud gewesen war.«

Wir sprechen von Artauds Briefen, die er gerade gelesen hat.

»Ein glühender Mensch. Nur wer das Leiden kennt, hat etwas zu sagen.«

Ich erwähne den Blick Becketts.

»Ja, ein Blick, der manchmal Angst einflößt. Man liest eine solche Klarheit darin.«

»Beckett entdeckt uns, was ist.«

Ich gestehe ihm, daß ich einen fast vergessenen Text von mir ausgegraben habe und daß ich beim Lesen äußerst enttäuscht war, weil ich einen starken Einfluß Becketts feststellte.

»Das macht nichts, das spielt keine Rolle. Man muß ja von jemandem geboren werden. Jedem Künstler ist es so ergangen.«

»Beckett... ist ein aufrichtiger Mann. Hat man solch einen Menschen kennengelernt, dann kommen einem viele Menschen nur noch wie Roboter vor. Oder wie schlechte, als normale Menschen verkleidete Komödianten.«

»Rilke?... Ja, er stand außerhalb. Er hat nie eine Rolle angenommen.«

»Man muß sich der Gefahr aussetzen können. Es darf kein Verteidigen mehr geben. Weder gegen das Außen, noch gegen das Innen.«

»Baudelaire?... Seine Entdeckung ist der nackte Mensch.«

»Er verstand es, nichts zu beschönigen, das war sein großes Verdienst.«

»Picassos Verhängnis war es, nie nichts tun zu können.«

»Gäbe es dieses Falsche nicht, hätte unser Ringen um das Wahre keinen Sinn, keine Berechtigung.«

»Das Wahre stört, macht Angst. Die Welt unternimmt alle Anstrengungen, es zu ersticken.«

»Das Falsche breitet sich aus, und das Wahre überlebt nur durch ein Wunder.«

»Gäbe es nur das Wahre, würden wir es nicht kennen.«

»Wenn ich, wie kürzlich in Brüssel, meine Bilder wieder sehe, bin ich das und gleichzeitig ist es etwas ganz Fremdes, nicht zu mir Gehörendes.«

»In meinem Tun liegt etwas sehr Ursprüngliches.«

»Nein, ich mußte mir nie im Leben eine Disziplin auferlegen. Ich gehörte der Malerei, und nichts anderes hatte Raum.«

»Mit seinem Tun muß man die Welt auslöschen.«

»Manchmal hat man nicht mehr die Kraft, das Wahre zu tun. Und man fühlt sehr wohl, daß man als Wrack enden könnte.«

»Im Grunde genommen ist all das immer nur eine ungeheure Achtung vor dem Leben.«

Als wir uns anschicken zu gehen, sagt er uns noch, daß er es nicht mehr ertrage, hier zu wohnen, in dieser Umgebung, dieser Stadt, daß er unbedingt eine Ortsveränderung brauche und daß sie im November Genf verlassen werden.

»Manchmal klammerte ich mich an einen Ort, aber das war nie endgültig. Ich bin von nirgendwo.«

Wir gehen. Und obwohl, wie nach jeder Begegnung, der Geist fieberhaft arbeitet und das Gesagte Wort für Wort festzuhalten sucht, obwohl die Sorge um den Verlust der einen oder anderen seiner Äußerungen das Gedächtnis ermüdet, weil es sie unablässig wiederholen muß, so lange, bis sie niedergeschrieben sind, entdecke ich eines: Wie oft er auch über seine begierige Suche nach dem Leben gesprochen hat, nie fiel ein Wort über den Tod, die Angst vor dem Tod, sein hohes Alter, das ihm den Weg zu einer solchen Jugend öffnete.

September 1973

Mein erstes in Frankreich erscheinendes Buch wird ein kleines Werk sein mit jenen Passagen meines Tagebuchs, in denen ich die Äußerungen Bram van Veldes festgehalten habe, als ich ihn in Genf besuchte. Die Idee, diese Seiten zu einem Buch zusammenzufassen, stammt von Bernard Noël, und er hat sie auch an den Verlag Fata Morgana weitergeleitet.

Soeben habe ich Marijo und Bruno Roy kennengelernt, von denen dieser kleine Verlag lebt.

Was für eine Freude, eine Wohnung vorzufinden, die vollgestopft ist mit Büchern und an deren Wänden dicht an dicht Bilder hängen; wo man Menschen begegnet, die dieselben Interessen haben wie man selbst und die mit Schriftstellern und Malern in Beziehung stehen, die man bewundert. (Weil sie in einer Welt leben, zu der ich keinen Zutritt habe, scheinen mir die Schriftsteller und Maler so fern zu sein, daß ich gar nicht darauf gefaßt bin, jemand, der vor mir steht, könnte sie kennen.)

Ich hoffe, sie verkaufen ein paar Exemplare des Buches. Mein Name sagt natürlich niemandem etwas, und mit dem Namen jenes wenig bekannten Malers steht es kaum besser.

3. Oktober 1973

Ich speise mit Georges Haldas, Jean Pache und drei weiteren Personen im Bahnhofsrestaurant.

Am frühen Nachmittag begeben wir uns zum Verlag Rencontre. Eine Tür geht auf, und auf einem Tisch liegen etwa hundert Exemplare der *Fragments*, meines ersten Buches. Doch nicht Freude erfüllt mich, sondern Furcht und Angst. Seit fünfzehn Jahren lebe ich ganz zurückgezogen, bin völlig unbekannt, und nun plötzlich die Vorstellung, daß Fremde mich lesen werden (mögen es auch nur wenige sein), daß Blicke in mich eindringen werden — unerträglich! Das Gefühl, daß man meine Privatsphäre verletzen

und sich des Wertvollsten, das ich besitze, bemächtigen
wird.

Für den Abend hat Georges Haldas, um das Ereignis zu
feiern, Mireille und Marino sowie Jean Vuilleumier und
seine Frau zum Essen in das Café eingeladen, in dem er
zu arbeiten pflegt.

Am nächsten Tag ein stiller Gang durch Genf, das in üppi-
ges Herbstlicht getaucht ist.

Georges Haldas. Niemals habe ich einen geistigen Mechanismus so gut funktionieren sehen. Wenn man ihn nach
einer dreistündigen Unterhaltung verläßt, ist man wie trunken von der Anstrengung, ihm zu folgen. Erstaunlich seine
Redegeschwindigkeit. Aber sie wäre nicht das, was sie ist,
wenn ihr nicht ein genaues, geschmeidiges Denken zur Verfügung stünde, das bei allem Reichtum eine bemerkenswerte Kohärenz aufweist und das sich den Fragen, die uns bedrängen, so weit geöffnet hat, daß es nie lange tasten und
suchen muß, um brillante Analysen zu liefern. Manchmal
entfaltet es sich ganz wunderbar. Aber es kennt auch Aufruhr und Umsturz, und dann bleibt man von harten Er-
schütterungen nicht verschont. Von den wenigen Schriftstellern, die ich kenne, ist er der erste, in dem ich so viel
Wahlverwandtes spüre. Ich stimme mit ihm in dem
Wissen überein, daß die Achse eines Lebens, einer künstle-
rischen Methode, eines Werkes nur die moralische Instanz
sein kann. Sie hält jenen beständigen inneren Konflikt am
Brennen, der uns schließlich zu der Entscheidung treibt
— aber ist es denn so sicher, daß wir zu einer Wahl überhaupt imstande sind? —, ob wir uns zum »Mord« hinreißen lassen oder in das »Opfer« einwilligen ...

Er hält Baudelaire und Nerval für die beiden größten
Schriftsteller Frankreichs. Baudelaire, der Führende und
zugleich Geführte, der sich immer unter Kontrolle hatte,
auch wenn er sich dem überließ, was weder beherrscht werden kann noch darf.

Wir kommen auf ihn selbst zu sprechen. Er arbeitet im Café, und jeden Morgen, schon vor sieben Uhr, sitzt er an dem kleinen Tisch neben der Theke. Gäste kommen und gehen, sprechen, rufen, scherzen, brechen in schallendes Gelächter aus... Wie schafft er es bloß, sich nicht ablenken zu lassen?

Der Morgen ist für die Arbeit reserviert, an der er gerade sitzt; am Nachmittag liest er, oder er schreibt oder redigiert einen Artikel, der in einer Genfer Zeitung erscheinen soll. Ein solcher Text kann ihn acht Nachmittage lang beanspruchen, und er arbeitet an ihm mit der gleichen Sorgfalt, die er für eine Seite des Buches aufwendet, mit dem er sich gerade herumschlägt.

Er, dem das Sprechen so außerordentlich leicht fällt, er verblüfft mich mit dem Geständnis, daß er unfähig sei, ein Referat oder eine Rede zu halten. Um reden zu können, braucht er den Dialog, die Gegenwart eines anderen. Ich erzähle ihm, daß Artaud sich in der gleichen Lage befand, nur hinsichtlich des Schreibens. Wenn er eine Studie oder eine Kritik zu schreiben hatte und sich blockiert fühlte, so umging er das Hindernis, indem er sich vorstellte, daß er sich an einen Freund wandte und daß das, was er hervorbringen sollte, Teil eines geistigen Austausches sei und sich unmittelbar in den Strom des Lebens mische.

Haldas schreibt langsam, und wieder komme ich aus dem Staunen nicht heraus. Die Schwierigkeit, so erklärt er mir, besteht für ihn darin, daß das, was das Denken blitzartig erfaßt hat, in Sätze gepackt und oft auch in einer gewissen Breite entwickelt werden müsse. Könnte er auf der Stelle in Schriftform bringen, was ihm blitzartig aufgegangen ist, so gäbe es nichts zu überarbeiten und zu ändern. Aber weil dem nicht so ist, müsse man sich eben vorantasten, immer wieder neu ansetzen und sich in Geduld fassen.

Das Glücksgefühl nachher, beim einsamen Gang durch die laue Genfer Herbstnacht; der Kopf sauste mir noch von all dem, was mir zuteil geworden war.

Oktober 1973
Immer sind die Völker beraubt, genarrt, unterdrückt, ausgebeutet worden. Immer und überall mußten sie sich ihr
Recht und ihre Freiheit, die doch gerade der Inbegriff der
Gewaltlosigkeit sind, mit Waffengewalt erkämpfen. Aber
was wird aus der Menschenwürde, wenn man sich, um sie
zu erlangen, die Hände mit Blut bespritzen muß?

1974

Januar 1974

Begegnung mit Jean-Marie Delassus. Er ist Psychiater, Stationsarzt am Krankenhaus von T. Unser Gespräch ging, ohne Unterbrechung, über zehn Stunden. Er schreibt, hat eine ungeheure Bildung, und ich weiß, daß unser Gedankenaustausch mich sehr bereichern wird. Er bietet mir an, mir Hölderlin und die deutschen Romantiker nahezubringen. Er hat einen (unveröffentlichten) Essay über den »Heinrich von Ofterdingen« von Novalis geschrieben, und er trägt unablässig Material zusammen in der Absicht, einmal einen Essay über unsere Sehnsucht nach dem Ursprung zu verfassen.

April 1974

Im Café. Ich sitze schon ein Weilchen da, denke nach, meditiere, ziehe mich in mein Inneres zurück — da tritt die Bedienung, eine Frau von etwa fünfunddreißig Jahren, an meinen Tisch, um meine Bestellung entgegenzunehmen. Was geschieht? Mein Blick klärt sich allmählich, kehrt zur Außenwelt zurück, wird lebendig — seltsam: Aufs Innere gerichtet, auf der Suche nach der Quelle, nach dem Rieseln, nach dem Licht, war er wie blind. Auf das Draußen gerichtet, also in Abwendung von dem Ort, an dem das Leben sprudelt, erwacht er, belebt er sich, klärt er sich — und taucht schließlich in jenen Blick, der fragend auf mir ruht. Ich brauche ein bißchen, um zu mir zu kommen — und auch das ist bemerkenswert: ›zu mir kommen‹ bedeutet, daß ich mich löse von dem reichsten, geheimsten,

einzigartigen Teil meiner selbst, um mich dann auf einer
Ebene einzurichten, wo ich nur noch Oberfläche bin —,
um wieder in dieser Welt Fuß zu fassen. Vielleicht verhar-
re ich zwei, drei Sekunden in einem Zustand vager Benom-
menheit und kämpfe nur halbherzig, um mich aus ihm zu
befreien. Endlich habe ich mich gesammelt, bin wieder da,
bin fähig zu antworten. Und ohne daß ich es gewollt hätte,
nimmt mein intensiver werdender Blick entschlossen Besitz
von jenem anderen Blick, den meine kaum merkliche Ver-
dutztheit und Verlegenheit völlig wehrlos gemacht hat.
Plötzlich sehe ich in ihrem Blick ein Beben, ihre schönen
nußbraunen Augen verengen sich, weiten sich, gehorchen
ihr nicht mehr, und nach einem Sekundenbruchteil der
Überraschung, des Zögerns und der grenzenlosen Verwirrung, während dessen Schrecken und Freude, Betörung
und Begierde, Verzweiflung und Faszination wie eine Welle aus ihr herausbrechen, vermischen sich unsere Blicke,
betasten, umschlingen, prüfen, umarmen einander, versuchen voreinander zu fliehen, entblößen sich, genießen sich,
geben das Intimste preis; unsere beiden Wesen verschmelzen, sind nur noch gemeinsamer grenzenloser Jubel, und
wir sind unendlich weit entfernt von diesem Ort, von unseren Gesichtern, von dem, was uns alle unsere Tage begleitet hat und uns eine Last ist...
Dann aber, im Höhepunkt, das Zerbrechen der Anspannung, so daß der Aufruhr sich legt und jeder wieder zu
sich selbst zurückkehrt: diese Anstrengung, mich loszumachen, dieses Gefühl der Scham, des Zerrissenwerdens, des
sich beruhigenden Schwindels, der Befreiung, wieder at-
men zu können; dann die schroffe Rückkehr in den Alltag,
der auftaucht wie eine unbekannte und ungewohnte Welt,
die zu akzeptieren ich Schwierigkeiten haben werde.

Juni 1974
Die Arbeit: lange oder kurze Stunden in völliger Zurückgezogenheit. Zunehmende Erschöpfung bei dem Versuch,

mich in das Schweigen und die Einsamkeit zurückzutasten, mich dem Murmeln zu nähern, meine Worte zu formen und ihnen ein Höchstmaß an Energie mitzugeben. Dann ist es so weit, daß ich keine Kraft mehr habe, mich von all dem losmachen muß. Und übergangslos das gebieterische, fieberhafte Verlangen, ein paar Schritte zu machen, durch die Straßen zu schlendern, mich unter die Menge zu mischen.

Die Straße fasziniert mich, als Ort, an dem ich meinem Namen und meiner Geschichte entfliehen kann, wo eine Begegnung lockt, die den Schmerz meiner Erwartung zu lindern und endlich den brennenden Durst nach etwas, das ich nicht benennen könnte, zu stillen vermöchte, jenen Durst, der jedes Mal, wenn ich ausgehe, neu erwacht und mich quält.

Welch eine Freude, im Zentrum, nah bei den großen Cafés zu wohnen, wo man sich durch die Straßen der Fußgängerzone bewegen kann, wenn sich das Spätnachmittagsfieber der Stadt bemächtigt. Menschen, die es eilig haben, von ihrem Arbeitsplatz fortzukommen, drängen und stoßen einen, tragen einen davon. Andere flanieren, zögern den Augenblick der Heimkehr hinaus. Wieder andere suchen die Begegnung, warten auf die Genüsse der Nacht. Es gibt so viel zu sehen, und der Blick liegt immer auf der Lauer; doch er ist überfordert, flattert hierhin und dorthin und erfaßt im Grunde nichts.

Eine angenehme Müdigkeit läßt mich alles wie gedämpft wahrnehmen, und gerne lasse ich mich treiben, fast wie einer dieser Fremden, an denen ich vorüberziehe. Zunächst zwar schreite ich tüchtig aus und suche voller Ungeduld jenen unbekannten Ort zu finden, wo auf mich wartet, was einfach kommen muß. Dann aber werden meine Schritte unmerklich langsamer, und bald kenne ich nur noch ein Vergnügen: das Schauspiel der Straße zu genießen.

Zauber des zu Ende gehenden Nachmittags, verschwenderisches Septemberlicht, das über die Fassaden der Häuser flutet, sich wie ein Strahlenkranz um die Gesichter legt und das Gefühl der Befreiung, das mich am Ende eines Arbeitstages erfüllt, noch steigert.

Ich erkenne ihn schon von weitem. Er nähert sich mit großen Schritten, seine Arme schlenkern. Ein stets vergnügtes Gesicht, doch meine Lippen deuten nur widerwillig ein Lächeln an. Unbehagen, Mitleid. Und, ich muß es gestehen, ein Anflug von Groll. Denn als ich ihm zum ersten Mal begegnet war, konnte ich es mir, wie so oft, nicht versagen, mich nach ihm umzudrehen, und gerade als ich in der alten Richtung weitergehen wollte, ein Schlag, und ich stand da, verwirrt, wütend, fluchend, und hielt mir, voller Haß auf die verdammte Straßenlaterne, die Stirn.

Der Strom. Die Flut. Die Hingabe an das, was entsteht. Die Drift. Kein freier Platz in dem Straßencafé mit den vielen Tischen. Vor ein paar Jahren wagte ich es noch nicht, diesen Platz zu überqueren, wo manchmal der Boden schwankte. Ich fürchtete mich vor all diesen Blicken, die ich auf mich gerichtet glaubte und die doch, wie ich merkte, wenn ich rasch und unsicher um mich blickte, sich um diesen namenlosen und so vielen anderen gleichenden Passanten gar nicht kümmerten. Um mir Mut zu machen für diese Prüfung, kniff ich die Lippen zusammen, spannte meine Kaumuskeln an und drückte heftig den Schlüsselbund, den ich in der Hand hielt. Meinen ganzen, aufs höchste angespannten Willen konzentrierte ich darauf, nicht zu stolpern und mich ungezwungen zu benehmen.

Und all diese Gesichter... Ich höre nichts mehr, ich sehe nur sie, und in einer brutalen Freude am Genießen trinke ich sie mit übermäßiger Gier. Ich trinke und verschlinge sie, genieße sie, verleibe sie mir ein, halte sie für immer in mir fest. Denn zu meiner großen Überraschung habe ich festgestellt, daß ich ein Gesicht, das ich ein paar Augenblicke lang mit Inbrunst erforscht habe, nicht mehr vergesse. Zehn, fünfzehn, zwanzig Jahre später, wenn ich es wiedersehe, und sei es an einem ganz anderen Ort und unter völlig anderen Umständen, weiß ich augenblicklich, wo und wann es sich mir eingeprägt hat. Gesichter und Blicke, Gesichter und Blicke: sicher meine größte Leidenschaft. Tausende von Stunden auf den Straßen, in den Cafés, in den Bahnhöfen, auf den Plätzen, um sie zu beobachten, sie zu befragen, um zu versuchen, in ihr Geheimnis einzudringen, um mich von all dem zu nähren, was ich ihnen entziehe, um sie in mir zu bewahren, dort, wo das Leben vibriert, dort, wo sie den gierigsten, den glühendsten Teil meiner selbst in Wallung versetzen werden — um mich in ein einziges Frohlocken zu verwandeln.

Er spricht mich an, und wir gehen ein paar Schritte zusammen weiter. Er besteht darauf, mich zu einem Glas einzuladen, und wir finden uns im Café wieder. Sonnengebräuntes Gesicht, schwere Hände, schiefgetretene Schuhe, plumper Gang. Den Ellbogen auf die Theke stützend, erklärt er mir, daß er wegen der Führerscheinprüfung von seinem Dorf heruntergekommen sei. Er hat sie bestanden, er ist überglücklich und will mich unbedingt an seiner Freude teilnehmen lassen. Wir plaudern. Dazwischen tritt plötzlich Schweigen ein, ich fühle mich unbehaglich und beginne, mich zu wundern. Aber nein, nichts Heikles ist gesagt worden, und bald gehen wir mit einem kräftigen Händedruck auseinander. Aber schon nach ein paar Schritten holt er mich ein, und überhastet, mit einer ganz anderen Stimme fragt er mich völlig unerwartet, ob ich ihm für den Abend eine Frau besorgen könne.

Die sanfte Luft, das dünner und schwächer werdende Licht versetzen mich in einen Zustand tiefster Rührung, in die schon eine ganz leise Angst mit einfließt. Die Ungeduld, die mich hinaustrieb, hat sich gelegt. Eine ungewöhnlich elegante Frau geht vorbei. Sie fesselt mich. *Der Strom. Der Fluß. Die Drift. Das Flüstern der Stimme. Die Macht des Auges. Sein Fassungsvermögen.* Ich folge ihr in ein großes Geschäft. Sie wendet sich an eine Verkäuferin, und am Regal daneben muß ich mich angelegentlich in die Betrachtung eines Paars Schuhe vertiefen. *Meine Neigung zur Passivität und Kontemplation.* Sie zahlt, geht hinaus, ich folge ihr. Verwirrung, Wahnvorstellungen, der Schritt wird rascher. Und als ich meine Umwelt wiederentdecke, habe ich sie verloren.

Der Strom. Der Fluß. Das Vergnügen, ziellos dahinzuschlendern, wenn der Rhythmus der Schritte Worte, Satzfetzen skandiert, wenn ich nur noch diese ständige Wiederholung bin, aus der eine Notiz oder ein Gedicht entstehen wird. *Der Strom. Der Fluß. Die aus dem Schweigen kommenden Worte. Wenn die Quelle das Auge entfacht. Wenn ich aus Stein in Glut verwandelt werde.*

Am Ende der Straße. Seit mehreren Minuten habe ich nichts gesehen, nichts gehört. Diese Notiz, die begonnen hat, in mir zu sprechen — vielleicht ist sie brauchbar. Ich trete in einen Hausflur, und hinter der Eingangstür knie ich nieder und kritzle in mein Notizbuch: *Mein Bedürfnis nach Passivität, meine Neigung zu ihr und zur Kontemplation. Die Augenblicke der Drift. Ich lasse mich treiben von der Flut. Dann erweitert sich mein Auge um all das, was sich ereignet. Um all das, was entsteht und, wie es scheint, keinen anderen Zweck hat, als sich dem Auge darzubieten, das seinerseits offenbar nur die Aufgabe hat, sich um das Wahrgenommene zu erweitern.*

Ich verlasse den Flur, und plötzlich: *Warum dieses Bedürfnis, dich zu verstecken? Warum diese Scham? Warum deine Scham, ein Schriftsteller zu sein?*

Drei junge Clochards, total betrunken, zusammengesunken auf einer Bank, die leeren Flaschen zu ihren Füßen. Und ich sehe wieder jenen anderen Clochard vor mir, den ich gegen Ende des letzten Winters traf. Ohne Alter. Struppiger Bart, langes fettiges Haar, Schorf auf einer Backe, unsteter Blick. Er ist aufdringlich, und zögernd fahre ich mit der Hand in meine Tasche. Als ich sie herausziehe und öffne, eine Überraschung: keine Münze, sondern ein

Schein. Ich sehe, wie sein Blick sich ein wenig aufhellt, und als ich zögere, rafft er den Schein blitzschnell an sich, bemächtigt sich meiner Hand — der rechten —, kniet nieder und drückt sie an seine klebrigen Lippen. Brennen. Eilig, die Hand vom Körper abgespreizt, kehre ich nach Hause zurück, und zwei Tage lang kann ich mich nicht dazu entschließen, sie zum Schreiben zu gebrauchen.

Der Himmel ist jetzt nicht mehr nur Licht. Kühle. Plötzliches Verlangen nach Zärtlichkeit, die mich einhüllt, wiegt, schützt. Vergnügen bei der Vorstellung, bald wieder Wollkleidung anziehen zu können, den Rollkragenpullover, wenn morgens Nebel herrscht, oder wenn man an friedlichen Winterabenden fleißig ist.

Ein ausländischer Arbeiter, der nach Hause eilt, kommt mir entgegen. Ich blicke ihn vorsichtig fragend an, bereit zu lächeln und ein wenig Sympathie erkennen zu lassen. Aber wie immer wendet sich der Blick des anderen, nach einem kurzen Moment der Überraschung, abrupt und ängstlich ab.

Diese Angst, die mich überfällt, wenn der Abend hereinbricht. Kein Licht mehr. Die Finsternis herrscht. Todesahnung. Aber warum jeden Abend diese Erregung, wenn man einen Tag enden sieht, der in all seinen Stunden doch gar nicht so leicht zu durchleben war?

Der Strom ist nicht mehr so dicht. Ich setze mich auf eine Bank. Mir entgegen kommen Gesichter, getaucht in das sehr weiche Licht, das noch vom Himmel ausgeht. Verschwunden ist die Spannung, die starke Gier, die mich vor gut einer Stunde nach getaner Arbeit aus dem Hause trieb und die mich morgen von neuem hinaus auf die Straße führen wird.

Ein starkes, wildes Gefühl zu leben... Ich wollte, ich könnte all das aufnehmen und in mich einsaugen, was heute in dieser Stadt gelebt wurde: die Freuden, die Augenblicke des Glücks, die von Vertrauen, Güte und Hingabe getragenen Handlungen, die Engagements, die Anstrengungen

und die Leidenschaften, aus denen wir bestehen und durch
die wir groß werden; und ebenso die Verirrungen, die Not-
lagen, die Schiffbrüche — ja, das alles, was zu schön, zu
tragisch, zu riesenhaft ist, als daß ich es fassen und in mir
tragen könnte. Das nur zu denken aber bereits genügt,
mich zu bewegen. Meinen Durst zu verschlimmern.

September 1974
Eine der tiefsten Freuden: Wenn man plötzlich die Kraft
hat, sich vor dem Ungedachten zu behaupten. Und dann
sich anschickt, ihm Form und Existenz zu verleihen.

8. September 1974
Er liebte die Menschen, das Leben, war intelligent, gut,
treu, voller Humor, er hatte einen einfühlsamen, nie sich
täuschenden Sinn für die wahren Werte, er war die Seele
der Gruppe, die sich spontan um ihn gebildet hatte, alles,
was er anfaßte, gelang ihm, und vor allem bildeten er und
Sylva ein Paar, bei dem es nur gegenseitige Anregung, Verständnis, Harmonie und Wertschätzung gab. Jeder schien
die Ergänzung des andern zu sein. Sylva brachte ihre Weiblichkeit, ihre Intuition, ihr reiches Inneres mit ein, er seine
Dynamik, seine Leistungsfähigkeit, sein Bedürfnis, alles sofort anzupacken, seine Hingabe an die Arbeit.
Letzten Oktober mußte er sich, nachdem er seit einem
Monat ein gewisses Unwohlsein, dann einen lokalisierba-
ren Schmerz verspürt hatte, einer Magenoperation un-
terziehen. Krebs. Die Chirurgen hatten das Unmögliche
versucht und wußten doch, daß er höchstens noch drei
Monate zu leben hatte.
So stark war jedoch sein Lebenswille, daß es ihm gelang,
die Entscheidung fast ein Jahr lang immer wieder hin-
auszuschieben. Gestern jedoch war seine Energie verbraucht, und er verlöschte. Und Sylva ist mit Laurence,
ihrer kleinen Tochter, allein.

Ja, die Menschen, die dahingerafft wurden, bevor sie alles geben konnten — sie fordern mich auf, ihrem Besten treu zu bleiben, sie verlangen von mir, daß ich zu verwirklichen versuche, was sie nicht vollbringen konnten, und daß ich jenen Teil ihres Lebens, der ihnen genommen wurde, als etwas Kostbares in mir hüte. Ihn hüte und wachsen lasse. Ihn voll zur Entfaltung bringe.

September

Es ist drei Uhr morgens, und in dieser nächtlichen Stille und Einsamkeit wage ich die Niederschrift einer Notiz, die mich ein paar Stunden später, wenn der Tag gekommen ist, verlegen machen wird: Mein Schreiben ist vielleicht nur der Versuch, mich darüber hinwegzutrösten, daß ich kein Heiliger bin. (Ich benütze das Wort außerhalb jedes religiösen Bezugssystems. Es bezeichnet für mich einen Menschen, der nach einem langen und schmerzhaften inneren Kampf zu Harmonie und Weisheit gelangt ist, der eine völlige Verwandlung erlebt hat. Einen Menschen, dem das Herz aufgeht vor Liebe, der erfüllt ist von jener ungestümen und doch heiteren Kraft, nach der ich mich so unbefriedigt sehne.

Sich erkennen, um Schluß machen zu können mit dem Ich. Aber es kommt der Augenblick, da die klare Erkenntnis verlöschen muß. Erst wenn das Auge sich schließt, kann jener Zustand der Einheit und der Leere eintreten, der das Tor zur Fülle ist. (Seit Jahren schon versuche ich zu verstehen und verständlich zu sagen, was sich mir als Widerspruch darstellte: einerseits die Notwendigkeit, sich immer besser zu erkennen, zu immer größerer Klarheit zu gelangen, und andererseits die Tatsache, daß jenes Unsagbare, zu dem man strebt, nur keimen kann, wenn das Wesen nicht mehr aufgespalten ist in das Auge und in das, was es beobachtet.)

30. September 1974

Ich denke viel an Sylva, an ihren Schmerz, an die schrecklichen Tage, die sie erleben mußte, die düstere Folge von Augenblicken der Niedergeschlagenheit, Energielosigkeit, Weigerung, Revolte, wenn das Vertrauen in das Leben schwindet, und dann, wenn alles nachgibt, wenn man nicht mehr die Kraft hat, Herr seines Leidens zu bleiben, die Panik und der Zusammenbruch... Dann wieder das vorübergehende Nachlassen des Schmerzes, die Minuten des Vergessens, das unvermittelt hervorbrechende, unerklärliche Verlangen, zu leben — und sofort die Schuldgefühle, die Selbstvorwürfe, das erdrückende Gefühl, an dem, den der Tod ausgelöscht hat, schon Verrat zu üben. Und schließlich das Empfinden, sich aufzulösen in jenem Zwischenbereich, in dem nicht der Tod herrscht und nicht mehr das Leben, in dem man nur noch Erstarrung ist, Finsternis und offene Wunde.

Ich denke viel an sie, aber ich kann ihr einfach nicht schreiben. Vor allem deshalb, weil der Schmerz mich erdrückt, weil er mir die Sprache verschlägt, mich nur noch wünschen läßt, daß ich mich zurückziehe und schweige. Und dann auch deshalb, weil Sylva einen unbestechlichen Sinn für das Wahre, Authentische hat, so daß es sich verbietet, ihr mit den üblichen Gemeinplätzen zu kommen. Machte ich aber den Versuch, ihr zu sagen, was ich in mir selbst gefunden habe — mit dem Risiko, sie, die so schamhaft ist, die über so etwas nicht redet, zu erschrecken —, so müßte ich befürchten, nicht so einfach, direkt und spontan zu sein, wie ich es gern wäre; und ich weiß, der geringste falsche Zungenschlag würde sie vertreiben und den erhofften Kontakt verhindern, der für einen Moment die Last des Alleinseins von ihr nehmen könnte.

Vielleicht fühle ich mich aber auch noch durch eine andere Überlegung gehemmt: Wenn man sich über zwei oder drei Stunden der Stille hinweg einem anderen Menschen zu nähern sucht, wenn man in sich inbrünstig aufzuspüren sucht, was ihn unersetzlich macht und was ihn uns lieben läßt, kommt man schließlich zum intimsten und behütetsten Grund seiner selbst. Die Worte, die davon künden, fließen einem dann ganz spontan in die Feder. Der Brief, der sie transportiert, kann seinen Empfänger jedoch in einem Augenblick erreichen, in dem er sich selbst entfremdet ist und unfähig zu erfassen, was die Zeilen, die er vor Augen hat, veranlaßt hat. Und so wird die Botschaft nicht in dem Sinne aufgenommen, der beabsichtigt war, sondern ruft nur Erstaunen und peinliches Berührtsein hervor. Es ist eben diese Befürchtung, mißverstanden zu werden, die mich immer wieder davon abhält, einen solchen Brief zu schreiben oder wenigstens in einem Brief zu umschreiben, was ich ihm gerne anvertrauen würde.

Oktober 1974

Ich befinde mich an der Ecke der Rue Victor Hugo und der Place Bellecour. Plötzlich ein Motor auf Hochtouren, und dann ein Auto mit hoher Geschwindigkeit. Und unmittelbar dahinter zwei Polizeiwagen mit heulenden Sirenen. Der verfolgte Wagen schafft die Kurve nicht und rast geradeaus weiter auf den Platz, wo er vor einem Kastanienbaum zum Stehen kommt. Ein junger Bursche springt heraus, flüchtet, weiß nicht wohin, und ergibt sich schließlich mit erhobenen Händen den Polizisten. Die Leute, die zusammenströmen, sind erregt, von einer ungesunden Freude erfaßt. Ein paar Gymnasiasten in meiner Nähe bedauern, daß die Polizisten nicht geschossen haben. Mich frappiert, daß sie das Ganze wie eine Szene aus einem Western betrachtet haben und nicht einen Augenblick lang bewegt wurden von dem Drama, das für den jungen Burschen begann (gleichgültig, was er angestellt haben mag). Ich entferne mich. Und noch ganz aufgewühlt, begegne ich Leuten, die zu meiner Überraschung nichts gesehen haben und in aller Ruhe spazierengehen.

Mir war immer mehr oder weniger bewußt, und das war vielleicht mein großes Glück, daß ich das Leiden nicht zurückweisen durfte. Daß ich es das Terrain bereiten lassen mußte, auf dem Freude wachsen kann.

29. Oktober 1974
Im Zug, auf der Rückfahrt von Paris.
Sylva.
Ihr schönes Gesicht versehrt. Vom Leid gezeichnet.
Dabei so feminin. Aber ohne jene Eigenheiten, die feminine Frauen manchmal haben.
Intuitiv, ausgeglichen, stark, mutig, verletzlich, weich, unmittelbar.
Immer in spontaner Übereinstimmung mit dem, was geschieht, was der andere ist.
Klar und offen, und dennoch voller Geheimnisse, in sich zurückgezogen, unergründlich.
Wenn mich ihre Gegenwart oft so verwirrt, dann allein deshalb, weil ich in ihr die geheimnisvolle Verkörperung des Weiblichen sehe, weil ich in ihrem Stillesein, ihrem Meditieren das unendlich tiefe, unendlich reiche Urmeer erkenne, in das jede wirkliche Frau getaucht ist (denn sie nimmt am Ende die unendliche flüssige Weite, in der sie sich befindet, in sich auf).
Und weil sie Frau ist, ist sie ihrem Wesen nach empfangend, gebend, opfernd, sorgt sie sich mehr um andere als um sich selbst.
Sie lebt ihr Leid ohne Worte, ohne Zurschaustellung, ohne Selbstmitleid, und ihr Anblick tut einem weh. Denn sie hat sich geweigert, Schutzmaßnahmen zu ergreifen, eine Verteidigung aufzubauen. Und ihre Strenge und ihr Schweigen sagen dir deutlich, daß du keine Worte machen sollst und daß es vergeblich wäre, ihr Beistand leisten zu wollen. So ist sie einfach da, vor mir, dem Leiden preisgegeben, der Zeit, der Einsamkeit. Ihr Ernst, ihr Schmerz — sie bewegt mich tief.

Und wenn sie ab und zu lebhaft wird, lächelt, lacht, erschüttert das noch mehr. Denn dann stellt man sich die lange Reihe von Jahren vor, die vergehen müssen, um ihr Leid zu lindern, um ihr wieder Freude zu schenken, um ihr wieder Geschmack und Vergnügen am Leben zu geben. Zum Glück wird sie von den M., ihren unersetzlichen Freunden, gut umsorgt. Während der schweren Prüfung, die sie gemeinsam durchgemacht haben, wurden die besten Kräfte eines jeden geweckt. Ihre Freundschaft hat es Sylva ermöglicht, ein wenig von jener unvergleichlichen Liebe, die sie mit J. C. verbunden hatte, gleichsam weiterzuleben, wenn auch auf andere Weise — nicht etwa mittels eines Übertragungseffektes, sondern weil das Unglück in allen dreien das, was nicht elementar war, brutal ausgebrannt hat, weil sie sich zugleich zerbrochen und neu geschaffen, verloren und neu entfacht fanden, und weil für Sylva, nach dieser Erschütterung, nur noch das kraftspendende Wunder dieser grenzenlosen und reinen Zuneigung blieb.

Wir haben trotzdem miteinander gesprochen, und ich glaube, wir haben außerordentliche Augenblicke erlebt. Denn auch ich wurde ergriffen von dem, was von ihnen ausging, fühlte mich über mich selbst erhoben. Verflogen war die lähmende Angst vor dem andern, das dumme, falsche Schamgefühl, die Furcht vor der Preisgabe des Intimsten. Die Schranken waren niedergerissen, und unsere Beziehung und die Worte, die wir miteinander wechselten, waren noch nie so frei, so intensiv, so wohltuend gewesen wie in diesen wenigen Tagen.

Ich ging sogar so weit — ich hoffe, es geschah mit der nötigen Vorsicht —, ihr zu sagen, daß sie, nachdem das Unglück nun einmal geschehen sei, die Chance habe, den schrecklichen Schmerz, der ihr Los sei, privilegiert leben zu können. Denn wenn auch in ihr verständlicherweise alles rebelliere, so fühle sie doch dunkel, daß es zu nichts führe, wenn sie sich auflehne, sich entziehe, sich zerstöre, sich der Aggressivität oder der Verzweiflung hingebe. Daß

sie den Schmerz annehmen, sich neu formen lassen und
trotz allem an jenes Lebensgesetz glauben müsse, demzu-
folge ein langes, nicht in Verkrampfung, sondern mit Klarheit und Hingabebereitschaft durchlittenes Leiden unfehlbar zu einer zweiten Geburt führt.

Und als ich ihr so gegenüber saß und ihr Wesen in seiner
höchsten Ausprägung erfaßte — selbst wird ihr das vielleicht nie gelingen, denn dem andern, falls er klarsichtig
in uns hineinzusehen vermag, bietet sich die Möglichkeit,
unseren Kern zu erkennen, während uns selbst eine genaue
und umfassende Erkenntnis unserer selbst nur sehr selten
vergönnt ist —, da begriff ich zum ersten Mal, aber für
immer, daß Freude und Leid gleichwertig sind, daß wir
zu Unrecht das eine zugunsten des andern ablehnen, daß
wir uns vielmehr ihren belebenden Kräften hingeben und
uns von ihren weisen mütterlichen Wassern endlos wiegen
und verwandeln lassen müssen. (Auch dies, so fühlte ich,
durfte ich ihr sagen.)

1975

Februar 1975

Diese Augenblicke der Niedergeschlagenheit und des Schuldgefühls, wenn man sich klarmacht, daß schon die Tatsache der eigenen Existenz — weil man den Anforderungen des Lebens genügt, gewisse Bedürfnisse stillt, einen bestimmten Raum beansprucht — für andere eine Bedrohung darstellt.

Was ich sagen möchte, ist von einer solchen Inkonsistenz, daß das Denken sich weigert, es aufzunehmen, es zu erfassen und zu versuchen, es wenigstens ein bißchen annehmbar zu machen. Wie kann ich mich dann unterfangen, es zu übersetzen?

Wer den Zustand vollkommener Freiheit erreicht hat, muß sich der äußersten Disziplin unterwerfen.

Ich war noch ein Kind. Papa Ruffieux und ich waren damit beschäftigt, ein Stück Land, das wir zuvor gepflügt hatten, zu eggen. Es war ein düsterer, windiger Herbstnachmittag. Die Egge war zu leicht, und um sie ein bißchen schwerer zu machen, damit sie tiefer in die Schollen eindringen konnte, mußte ich mich auf eine ihrer Querstangen setzen. Am Ende des Ackers wendeten die beiden Kühe, die sie zogen, ein bißchen zu scharf. Die Egge kippte um und begrub mich unter sich, und während ich einige Meter mitgeschleift wurde, malträtierten mich die großen Schrauben, mit denen auf dieser Seite der Egge die Zähne befestigt waren. Natürlich versuchte ich zu schreien; aber noch bevor ich begriff, was passiert war, hatte ich den Mund voll Erde, und ich brachte keinen Laut heraus.

Ich habe später oft an diese Szene gedacht, denn es scheint mir, als gehe es uns so auch in manchen Augenblicken der Verzweiflung. Wir wollen schreien, uns befreien, um Hilfe rufen, aber irgendeine widerliche Erde verstopft uns den Mund, und wir bleiben stumm.

März 1975

Wenn ich behaupten würde, so schrieb ich heute morgen Marie-Françoise, daß ich schon einmal die Absicht gehabt hätte, mich in ein Kloster zurückzuziehen, so wäre das sicher übertrieben. Aber ich kann auch nicht bestreiten, daß ich schon daran gedacht habe, alles zu verlassen, um als Einsiedler zu leben.

Diese Anwandlungen hatten keine Folgen, weil mir mit jedem Schritt auf meinem Weg deutlicher geworden ist, daß man eine vollständige, die Menschen meidende, niemals zu beschneidende Freiheit erreichen muß, wenn man sich dem Unendlichen entschieden nähern will, und daß man ein solches Abenteuer nur in der Abgeschiedenheit, ohne Hilfe, ohne Halt, ohne Orientierungspunkte, fern jeder Regel, jeder Ordnung, jeder Institution leben kann.

(Wie oft schon habe ich mich bei der Lektüre dieses oder jenes Mystikers über folgendes geärgert: Da hat er eine elementare, fundamentale und eben deshalb auf keine strenge Orthodoxie reduzierbare Wahrheit zutage gefördert, und gleich befleißigt er sich, sie abzuschwächen, zu verfälschen und zu guter Letzt dem Dogma zu unterwerfen, um ja keinen Zweifel daran aufkommen zu lassen, daß sie, entgegen dem Augenschein, nicht aus einem ketzerischen Standpunkt hervorgegangen ist. Unstatthafte Verrenkungen, eines Menschen unwürdig, der so weit gegangen war bei der Suche nach dem, was sich jeder Eingrenzung verweigert.)

Warum nur hat der Mensch immer das Bedürfnis, das Ursprüngliche, Authentische, Freie, Intensive, Lebensvolle zu zähmen, zu verwässern, zu kastrieren? Und warum hat er eine derartige Angst vor dem Augenblick, in dem die Angst aufhört?

Jene Vollkommenheit, jene Fülle, die wir ersehnen — wir wissen, daß wir sie niemals leben können. Deshalb das Gefühl radikalen Ungenügens. Der Schande. Und doch müssen wir zugeben: Wenn wir eine so genaue Ahnung von jenem Zustand haben, dann deshalb, weil ein Teil unserer selbst, auf welche Art auch immer, an ihm teilhat (und bestünde dies nur in dem Bedürfnis, das wir nach ihm haben).

Ich nenne es die *Sache*. Jenes Unsagbare, das wir verzweifelt zu erreichen trachten und nach dem wir mit so viel Leidenschaft, mit so viel Wankelmut und Unbesonnenheit suchen. Jenen Ort — aber es ist kein Ort, jenen Zustand — aber es ist kein Zustand, jenes so intensive, so extreme *Etwas*, das unseren Durst, der immer unlöschbarer wird, löschen würde.
Wir tragen dieses *Etwas* in uns, und viele nennen es Gott. Wohl begreiflich, daß wir es niemals zu erfassen verstanden, ohne es zu verfälschen, so schwindelerregend, unzugänglich, unnahbar bietet es sich uns dar.

Immer noch diese Ungeduld. Sie allein ist verantwortlich für die Nachlässigkeiten in meinem Stil, für die Hast, die mich gewisse Nuancen mißachten läßt und mich dazu verleitet, mich mit plumpen Lösungen zufrieden zu geben, wenn Schwierigkeiten auftauchen.
Ungeduld hinsichtlich dieser Ungeduld. Aber wie ihr entgehen, um gelöster zu werden? Um endlich ein Wasser zu werden, das ruhig ist — und kocht?

April 1975

Im Zentrum der Stadt immer häufiger diese Gruppen von Clochards, zu denen, wie es scheint, jeden Tag eine oder zwei neu dazukommen. Wenn man an ihnen vorübergeht, deprimieren einen weniger die zerlumpten Gestalten, die schon längst zu Bettlern heruntergekommen sind und sich in diesem Leben eingerichtet haben, als vielmehr jene, die sich ihnen erst vor kurzem angeschlossen, sich eben erst aufgegeben haben. Ihr unruhiger oder herausfordernder Blick verrät, daß sie sich noch nicht als das akzeptieren, was sie geworden sind.

Meine Enttäuschung, mein Leiden, wenn ich mit einem Gedicht fertig geworden bin. Da war ein Aufwallen, eine brodelnde, übersprudelnde, jubilierende Materie, und plötzlich das Sich-Ergießen in die Form, die sie lebendig halten sollte. Aber wenn das Gedicht vollendet ist, habe ich nur diese trockenen, verwaschenen, fast toten Worte.

Meine Verehrung für die Frau. Ich fühle so deutlich, daß sie die Hüterin des Wesentlichen ist, daß sie teilhat am Geheimnis, am Leben, an dem, was sich dem Denken entzieht und das Wichtigste birgt. Schon im Jünglingsalter, wenn ich beim Tanzen eine besonders geschmeidige Partnerin im Arm hielt, die dem zartesten Druck meiner Hand gehorchte, ja sogar meine Absicht erriet, war ich entzückt darüber, daß ein Körper so frei sein kann von jeglichem Willen, von jeglichem Widerstand, daß er imstande war, der leisesten Auffoderung unverzüglich nachzukommen. Eine ähnliche Hingabe war mir selbst nicht möglich, und deshalb verehrte ich so sehr jene, die in vollkommener Arglosigkeit einer solchen Heldentat fähig war.
Auf der Straße, im Café, wo immer ich mich aufhalte, wird mein Auge nicht müde, sie zu betrachten, sie zu trinken, sie in mich aufzunehmen und sie zu wiegen.
Blicke, Blicke — Blicke, die die meinen suchen, um eine

kurze Huldigung zu erhaschen, und sich danach sofort wieder abwenden — Lippen, Lippen — Münder wie Geschlechter, bei deren Anblick das Blut in Wallung gerät — Gesichter, Gesichter — sich preisgebende, ernste, zarte Gesichter, aus denen ich mit Freuden so etwas wie ein Flehen herauslese und die plötzlich mein Verlangen entfachen — die rassige Feingliedrigkeit einer Fessel — eine kräftig ausgebildete Wade, die das Auge dazu auffordert, sich suchend weiter hinaufzuwagen — Schenkel, heiß erahnt unter dem sie umspannenden Stoff — die plötzliche Pracht einer starken Brust in ihrer schwingenden Bewegung, die mich jedes Mal erregt, mich quält, mich in eine nicht endende Verwirrung stürzt.

An jedem Spätnachmittag gehe ich, um mich ein wenig zu entspannen, auf die Straßen hinaus, aber nur auf die im Zentrum, dorthin, wohin mich mein Hunger führt. Und oft lasse ich mich von einem Duft anlocken, folge einem Paar wohlgestalteter Beine, einem schönen Hintern. (Wenn ich diesen Ausdruck gebrauche, dann keineswegs, um die Frau herabzusetzen. Im Gegenteil, er betont die Bedeutung, die ihr Körper für mich hat, das Begehren, das mich bei seinem Anblick erfüllt, die Entdeckungen, die ich ihm verdanke, die Wohltaten, die er mir erwiesen hat.) Oder ein Blick antwortet der Inständigkeit meines Blicks, und ich bewahre in mir dieses Gesicht und übergebe es meiner Liebe. Oder es ist kein Gesicht, es ist ein ganzer Körper, den ich in mich aufnehme, und wie ein warmer Frühlingsregen ergießt sich meine Verehrung auf ihre Erde, durchdringt und befruchtet sie.

18. April 1975

Ich war gerade vier Stunden bei Estève.
Das künstlerische Temperament hat er wohl von seiner Mutter. Die Großeltern väterlicherseits waren Bauern aus dem Berry. Sein Vater war Schuhmacher, außerdem Schatzmeister der Leder-Gewerkschaft.

»Als er verbrannte, was ich machte, hat er mir den größten Dienst erwiesen.«

Aber gegen Ende seiner Jugendzeit hat er sich heftig gegen ihn aufgelehnt.

Als er noch ein Junge war, begleitete er den Vater zum Gewerkschaftshaus. Er lief in den Gängen auf und ab; an den Karbolgeruch, der dort herrschte, erinnert er sich noch. Aber er hörte auch den Gesprächen zu, von denen manches in ihm weiterwirkte. Das führte ihn später zur Lektüre anarchistischer Blätter.

Sein Bedürfnis zu malen regte sich schon im Kindesalter. Eigentlich fühlte er sich aber von allen Ausdrucksmöglichkeiten angezogen. Wenn er Musik hört, sieht er sich gleich vor dem Orchester stehen und dirigieren. Wenn er liest, identifiziert er sich sofort mit dem Autor und wiegt sich in der Illusion, er könne dieses Buch, das er in Händen hält, selbst geschrieben haben. Und doch ist es unter den Künsten die Bildhauerei, die ihn nach der Malerei am meisten fesselt. Wenn er eine Ausstellung besucht, in der Gemälde und Skulpturen zu sehen sind, wird er sich den Skulpturen immer zuerst zuwenden.

»Da ich kein Bildhauer werden konnte, war ich bestrebt, manchmal ein skulpturales Element in meine Malerei einzufügen.«

Wir sprechen über Laurens, Arp, Moore...

Im Jahre 1943 floh er aus Paris und mietete ein entlegenes Haus in den Bergen, in der Gegend von Culan. Dort blieb er mehrere Monate. In der schönen Jahreszeit ließ er die Fenster und Türen offenstehen und bekam Besuch von Eichhörnchen, Hasen und Kühen, die des Weges kamen. Die Tiere schienen neugierig auf diesen Mann zu sein, der sich nicht rührte, nur stumm dasaß und sie betrachtete. Er sah die Jahreszeiten kommen und gehen, die Bauern pflügen, säen, ernten, und er erläutert mir, wie enttäuscht er war, als er mit seinen unvollendeten Bildern die Rückfahrt antrat und sich sagen mußte, daß er, im Unterschied zu den Bauern, nichts von dem zu einem guten Abschluß hatte bringen können, was er sich vorgenommen hatte.

Er erzählt mir von den großen Schwierigkeiten, die er jeden Tag hat, wenn er die Welt des Alltäglichen verläßt, um in jene andere Welt einzutreten, in der der Akt des Malens möglich wird.

Die Lust, ja die Leidenschaft zu arbeiten hat ihn nie verlassen.

»Dann lebe ich am intensivsten. Wenn ich male, fühle ich mich den Mitmenschen am nächsten. Viel näher, als wenn ich ihnen begegne und mich mit ihnen unterhalte.«

An einem Bild sitzt er viele, viele Stunden.

»In mir lebt ein Handwerker. Ich glaube ganz und gar nicht an den Blitz der Inspiration. Wenn sich etwas schnell einstellt, bin ich mißtrauisch. Ich traue nur dem, was langsam und als Ergebnis angestrengter Arbeit ans Tageslicht kommt.«

Ich zitiere einen Ausspruch, den ich wohl in einem fernöstlichen Text gefunden habe:

»Die Zeit rächt sich an dem, was ohne Zeitaufwand gemacht wurde.«

»Wenn ich mit einem Bild beginne, sehe ich mich einer Unzahl von Ideen konfrontiert, die sich mir anbieten. Ich muß wählen, ich muß verwerfen, und das tut immer weh. Aber ich weiß heute, daß ich das, was ich abweise, eines Tages in einer anderen Form wiederfinden werde. Es kommt der Augenblick, in dem ich vor lauter Arbeit nichts mehr sehe. Dann drehe ich das Bild zur Wand und lasse es drei, vier Monate schlummern. Wenn ich es wieder vorhole, weiß ich sofort, was ich zu tun habe.«

Wir sprechen vom Nicht-Wollen. Von der Notwendigkeit, sich selbst auszulöschen, damit die Energie ganz zur Wirkung kommen kann. Der Wille verfälscht alles.

Einmal war er ziemlich schwer krank. Gerade damals hat er seine stärksten, mit Energie förmlich geladenen Bilder gemalt. Dabei konnte er sich kaum auf den Beinen halten.

Er ist Autodidakt, und als er jung war, hat er wahllos alles verschlungen, was ihm in die Hände fiel, ohne irgendwelche Unterscheidungen zu machen.

»Deshalb weist meine Bildung zahlreiche Lücken auf.« Jedenfalls hat er viel gelesen und liest weiterhin. Aber nicht so viel, wie er gerne wollte. Auf einem Tisch sehe ich zwei umfangreiche Bände einer Geschichte des Anarchismus liegen.

Mit neunzehn Jahren entschloß er sich, nach Spanien zu gehen. (Ich sehe ihm an, daß ihn diese Erinnerungen an weit Zurückliegendes sehr bewegen.) Er blieb ein Jahr in Barcelona und hielt sich dort an seinen Entschluß, nicht mehr zu malen. Aber als er nach Paris zurückkehrte und seinen Fuß auf den Bahnsteig setzte, packte ihn wieder die unbezähmbare Lust zu malen.

Viele Jahre lang las er die anarchistischen Zeitungen, und auch Célines »Reise ans Ende der Nacht« liebte er sehr.

Noch einmal erzählt er mir ausführlich vom Spanischen Bürgerkrieg. Damals wurde er so sehr von Gewissensbissen gequält, daß er lange Zeit nicht malen konnte.

Sein Mißtrauen gegenüber den Politikern. Gegenüber denen, die am Ende einer Revolution deren Nutznießer sind. Er zitiert Saint-Justs Verwünschung »jener Revolutionäre, die den Revolutionen nachlaufen, wie die Schlangen dem ausgetrockneten Fluß folgen«. Er weiß, wie wichtig das Individuum ist, und er versäumt nicht, anzuprangern, was unsere Freiheit bedroht und einschränkt.

»Ich bin allzu leidenschaftlich interessiert an allem, was in der Welt geschieht. Ich werfe mir das vor, aber was kann ich tun?«

Er lebt sehr zurückgezogen, in großer Einsamkeit, pflegt aber einige große, außergewöhnliche Freundschaften.

Im Januar 1970 wurde ihm der Große Kunstpreis verliehen, den er schon ein- oder zweimal abgelehnt hatte. Um seine Ruhe zu haben, reiste er gleich am nächsten Morgen ab nach Culan.

»Ich fühlte mich so glücklich, so frei, als ich in der Gare d'Austerlitz meine Croissants aß.«

Er hat sich viel mit der Natur beschäftigt, jetzt aber, so erklärt er mir, interessiert ihn vor allem der Mensch und das, was er geschaffen hat. Wenn er sich in einem bestimmten Viertel in der Nähe der Seine befindet, macht er immer einen Umweg, um einen Blick auf Notre-Dame und die Sainte-Chapelle zu werfen. Er hat begriffen, daß er der Natur die von Menschenhand bearbeiteten Steine vorzieht.

Zwei Monate blieb er in seinem Dorf. Als es zu schneien anfing, überfielen ihn Kindheitserinnerungen, und er verspürte den Wunsch, Schneelandschaften zu malen. Aber schnell wurde ihm klar, daß solche Versuche sinnlos waren.

»So etwas muß sich auf der Leinwand ereignen, ohne Anstoß von außen, wenn ich Formen erschaffe, in denen mir entgegentritt, was ich bin. Wie das Bild dann seiner endgültigen Form zustrebt, überrascht mich immer wieder. Je deutlicher sich im Akt des Malens das Unbekannte enthüllt, desto leidenschaftlicher erregt es mich.«

Er kann das Bild, an dem er malt, durchaus wie ein Wesen ansehen, das geboren werden will und dem er Leben einhauchen muß.

Lange spricht er von Fouquet, Poussin, Chardin, Corot, Cézanne... Von der Notwendigkeit, sich genau, streng und zurückhaltend auszudrücken.

Er spürt sehr wohl die Krise, in der sich unsere Gesellschaft befindet. Trotzdem meint er, daß die Kunst nicht Wirrwarr und Hilflosigkeit zum Ausdruck bringen, sondern ein Ort sein soll, an dem man sich sammeln, zu sich kommen, Sinn und Energie finden kann. Aber er besteht darauf, daß man diese Energie zuerst in sich selbst schaffen muß, bevor sie in einem Werk Gestalt annehmen kann.

»Wir müssen zweifellos alles akzeptieren, was uns das Leben anbietet. Die Schwierigkeiten, die Leiden, all das schlägt unweigerlich zu unseren Gunsten aus.«

Wir kehren zur Malerei zurück, und er gesteht mir, daß ihm eine Retrospektive seines Werkes kaum Freude bereiten würde. Es könnten Bilder dabei sein, die ihn enttäuschten, und dann müßte er sich Vorwürfe machen. Und wenn ihn andere positiv überraschten, müßte er nur denken, daß ihm so etwas Gutes nicht noch einmal gelingen würde.

Die Bilder, die er seinerzeit unter dem Einfluß des Surrealismus gemalt hat, würde er gerne zurückkaufen, um sie zu verbrennen.

Ich frage ihn, ob die Frau, ob das weibliche Element ihm viel bedeutet habe. Die Frage überrascht ihn, er sagt mir, daß sie ihm zum ersten Mal gestellt wird.

»Ja, das ist ein wichtiger Aspekt... Alle meine Formen werden von dem Gedanken, von der Gegenwart der Frau gespeist... Sie hat mir viel bedeutet, und sie bedeutet mir noch viel. Übrigens kann ich mich mit Frauen immer am besten unterhalten.«

»Und fühlen Sie, wie zerbrechlich, wie bedroht unser Leben ist?«

»Natürlich. Malen ist für mich so etwas wie Auflehnung, wie Protest gegen die Condition humaine, ein Unschädlichmachen dessen, was uns zerstören will. Das ist meine Art, die Zeit zu besiegen, gegen den Tod zu kämpfen.«

»Und empfinden Sie bei Ihrer Arbeit immer noch das gleiche Vergnügen wie am Anfang?«

»O ja. Je weiter ich fortschreite, desto intensiver ist die Freude am Malen.«

Ein Nachmittag im April. Wir fahren für ein paar Tage ans Meer hinunter und machen Halt bei einer Autobahnraststätte in der Nähe von Montélimar.

Ich stehe an meinem Auto mit einem kleinen Mädchen, das sich an meine Beine lehnt, und lasse meinen Blick über die dunkelblaue Masse der nahen Berge des Ardèche schweifen. Seltsames Phänomen: Hinter den Gipfeln taucht in niedriger Höhe eine ganze Armada gleichartiger, an ihrer Unterseite perlgrauer kleiner Wolken auf. Ein kräftiger Wind treibt sie vorwärts, und sie brauchen gerade ein paar Minuten, um den Himmel in seiner ganzen Ausdehnung zu überqueren.

Den Kopf in den Nacken legend, gelingt es mir auf einmal, mich mir selbst zu entziehen, und ich schließe mich dieser Flotte an, die in regelmäßiger Folge einen raschen und leichten Schatten auf uns wirft.

Und dann dieser plötzliche Schwindel, der mich trennt von der Zeit, und die Erde setzt sich in Bewegung und nimmt mich, nach Westen gleitend, mit in jene Gegenden, wo es, so möchte ich glauben, niemals Nacht wird.

Jedes Mal, wenn ich mich bei klarem Wetter am Spätnachmittag auf dem flachen Land befinde, packt mich das geradezu schmerzhafte Verlangen, mich der Sonne anzuschließen, sie auf ihrer Flucht zu begleiten und das allmähliche Verschwinden des Lichts zu verhindern. In solchen Augenblicken würde ich sie am liebsten in beide Hände nehmen können und mein Gesicht in sie tauchen.

An jenem Tage aber fühlte ich, weil der ganze Himmel sich zu bewegen schien, wie die Erde selber sich mir verbündete, mein Verlangen erwiderte, mich hinauszog in jene unendlichen Räume, wo die Sonne niemals stirbt.

Augenblicke der Ekstase, der Ewigkeit! Aber eine Stunde später meine alte Verzweiflung, als die Nacht anbrach.

April 1975. Avignon

Im Restaurant, zwei Tische weiter, dort, wo sich Gastarbeiter, Clochards und sonstige Randexistenzen niedergelassen haben, zwei massige Zigeunerinnen von etwa fünfzig Jahren.

Die Flut der langen fettigen Haare auf den nackten breiten Schultern. Die pechschwarzen Augen, der mal gleichgültige, mal furchtlose, intensive, listige, wilde, scheue und unbeschreiblich verächtliche Blick. Die schweren goldenen

Ringe an den langgezogenen Ohrläppchen, bis zur Mitte des Halses reichend. Die vollen, hochmütigen Lippen, eher Sexualorgan oder Blutklumpen als Mund. Die kupferfarbene, von der Sonne ein Leben lang gegerbte Haut. Die schweren Trauben der Brüste gegen die Tischkante gedrückt. Die von Schweiß schwarz schimmernden Haarbüschel in den Achselhöhlen, die fleischigen nackten Arme, das Geklimper der Armbänder an den Handgelenken. Die weiten, langen, ziemlich abgetragenen Kleider mit ihren schreienden Farben. Die schmutzstarrenden Hände mit den ringübersäten Wurstfingern, die zwischendurch das Besteck Besteck sein lassen und direkt in den Teller greifen. Die Füße mit den weinroten Nägeln und der dikken Hornhaut an den Sohlen, die so schwarz ist, daß man meinen könnte, die beiden trügen Schuhe. Die nach dem hinabgeschlungenen Essen sofort angezündete Zigarette, die im Mundwinkel hängt, zwischen halb geöffneten Lippen, die noch fettig glänzen vom letzten Bissen...

Von diesen beiden Frauen, die sich in ihrer unüberbietbaren Vulgarität als die totale Negation aller unserer Normen präsentierten, zugleich aber auch spüren ließen, wie stark sie lebten und daß sie das Leben im Griff hatten — von diesen beiden Frauen vermochte ich meinen Blick nicht mehr zu wenden...

7. Mai 1975

1953, in der Kaserne. Ein kleines Zimmer, düster, kalt. Vier leere Schränke und vier Pritschen. Ich liege auf einer von ihnen, flach auf dem Bauch, direkt auf dem Metallgestell. Ich verschlinge »Die Tiere« und »Die Zeit der Toten« von Pierre Gascar. Ich höre auf zu lesen. Ich stütze die Stirn in meine Hände und erlebe einen schrecklichen Augenblick der Verzweiflung. Ohne es mir einzugestehen, hege ich schon den Wunsch, eines Tages ein Schriftsteller zu werden, und dieses Werk, in dem so oft einzelne Sätze ihre evokatorische Kraft entfalten, hat mir gezeigt, was schriftstellerisches Talent bedeutet. Mir wird deutlich, wie weit ich davon entfernt bin, und das bedrückt mich.

Ich bin allein mit mir selbst und fühle mich schrecklich elend, als ich mir sagen muß, daß ich diesen Wunsch in mir auslöschen muß, und daß ich immer noch ein guter Soldat werden kann. Dabei habe ich im Hinterkopf die Gewißheit, daß ich mich niemals damit werde abfinden können, zu leben, ohne mir selbst zu gehören, und daß es keinen anderen Ausweg geben wird, als mich zu zerstören.

Als ich heute in Baume-les-Messieurs Pierre Gascar die Hand drückte, ging mir all das wieder durch den Kopf.

Er lebt mit seiner Frau im abgelegensten Teil des ehemaligen Klosters. Sie hat zahlreiche Dichter übersetzt, darunter Miguel Hernandez, und war eng befreundet mit Picasso, Eluard, Neruda. Ein Dorf mit ein paar Häusern. Rund herum hohe Felsen. Ein strenger, für mich beängstigender Ort.

Er arbeitet jeden Tag zu ganz regelmäßigen Zeiten. Ich dachte, das Schreiben falle ihm leicht, aber er belehrt mich eines anderen. Manchmal ist er selbst ganz erstaunt, daß er schreiben konnte: »Der Himmel verdunkelte sich. Gleich regnet es.«

Er kann zwei Stunden am Schreibtisch sitzen in einem Zustand der Auflösung, oder, er korrigiert sich, jedenfalls der Leere, der Leblosigkeit. Nach dieser langen Wartezeit stellt sich mühsam ein Wort ein, später ein zweites. Tastend zeichnet sich ein ganzer Satz ab, und erst jetzt, aber sehr, sehr langsam, kommt das Schreiben in Fluß. Er betont die Wichtigkeit einer kontinuierlichen Arbeit. Er zitiert Valéry: »Ein Schriftsteller, das ist jemand, der keine Worte hat. Also begibt er sich auf die Suche. Und dabei findet er sie.«

Er gesteht mir, daß es in meinem Text über Bram van Velde Passagen gibt, die ihm beinahe Angst machen. Er spricht auch von der Schwierigkeit, ein Tagebuch zu füh-

ren, die Subjektivität hinter sich zu lassen, das Erlebte freizulegen und ihm eine allgemeine Bedeutung zu geben.
»Die Pferde« hat er in der Gefangenschaft verfaßt. Seiner Familie durfte er nicht schreiben. Da haben seine Kameraden diesen Text in ihren Briefen weitergeleitet. Kürzlich hat er das Manuskript wiedergefunden mit dem Stempel des Lagers, in dem sie interniert waren.
»Wichtig für einen Schriftsteller«, sagt er, »ist nicht, daß er an Kriegen teilnimmt, zehn Geliebte hat oder durch die Welt jagt. Wichtig ist, daß er existiert.«
Er ist viel gereist, in allen Teilen der Welt. Seine Intelligenz. Seine immense Kultiviertheit. Sein unfehlbares Gedächtnis. Aber auch seine moralische Strenge, seine echte Bescheidenheit. Er spricht mit einer solchen Leichtigkeit, daß ich so recht meine Schwerfälligkeit empfinde und ihm nur stotternd antworten kann.

Die Freude des Entdeckens ist immer wichtiger als das Leiden, das die Entdeckung möglicherweise hervorrufen kann.

August 1975
Urlaub bei Jacques und Monique in Leucate. Ihre Herzlichkeit, ihre Zuvorkommenheit. Durch sie entdecken wir die Burgen der Katharer. Bevor wir wieder abreisen, möchten sie, daß wir gemeinsam Cerbère und Collioure besuchen.
Der Name Collioure ruft für mich sofort Person und Werk des großen spanischen Dichters Antonio Machado wach. Begleitet von seiner hochbetagten Mutter, hatte er den Ort in der Nacht des 27. Januar 1939 erreicht, zusammen mit Soldaten und Verwundeten der zerschlagenen republikanischen Armee, erschöpft, krank, verzweifelt, nach einem tagelangen Fußmarsch in Regen und Kälte. Kaum einen Monat später verschied er, seine Mutter folgte ihm zwei Tage später nach.

Busse, Autos, Motorräder, eine riesige Menschenmenge. Richtig, es ist der 15. August, und wir haben es vergessen. Wir spazieren durch die Gassen und den Hafen, und nachdem Jacques und Monique es sich am Strand bequem gemacht haben, verlassen wir sie. Wir steigen das Tal des kleinen, versiegten Gebirgsbachs hinauf, dessen Bett auszementiert worden ist. Oben dreht sich ein Karussell, und fliegende Händler breiten ihre Waren aus.

Auf dem Weg zum Friedhof denke ich an meinen Freund Evaristo und an das Drama des Spanischen Bürgerkriegs. Welche Überraschung, als wir am Grab ankommen: Auf der Steinplatte liegen Blumen, aber auch Botschaften, Zeilen aus seinen Gedichten, zwei Bücher, die wohl ihre Verfasser hier niedergelegt haben...

Wir werden still. Das Werk dieses Dichters ist für mich sehr wichtig gewesen. Ich entdeckte es im Jahre 1960, als ich die moderne Dichtung mit den Augen und dem Begehren dessen, der sich auf das Schreiben vorbereitet, zu entschlüsseln begann. Beim Lesen von ein paar Seiten, die sein Leben nachzeichneten, hatte ich ihn sogleich liebgewonnen, diesen gütigen, sanften, verschwiegenen, nachdenklichen Menschen; erst dann wandte ich mich seinen Texten zu. (Ich kann ein Werk nur dann wirklich in mich aufnehmen, wenn ich den, der es hervorgebracht hat, zu akzeptieren vermag. Ich weiß wohl, was man gegen einen solchen Vorbehalt einwenden kann, aber das kümmert mich wenig. Für mich ist das etwas Schicksalhaftes, dem ich mich fügen muß.)

Seine einfache, von der alltäglichen Realität genährte Sprache hat mich tief berührt und mir den Weg gewiesen, meinen eigenen Weg. Zu der Bewunderung, die ich für ihn empfinde, gesellt sich Dankbarkeit und auch jenes besondere Mitgefühl, das ich all denen entgegenbringe, für die die Niederlage des republikanischen Spanien eine unheilbare Wunde war.

Wir wollen gehen, da erscheint ein Paar. Sie sammeln sich.

Ich beobachte sie. Beide sind etwa sechzig. Sie: eine Frau aus dem Volk, mager, aufrecht, schlicht gekleidet. Er: groß, kräftig, sonnenverbrannte Haut, die Ärmel des weißen Hemdes aufgekrempelt, starke Arme. Er wendet sich zum Grab, und mit Bewegungen, die seinen Eifer verraten, schickt er sich an, in das, was sich auf der Steinplatte befindet, eine gewisse Ordnung zu bringen.

Wir mustern uns, und ich spreche ihn an.

Jedes Jahr pilgert er am 15. August hierher zu diesem Grab. Dieser Dichter ist für ihn eine große Gestalt, ein fruchtbares Symbol, und dieses Jahr ist er besonders glücklich, weil seine Frau ihn zum ersten Mal begleitet. Erst im letzten Jahr hat er ihre Spur wiedergefunden. Sie lebt in Spanien, während er sich 1939 in dieser Gegend niedergelassen hat und sich weigert, zu Francos Lebzeiten zurückzukehren. Er ist Landarbeiter und spricht ziemlich schlecht Französisch; hier konnte er sich ja immer auf Katalanisch verständigen.

Wir sprechen von Machado, von Pablo Casals, vom Spanienkrieg, von der Tragödie des Exils und der Trennung, bis die Rührung uns übermannt. Den Blick auf die Erde geheftet, spricht er mit gedämpfter, aber energischer Stimme, in der die ganze Härte seines langen Leidens zum Ausdruck kommt, wie für sich selbst einige Zeilen von Machado, und zu meiner Überraschung flüstere ich sie mit:

Es war eine Zeit der Lüge, der Niedertracht.
Ganz Spanien, das verstümmelte Spanien,
für uns kleidete man es wie für den Karneval,
man machte es arm und bleich und betrunken,
damit seine Hand die Wunde nicht fände...

Spanien im Morgenlicht, das wütend
die Axt in seiner rächenden Hand hält.
Das Spanien, von dem wir träumen.

Tot schlug er hin, Federico,
mit Blut an der Stirn, mit Blei im Leib.
Ja, das Verbrechen geschah bei Granada.

Innerlich aufgewühlt, verharren wir in Schweigen. Dann sagt er mir, was man hier befürchtet: Das frankistische Spanien könnte sich die sterblichen Überreste des Dichters holen. Und er versichert mir, daß sie, wenn es notwendig sein werde, bereit seien, vor seinem Grab eine Wache aufzustellen.

Es gibt noch einen spanischen Dichter, den ich besonders mag. Ein Baske, ungefähr sechzig Jahre alt, der sich wie Machado dem Streben nach Strenge und Authentizität verpflichtet weiß: Blas de Otero. In einem Gedicht — er hat es 1959 in der Sorbonne bei einer Gedenkfeier für Machado anläßlich seines zwanzigsten Todestages vorgetragen — spricht er den Wunsch vieler Gleichgesinnter aus, daß die sterblichen Reste jenes Dichters, der aus seiner Heimat vertrieben wurde, einmal nach Spanien überführt werden können. Und ohne, daß ich es gewollt hätte, kommen mir die Verse, die in meinem Gedächtnis leben, über die Lippen.

Der Mann ergreift meine beiden Hände und drückt sie, als wolle er sie zerbrechen; in seinen Augen sehe ich Tränen. Dann nimmt er den Arm seiner Frau, und eilig entfernen sich beide.

September 1975
Sommer 1961. Auf Einladung eines Freundes verbrachten wir anderthalb Monate in einem kleinen Dorf im Inneren Korsikas.

Seit 1957, als ich zu schreiben begann und es mir nicht gelang, war mein Los die Einsamkeit gewesen, die Angst, Erschöpfung, Verzweiflung. Dazu kam die fixe Idee, ein Versager, vielleicht sogar ein Verdammter zu sein, und die Furcht davor, eines Tages unterzugehen mit Mann und

Maus, die mir mehr und mehr die Kehle zuschnürte. Jener Freund hatte uns drei Mal hintereinander jedes Jahr zu sich eingeladen. Aber wir konnten uns die Reise nicht leisten. Auch im Jahr 1961 war unser Geldbeutel noch leer. Wir wollten bei einem Verwandten, dem Probleme dieser Art gänzlich fremd waren, ein bißchen Geld ausleihen, erhielten jedoch eine Absage. Und doch konnten wir fahren; ich weiß aber nicht mehr, wer uns aus der Patsche geholfen hat.

Ich wurde fast verrückt vor Glück: Nach vier Jahren der Abkapselung, der Selbstzerfleischung, des Scheiterns verließ ich die Stadt in Richtung Süden und ließ hinter mir, was mich zu Boden drückte. So glaubte ich jedenfalls.

Diese Fahrt im Zug — ich erinnere mich an die kleinsten Kleinigkeiten, als hätte ich noch niemals die Möglichkeit gehabt, irgendwo hinzufahren. Die Gesichter und die Besonderheiten der Personen, die in unserem Abteil waren. Die Gesichter der Pfadfinder, die im Gang hin und her gingen, als wir uns noch im Bahnhof befanden. Meine Freude auf dem Schiff während der Überfahrt. Ein mit Bummeln verbrachter Tag in Bastia. Der alte, laut schnaufende Bus am späten Nachmittag. Und schließlich ein tief eingeschnittener Engpaß mit zahlreichen Kurven.

An einer kleinen Einbuchtung im Fels hält der Fahrer an. Unser Freund ist da, mit einem Esel. Diesem laden wir unser leichtes Gepäck auf den Rücken, und er schlägt von selbst einen kleinen steilen Pfad ein. Von dem Ort aus gesehen, an dem wir uns befinden, scheint es unmöglich, daß wir uns durch ein solches Chaos einen Weg bahnen könnten. Wir klettern und klettern, kommen ein wenig außer Atem, und nach zwanzig Minuten die Überraschung: Wir stehen vor winzigen Gärten.

Kein Dorf, sondern Gruppen von Häusern über den Hang des Berges verstreut. Der Pfad geht in einen kleinen Steinweg über, der mehr oder weniger als Schuttabladeplatz dient. Wir müssen zwischen zwei Häusern hindurch. Zwei

Dutzend zumeist alter Menschen hocken in dunklen Kleidern rechts und links am Weg. Sie palavern. Als wir uns nähern, verstummen sie, und die Mützen neigen sich zur Erde. Mir fällt es furchtbar schwer, durch diese schwarze, schweigende, verschlossene, abweisende Doppelreihe hindurchzugehen.

Der Freund, bei dem wir eingeladen sind, ist Maler, und wir finden bei ihm eine ganze Gruppe seiner Freunde vor, unter ihnen ein ungarischer und drei spanische Maler.

Jeden Morgen steigen wir zum Gebirgsbach hinab, um Forellen zu fangen (mit der Hand oder mit einer Harpune), und jedes Mal kommen wir mit zwei oder drei Kilo Fisch zurück.

Leidenschaftliche Diskussionen. Baden. Stundenlanges Lesen, ausgestreckt auf den riesigen, brennend heißen Felsen. Spaziergänge in der Umgebung. Einmal verbringen wir die halbe Nacht beim Betrachten des erstaunlichen Schauspiels, wie das perlmuttfarbene Licht des Mondes auf dieser mächtigen Ansammlung von Felsen spielt, die seit Jahrhunderten vom Wind ausgehöhlt werden und dem Ort etwas von einer Geisterlandschaft geben.

Ich finde die Lehrerin sympathisch. Am frühen Nachmittag suche ich sie immer auf, und sie übersetzt mir Gedichte von Pavese vor. Ihre Brüder — sie sind von auffallender Schönheit: blond, blauäugig (die meisten Bewohner dieser Gegend sind wohl entfernte Nachkommen von Eroberern aus dem Norden Europas), die Gesichter und Körper von der Sonne gebräunt, und wenn wir uns am Gebirgsbach treffen und uns damit vergnügen, von Felsen zu Felsen zu springen, erinnern sie an Raubkatzen — ihre Brüder also überwachen sie immer, und wenn sie für einen Besuch zu uns herunterkommt, wird sie unweigerlich von einem der beiden begleitet. Die Frauen hier — schwarze Schultertücher, schwarze Kleider — halten sich im Hause auf und verlassen es nur, um zur Quelle zu gehen und Wasser zu holen.

M. L. und ich befreunden uns mit einem älteren Paar, und wir haben gute Begegnungen miteinander.

Eines Tages steigen wir mit einem Maulesel, der unsere Taschen und Decken trägt, zu den Berghirten in ungefähr zweitausend Metern Höhe hinauf. Ihr Anblick ist mir unheimlich. Unrasiert, mehr oder weniger in Lumpen gehüllt, absolut keine Lust, den Mund aufzumachen. Ich fürchte mich vor diesen düsteren, rauhen, verschlossenen Gesellen. Versuche mir vorzustellen, wer sie sind und was sie wohl über uns denken. Nach zwei oder drei Tagen jedoch haben wir zu ihnen den besten Kontakt.

Sie schlafen in einer Steinhütte, wie sie seit Jahrhunderten gebaut werden, direkt auf der Erde oder auf dem nackten Fels. In der Mitte brennt ein Holzfeuer, und eine dicke Rauchschicht steht achtzig Zentimeter über dem Boden, so daß man nur hocken oder liegen kann.

In einem Versteck mehrere Revolver und Gewehre. Die Luft ist schwer vom Geruch nach verbranntem Holz, Wollfett und Ziegenbock. Merkwürdiges Gefühl, hier neben diesen fremden Männern zu liegen, mit denen wir kaum mehr als ein paar Worte gewechselt haben. Doch einer von ihnen, der, der mich am meisten einschüchtert, ein alter Sarde namens N. — Augen, die dich ausmessen, der Bart zwei Wochen alt, die Mütze tief in die Stirn gezogen —, hat mich schon ins Herz geschlossen: Noch in dieser ersten Nacht stimmt er ein Klagelied über mich an, in dem als ein Leitmotiv die Worte »dolce« und »sentimentale« wiederkehren. Es ist ein ergreifender, monotoner Singsang, dem südspanischen »cante jondo«, dem *tiefinnern Gesang* verwandt, der, wenn ich nicht irre, im letzten Jahrhundert bei den andalusischen Zigeunern entstanden ist.

Die Bedeutung der Stimmen in der Stille der Nacht. Als ob sie nicht mehr lügen könnten. (Ich meine damit, daß sie alles bloßlegen, und wenn man verbergen wollte, was man ist, so würde einem das kaum gelingen.) Auf dem Rükken liegend, den Arm über die Augen gelegt, weine ich: Es erschüttert mich, daß mich jemand beachtet hat, daß er in so kurzer Zeit erkannt hat, wer ich bin. Außerdem bin ich bis in die Wurzeln meines Wesens hinein bewegt von dieser rauhen, zerrissenen Stimme, die mir schmerzhaft deutlich die Tragik unserer Existenz zum Bewußtsein bringt.

Eine lange Nacht, mit wenig Schlaf. Draußen heult der Wind. Die Steine der Hütte sind ohne Mörtel aufeinander geschichtet, und so pfeift der Wind quer durch. Wir stehen mit der Sonne auf. Es ist noch keine vier Uhr. Erstarrt vor Kälte, zerschlagen, mit Stechen in den Hüften, die Kleider voller Erde. Eine rasche Morgenwäsche in einem eisigen Wasser.

Ich habe ein bißchen geholfen, als die Hirten sich mit ihren Herden beschäftigten — der eine mit den Ziegen, der andre mit den Schafen —, und zwei oder drei von den Tieren zu melken versucht. Das Käsemachen. Die Hütte, wo der Käse gelagert wird, wo er trocknet.

Leichtwerden, Einsamkeitsrausch, weil das moderne Leben weit hinter mir liegt, weil ich vergessen habe, wer ich bin, weil ich mich eingeschlossen fühle in diesem Schweigen, das einen entrostet und abbeizt, weil ich nur noch ein Element dieser Dreieinheit bin: Mensch, Erde, Himmel.

Tagsüber immer wieder menschenähnliche, herzzerreißende Schreie eines Schafes, das sich verirrt hat, oder einer Ziege, die so hoch in die Felsen geklettert ist, daß sie nicht mehr zurück kann.

Wenn der Abend kommt, wird jede Herde auf einen runden, von Steinmauern umfriedeten Platz getrieben. Der Eingang ist so schmal, daß nur ein oder zwei Schafe auf einmal hineinkönnen. Belustigt sehen wir zu, wie der mächtige Schafbock, der prachtvolle Hörner hat, auf jedes hereinkommende Schaf losgeht, es zu bespringen versucht und sich, wenn es flüchtet, auf das nächste stürzt. Die Herde zählt etwa dreihundert Schafe, aber kaum mehr als vier oder fünf blieben von seinem Angriff verschont. Schon vom Zuschauen bei seinen Manövern werden wir müde. Und wir empfinden Trauer für ihn, denn kein einziges von all den Schafen brachte Verständnis für ihn auf.

Nach einer einfachen, im Stehen eingenommenen Mahlzeit — eine Suppe aus Kastanienmehl und Käse — nimmt mich N. mit, weiter hinauf in den Berg. Wir setzen uns auf einen Felsen. Die Nacht. Das weite Schweigen. Die schwarze Masse des Berges mit seinen Zacken vor der hellen Himmelswand. Dann die Sterne, die lebhaft blinkend hervortreten. Einsamkeit, unendliche Weite. Ernst. Schrecken.

Er erzählt mir sein Leben. Das Elend. Seine Kindheit. Der Faschismus. Einmal mit Stöcken niedergeschlagen und für tot auf dem Bürgersteig liegengelassen. Damals floh er und fand sich auf Korsika wieder. Hier aber bekam er den Rassismus der Einheimischen zu spüren.

Er fragt mich nach meinem Beruf, und wir sprechen von der Dichtung. Er gibt mir Ratschläge, fordert mich auf, beim Schreiben unbedingt einfach, nüchtern, wahr zu sein, mich niemals vom Menschen und vom Leben zu entfernen. Und dann der unvergeßliche Augenblick, als er sich erhebt, ein schwarzer Schatten vor dem Sternenhimmel, und mit seiner rauhen Stimme anhebt, Gedichte von Leopardi zu sprechen und dann Passagen aus der »Göttlichen Komödie«.

Ein paar Tage später kehren wir ins Dorf zurück und mit uns das Maultier, das doppelt so schnell geht wie sonst; denn es hat es eilig, für eine Weile in seinen Stall zurückzukommen.

An mehreren Abenden gehen wir ins Café, das in Wirklichkeit nur die Küche eines Privatmannes ist. Dort spielen die Männer des Dorfes bis spät in die Nacht hinein Karten, und dazu trinken sie, ohne mit der Wimper zu zucken, eine »mominette« nach der andern. Uns zieht an diesen Ort der Wunsch, den »Mörder« zu sehen.

Dieser Mann war Hirte, und eines Tages verliebte er sich leidenschaftlich in eine verheiratete Frau. Er hatte noch nicht ein Wort mit ihr gesprochen, da faßte er schon den Entschluß, den Ehemann umzubringen. Eines Tages überraschte er sie beim Essen. Der Mann saß, einen Meter von der Wand entfernt, mit dem Rücken vor einem kleinen Fenster, das offen stand. Dort wurde das Gewehr angelegt, die Kugel zerschlug den Schädel.

Dieser Mann, der getötet hat, lebt nicht mehr im Dorf; nur im Sommer kommt er für einen Monat zurück. Er arbeitet jetzt in Paris, für Leute, durch deren Vermittlung er mit gerade einem Jahr Gefängnis davonkam.

Alle sechs Tage, wenn N. ins Dorf herunterkommt, lädt er mich zu sich zum Essen ein. Für mich ist das jedes Mal eine recht seltsame Situation, begleitet von Erregung, Feuer und Unbehagen, wenn wir über Dichtung sprechen und er mir Dante rezitiert, und bei uns sitzen seine Frau und seine Tochter, beide debil, und fixieren mich mit ihren ausdruckslosen Blicken.

Diese Mahlzeiten sind sehr leicht. Eine Tomate und ein Viertel des Inhalts einer Thunfischdose. Wenn ich sie verlassen habe und ins Haus zurückgekehrt bin, könnte ich meinen knurrenden Magen besänftigen; aber ich enthalte mich. Es ist sicher lächerlich, aber das ist meine Art, ihnen bis zum Abend nahe zu bleiben, für ein paar Stunden die Bedingungen ihres ärmlichen Lebens zu teilen, der Versuch, mit meinem Körper und meinem Blut die Ermahnungen aufzunehmen, die mir, dem schriftstellernden Anfänger, gegeben wurden.

Letzte Woche nun, als wir bei Pola, in Petreto-Bicchisano im Urlaub waren, wollte ich die Gelegenheit nutzen, um jene Orte wiederzusehen und vielleicht auch einen Besuch bei N. zu machen, wenn er noch lebt. Das ist mir schlecht bekommen.

Der Himmel war trüb an diesem Tag, jeden Augenblick konnte es losregnen. In diesem Grau vermochte ich nicht das strahlende Licht wiederzufinden, das in meiner Erinnerung untrennbar verbunden ist mit jenen Tagen der Freundschaft, des Aufblühens, des Wohlbefindens, die ich während des Sommers 1961 hier erlebt hatte. Obendrein waren in dem Weiler, in dem wir gewohnt hatten, unsere ehemaligen Nachbarn gestorben, und die wuchtigen schweigenden Häuser mit den geschlossenen Fensterläden boten einen deprimierenden Anblick.

Wir fanden N. wieder. Gealtert, ein wenig senil. Er erinnerte sich an mich, aber ich spürte, daß seine Erinnerung bar jeden Inhalts war. Eine verwahrloste Terrasse, wo jedes Ding vom Verfall sprach. Mit seiner Frau an seiner Seite — zusammengefallen, abwesend, tote Augen, offener Mund — hielt er uns, in einer Mischung aus Sardisch und schlechtem Französisch, eine exaltierte Rede ohne jeden Zusammenhang. Ich war enttäuscht, perplex, zutiefst verwirrt und beklommen.

Die einzigen angenehmen Augenblicke waren die, die wir mit G., meiner Pavese-Übersetzerin, verbrachten; aber traurig war es zu sehen, wie die Zeit an unseren Gesichtern ihr Werk vollbracht hatte.

Am Abend Trübsinn in einem schlechten Hotel, in dem wir uns ganz verloren vorkommen. Ich bedaure es, hierher zurückgekommen zu sein. Die Menschen, bei denen ich einst ein Glück erlebt hatte, das mich fast zerriß, und die es mir ermöglicht hatten, meine Bindung an das Leben zu erneuern — sie sind inzwischen entweder verschwunden oder entstellt durch die alles zersetzende Zeit.

Zwei Tage später — ich stehe immer noch unter dem Eindruck dieser schmerzlichen Erfahrung — nehmen wir das Schiff. Drei Uhr morgens. Ich bin an Deck, auf einem Liegestuhl. Kälte, Feuchtigkeit, Mattigkeit, an Schlaf nicht zu denken. Die endlosen Stunden, in denen die Zeit stillzustehen scheint. Immer noch komme ich nicht über meine Enttäuschung hinweg. Plötzlich taucht neben mir ein Mann auf, stößt einen schrecklichen Schrei aus — sofort

denke ich, er sei niedergestochen worden — und stürzt
vor mir nieder. Sein Körper wird von Krämpfen geschüttelt, Schaum tritt aus seinem Mund. Ein epileptischer An-
fall. Sein Schrei hat mich derart erschreckt, daß ich lange
brauche, bis ich wieder einigermaßen ruhig werde.

Oktober 1975
Was ist Reife anderes als die Fähigkeit, sich endlich annehmen zu können, sich kein Bild mehr von sich selbst zu
machen, sich nicht mehr zu wünschen, anders zu sein, als
man ist? (Das bedeutet keineswegs, daß man die Arbeit
an sich selbst aufgibt, daß man nicht weiterhin das Ich zu
zerbrechen, die Grenzen aufzuheben und sich in einer ganz
anderen Dimension hervorzubringen und zu entfalten
sucht.)

Warum ist das Schreiben für mich eine solche Qual? Weil
ein nicht zu unterdrückendes Bedürfnis mich dazu drängt,
das Magma zu komprimieren. Den Versuch zu machen,
alles auf einer einzigen Seite, in einem einzigen Satz, mit
einem einzigen Wort zu sagen.

Wenn ich schlaflos bin, wenn der Rhythmus in mir zu po-
chen und die Sätze sich zu artikulieren beginnen, wenn
ich die Beute von etwas Seltsamem werde, das mich verschlingen will und gegen das ich mich nicht wehren kann,
fühle ich, daß ich mich dem Punkt nähere, an dem ich begreifen könnte, was Wahnsinn ist.

Sich mit den Worten herumschlagen: das Magma kneten,
erhitzen, zur Rotglut bringen.

Zerfressen von dem Bewußtsein des Mangels. Mein Nicht-
Leben sorgt für die Kontinuität meines Auf-der-Lauer-Lie-
gens.

Der Teil in mir, der nur Hunger ist, Frage und Trauer.

Seltsam, daß das Denken nicht unbedingt in der Lage ist, das, was auf seinem Terrain auftaucht, aufzunehmen und zu verstehen.

Anscheinend kann nur das Nichts-Sein das Unerschöpfliche sein.

14. November 1975

Begegnung mit Beckett.

1976

Januar 1976

Wie kann man dahin kommen, daß man das, wonach es das Wesen so sehr hungert, nicht einmal begehrt?

Wenn das Ich die Nabe ist, wird das Wesen an der Peripherie allen Stößen ausgesetzt, den Konflikten, der Verwirrung, der Verzweiflung.

Wenn die Fragen, die dich bedrängen, brennen könnten wie trockenes Holz — was für ein prächtiges Freudenfeuer könntest du entfachen!

Erreiche die Wüste. Und das, was du in dir trägst, wird zur Oase werden.

Furcht vor jener Angst, die man vor dem Unbekannten so oft verspürt. Denn damit legt man bereits fest, wie die Begegnung verlaufen wird, und hindert sich daran, sich selbst hervorzubringen.

Das ist unser Los und unsere Tragik: daß wir in dem unerträglichen Mangel dessen leben, was wir mit unserem ganzen Sein immer weiter zurückstoßen, je weiter wir vorankommen.

Mit welcher Brutalität gehen wir während unseres ganzen Umherirrens gegen uns selber vor. Die Gewalt, die uns so oft gegen andere hetzt, wütet schon in uns selbst und begleitet die meisten Bewegungen, die den inneren Prozeß am Leben erhalten.

Was können wir tun, damit unser Hunger nach dem Unsagbaren frei von Gier bleibt?

Wie schwer fällt es, zu begreifen, daß dieselbe Gier, die uns zur Suche nach dem Wahren, dem Intensiven, dem Ursprünglichen treibt, uns daran hindert, zu dem vorzustoßen, wonach sie einen solchen Durst in uns weckt.

Oft führt mich das Überfliegen zum Zentrum.

April 1976
Im Herbst 1961 begab ich mich nach Turin, um die Stadt zu entdecken, in der Pavese gelebt hat, und, wenn möglich, um Menschen zu treffen, die ihn gekannt haben, seine Freunde gewesen sind. Ich hatte den Wunsch, eine Studie, vielleicht sogar einen Essay über ihn zu schreiben, und ich hielt es für notwendig, das, was ich von seinem Werk wußte, mit jenen Orten, an denen er sich aufgehalten hatte, und mit dem, was ich über ihn erfahren würde, zu konfrontieren.
Erwähnenswert ist vor allem die Begegnung mit Augusto Monti, jenem Professor, der ihn stark beeinflußt hat. Zweifellos ein außergewöhnlicher Mann. Er hat nicht nur einige Bücher geschrieben, sondern besaß auch die Fähigkeit, während seiner langen Laufbahn nicht wenige seiner Schüler ihre Begabung zum Schriftsteller, zum Regisseur oder zum Politiker entdecken zu lassen.
Zum Zeitpunkt meines Besuchs war er etwa achtzig Jahre alt und blind. Ein kleiner, feingliedriger Mann, in dem man aber eine seltene innere Kraft spürte.
Unser Gespräch fand in dem kleinen, fast dunklen Salon statt, in Gegenwart seiner um vierzig Jahre jüngeren, außergewöhnlich schönen Frau.

Ich stellte ihm eine Frage. Dann herrschte Schweigen. Das konnte bis zu zwei Minuten dauern, sehr lange jedenfalls. Zu Anfang fragte ich mich, ob er meine Frage wohl gehört hatte, und ob ich sie vielleicht wiederholen sollte. Ratlosigkeit. Verlegenheit. Aber dann begann er zu sprechen und lieferte — übrigens in einem tadellosen Französisch — eine so vollständige, so genaue und so gut formulierte Antwort, daß man hätte meinen können, er lese sie aus einem Buch ab.

Auf dieser Reise habe ich auch Anna Maria kennengelernt. Sie hatte mich spontan ins Herz geschlossen und alles getan, damit ich die gewünschten Kontakte bekam, und mir sogar die Langhe gezeigt, die Gegend, in der Pavese seine Kindheit verbracht hatte und die ihm für drei oder vier seiner kurzen Romane als Rahmen diente.

Ihre wunderschöne Terrassen-Wohnung in einem Gebäude am Ufer des Po, gegenüber dem Hügel von Superga. Wir blieben danach in Verbindung und schrieben uns ein, zwei Briefe im Jahr. Fünf Jahre später sah ich sie übrigens wieder, als ich nach Turin zur Retrospektive des Werks von Bram van Velde fuhr. Vor vier Monaten teilte sie mir völlig verzweifelt mit, daß sie Krebs habe, daß es keine Hoffnung gebe und daß sie mit Entsetzen feststellen müsse, daß die, auf die sie gehofft hatte, sie im Stich ließen. Sie sollte zur Erholung nach Mégève kommen, und wir hatten verabredet, daß ich sie besuchen würde. Aber dann kam sie doch nicht mehr von Turin fort. Ich habe ihr zwei Mal geschrieben, aber keine Antwort erhalten...

September 1976

Das Schöne: die Verbindung zum Vitalsten in mir. Es mehrt meine Energie, stachelt meine Liebe zum Leben an.

So verwundbar. So zerbrechlich. So begierig auf das geringste Zeichen, das uns Frieden geben kann. Eine Kleinigkeit kann uns töten. Eine Kleinigkeit kann uns das Leben zurückgeben.

Als ich merkte, daß in mir ein Verlangen nach Perfektion war, überkam mich Erstaunen und das Bedürfnis, ihm alles zu unterwerfen, was in meiner Macht stand. Die Folge war jedoch, daß ich etwas Wichtiges mehr oder weniger aus den Augen verlor, nämlich all das, was das Gewebe unseres Lebens bildet, die unzähligen Augenblicke des Mangels, der Dürre, des Ekels, der Ohnmacht, der enttäuschten Erwartung, und die Bitterkeit, die aus wiederholten Niederlagen entsteht, aus dem Fehlen eines Sinns, aus der unheilbaren Trauer...
Für mich betrachte ich es als einen Fortschritt, daß ich nun all das besser berücksichtigen kann, was in uns Wunde ist, Häßlichkeit, Niederlage, Feigheit, klägliches Nichtkönnen.

Eine Frage, die ich mir schon tausend Mal gestellt habe: Wie kann es geschehen, daß dieses Leben in uns, das manchmal so lästig, so fordernd, so gebieterisch ist, sich manchmal völlig zurückzieht und uns dann kraft- und schutzlos in einer Welt zurückläßt, die uns offensichtlich in keiner Weise helfen kann, den Schmerz des Mangels zu lindern.

Übereinstimmung von Form und Inhalt. Dein Satz ist der Ort, an dem du lesen kannst, was du bist, wo du dir bewußt werden kannst, an welchem Punkt deines Weges hin zu Verflüssigung, Transparenz, Weite und Vollkommenheit du dich befindest.

Soeben entdecke ich, daß ich seit meiner Jugend immer bemüht bin, in mir und um mich herum Einklang und Harmonie herzustellen und Bedingungen zu schaffen, die das Pulsieren und Wachsen des Lebens begünstigen.

Im Zug von Paris nach Zürich. 29. Oktober 1976
Kürzlich hatte ich eine schwere Auseinandersetzung mit X., um M. L. beizustehen. Er hatte sie mit verächtlicher Ironie angegriffen, was mir unerträglich war. Seit mehr als zwanzig Jahren hatte ich keinen Wutanfall mehr gehabt. Ein Zustand von Raserei, wie ich ihn mir niemals zugetraut hätte. (Diese Unglücklichen, die in einem Augenblick der Verwirrung wie unter Zwang eine Handlung begehen, durch die sie sich für immer aus der menschlichen Gemeinschaft ausschließen.) Danach zitterte ich dermaßen, daß es mir unmöglich war, mit meiner Gabel die Schinkenscheibe auf meinem Teller aufzuspießen. Schließlich mußte ich sie mit der Hand essen.

Dann Scham und Bestürzung darüber, daß ich mich im Zorn zu einem so gewalttätigen Verhalten hatte hinreißen lassen, wo ich mir doch eingebildet hatte, die Wurzeln der Gewalt ein für allemal aus mir herausgerissen zu haben.

Jetzt aber, zwei Wochen danach, glaube ich zu verstehen: Dieser Ausbruch hing wohl damit zusammen, daß ich am Morgen jenes Tages das erste Exemplar eines Buches von mir erhalten hatte, das gerade herausgekommen war. Mir scheint, eben dieses Buch habe mich geradezu gezwungen, nicht mehr immer nur den Mund zu halten und im Hintergrund zu bleiben, sondern dafür zu sorgen, daß man mich hier respektiert.

1977

März 1977

Schweigen. Trockenheit. Die tödliche Sonne. Ich krieche,
krieche. Dunkelheit.
Feuchtigkeit. Es rieselt auf mich das Wasser, das befreit
wurde durch die Quelle.

In Betrachtung versunken nahe der Quelle — kein Wort
mehr ist nötig.

Solange man noch nicht seinem eigenen Mittelmaß begegnet ist, ist man der festen Meinung, den anderen überlegen
zu sein.

Dafür sorgen, daß es zu einem Zusammenwirken des Neutralen und der Flamme, der Leidenschaft und der Klarsicht
kommt.

April 1977

Die Tragik des Lebens bleibt meist unsichtbar. Und das
ist gut so. Welche Last des Leidens bedrückt die Menschen, die wir näher kennen! Wie könnten wir leben, wenn
wir das nicht ignorieren dürften?

Sobald ein Werk der Kunst gefällig ist, ist es nicht mehr
wahr.

Wie oft dich der andere zum Lügen zwingt! Er hat eine
solche Angst vor sich selbst, er lebt in einer solchen Un-

wahrheit. Und du fühlst: Wenn du seine Abwehrmaßnahmen nicht respektierst, wenn du sein Spiel nicht mitspielst, wenn du das Bild, das er sich von dir gemacht hat und an das er sich nun klammert, nicht bestätigst, wird er es buchstäblich nicht verkraften. Aber was kannst du dir von einer solchen Beziehung erhoffen, wenn schon an ihrem Anfang die Lüge steht?

Das Bewußtsein: dieser Blick, den die Totalität des Lebens auf sich selbst zu richten versucht.

Dieser andere in uns, der so hinfällig und so schutzlos ist und den man so oft vergißt oder einfach von sich wegstößt, sogar mit den Füßen tritt — dieser andere gibt uns die Kraft zu überleben.

In ihrer ersten Aufwallung ist die Liebe Leiden. Eine Kraft steht in einem auf, mächtig, ungeteilt, unaufhaltsam. Sie trägt etwas Absolutes, Unvergängliches, Überzeitliches in sich, und auch die seltsame, unerschöpfliche Schönheit des Lebens. Und alles, womit man das geliebte Wesen erfüllen möchte, soll den Stempel der Größe, der Vollkommenheit, der Unendlichkeit tragen, in der die Liebe ihre Wurzeln hat. Doch dieser Anspruch macht nur die eigene Kleinheit, Mittelmäßigkeit, elende Unzulänglichkeit sichtbar, läßt einen die erdrückende, Übelkeit verursachende Häßlichkeit dieser verdorbenen Welt erkennen, die immer mehr von Gewalt und Verwüstung regiert wird. Und nun glüht die Sehnsucht auf nach einer Existenz, wo das, was man sein könnte und geben könnte, zum Allerbesten gehören würde. Wo uns die Möglichkeit gegeben wäre, die Welt zu erneuern, zu reinigen, in den Stand der Jungfräulichkeit zurückzuführen.
Transparenz, Licht, Liebe, die gelebt wird und nichts von dem, was sie ausmacht, aufzugeben braucht, Schönheit des Seins, Schönheit auf der Welt — wo seid ihr, wo seid ihr?

Mai 1977

So wenig gibt es zu sagen, und so viele Möglichkeiten, es falsch zu sagen.

Es ist ein langer Weg bis zu der Erkenntnis, daß man, um das Ich zu töten, keineswegs das Wesen umbringen muß.

So wenige wissen, daß es die anderen gibt.

Suchen nicht deshalb so viele Menschen verzweifelt nach ihrem Vergnügen, weil sie keinen Zugang zur Freude haben? (Freude. Man müßte das Wort, den Begriff rehabilitieren, ihn dem Begriff des Vergnügens gegenüberstellen. Die Freude würde dann die Rückkehr zum Ganzen ausdrükken, das Einswerden, die Glückseligkeit des Wiederfindens.)

Auch die Sorge um die Moral ist der Suche nach der Freude untergeordnet.

Warum sind wir so sehr darauf angewiesen, daß uns jemand liebt, uns einigermaßen wichtig nimmt, uns das Gefühl gibt, daß wir nicht umsonst existieren? Zweifeln wir etwa so sehr an uns selbst, daß wir unbedingt einen Blick, eine liebende Hand brauchen, die uns mit uns selbst versöhnt?

Sich der Arbeit der Flamme aussetzen. Sich in jenen Zustand innerer Verflüssigung überführen lassen, in dem nichts mehr das Namenlose, das ganz tief verborgen in uns spricht, daran zu hindern vermag, sich über sich selbst zu äußern, mit Leichtigkeit und jener Einfachheit, die ihm wesensgemäß ist und jetzt nicht mehr verfälscht werden kann.

Schreiben heißt, die Wahrheit erfinden.

Wenn meine Hand doch in mein Inneres greifen, sich des Magmas bemächtigen, es kneten und ihm eine Form geben könnte!

Das hartnäckige Gefühl, daß ich kein Recht habe zu schreiben. Daß ich nicht genug gelebt, genug nachgedacht, genug gelesen habe... Daß ich noch dreißig Jahre brauche, um meine Suche zu vervollständigen, mein Wissen zu schärfen und mich darauf vorzubereiten, das Wort zu ergreifen...

Eine Frau, die sich für meine Arbeit interessiert, mit der ich korrespondiert und deren Bekanntschaft ich soeben gemacht habe. (Ein schöner Aprilmorgen; wir sitzen auf einem riesigen Felsen im Bett eines Gebirgsbachs.) Wir plaudern ein wenig miteinander, stellen den Kontakt her. Dann bittet sie mich, ihr von mir zu erzählen. Ich entspreche ihrem Wunsch und schildere ihr kurz meinen Lebensweg. Ich beschreibe meine Familie, gebe ihr eine Vorstellung von meinem Dorf und fahre fort:
»Mit drei Monaten wurde ich, nach meinem Selbstmord, in einer Schweizer Bauernfamilie untergebracht.«
Sie unterbricht mich und weist mich auf meinen Lapsus hin. Ich merke, daß ich mich mit meiner Mutter identifiziert habe, und erwähne den Selbstmordversuch, den sie kurz nach meiner Geburt unternommen hat.

Mein Freund, der Psychoanalytiker, stellt fest, daß jeder sich selber dunkel bleibt, daß niemand sich selbst erkennen kann. Dabei denkt er wohl daran, daß es uns nicht möglich ist, ans Licht zu fördern, was im Unbewußten ruht. Ich aber betreibe die Selbsterkenntnis unter einem anderen Blickwinkel, oder auf einer anderen Ebene. Für mich besteht sie weniger in dem Bestreben, jeden meiner verborgenen Bestandteile zu identifizieren und zu überprüfen; ich versuche vielmehr, durch eine Bewußtwerdung zu errei-

chen, daß sich meine Beziehungen zu mir selbst und zu
meinesgleichen verbessern. Mir ist es also viel wichtiger,
darauf hinzuarbeiten, daß ich mich von den Begierden des
Ich befreie, als zu ergründen, woher ich komme.

Sich selbst erkennen wollen kann also nur einen Sinn haben — so meine ich jedenfalls —, wenn ein strenger ethi-
scher Anspruch damit verbunden ist.

Gegenüber seinen Wählern und der Öffentlichkeit bemüht
sich der Politiker, den Anschein zu erwecken, als respektiere er bei seinen Entscheidungen und Aktivitäten die allge-
mein anerkannten moralischen Prinzipien, obwohl er sie
natürlich oft genug verhöhnt. Indessen findet man diese
Lüge und diese doppelte Moral im Leben vieler. In einer
Gesellschaft wie der unsrigen, in der alles darauf angelegt
ist, daß man etwas darstellt, muß man sich, koste es, was
es wolle, einen Platz an der Sonne erkämpfen; man muß
seine Ellenbogen gebrauchen, alle Rücksichten beiseite lassen und von Anfang an klarstellen, daß der Zweck die Mittel heiligt. In der Mehrzahl der Fälle kann der Mensch jedoch nicht leben, wenn er sich selber eingestehen muß,
daß er ein Schwein ist (Gott sei Dank, denn das bremst
ein bißchen den Ehrgeiz, die Habsucht und den Zynismus). Also muß er diese ganze Komödie der Ehrbarkeit
aufführen, um den Schein zu wahren, seine Selbstachtung
zurückzugewinnen und sich davon zu überzeugen, daß er
ein Recht darauf hat, von den anderen geachtet zu werden.

Eindruck, daß der Mensch aus mehreren Schichten besteht, und daß, wer ihn erkunden will, langsam eine um
die andere durchdringen muß, wenn er ihn an allen Entdek-
kungen teilhaben lassen möchte.

Das Gesetz verlangt, daß ich Strenge an den Tag lege.
Aber das Leben und die Menschen sind komplex, beweglich, in vielem rätselhaft, und deshalb sollte man ihnen

geistig flexibel, ohne abstrakte Vernünftelei begegnen und immer auf kaum Entzifferbares gefaßt sein.
Wie kann man Strenge und Flexibilität miteinander versöhnen?
Strenge ist das Prinzip, das ich meiner Existenz einschreiben muß. Flexibilität muß ich immer dann einsetzen, wenn ich andere Menschen und ihr Tun erfassen will. In Wirklichkeit geht sie dem Mitgefühl voraus.

Ein Mensch, der sich nicht aus seinem Milieu lösen kann, der gegen seine innere Natur denkt.

Es ist sehr selten, daß mich jemand verletzt oder enttäuscht. Meistens habe ich vorausgesehen, daß es geschehen könnte.

Schreiben heißt, mich auslöschen. Nicht das geringste Hindernis mehr bieten für das, was in mir Wort werden will. Wenn der Prozeß gestört oder blockiert ist, sehe ich oft ganz genau, daß dann das Magma nicht flüssig genug ist. Nacktheit. Selbstaufgabe. Totaler Verzicht auf alles Wollen.

Nur wer verzehrt wird vom Durst, ist imstande, den Durst anderer teilweise zu löschen. Vielleicht.

Das Wahre hervorbrechen lassen beim Zusammenprall zweier Negationen, die einander aufheben.

Die Schwächen des andern. Seine Fehler. Seine Mängel. Seine Grenzen. Du mußt über sie hinwegsehen können, um in ihm jenes Wesen wahrzunehmen, das von ihm ausgehungert wird und das dich anfleht.

Erstaunlich die Verschiedenartigkeit der Menschen, ihrer Verhaltens- und Existenzweisen. Und trotzdem mein leidenschaftlicher Wunsch, zurückzufinden zu den gemeinsamen Wurzeln.

Die unerbittliche Leidenschaft, von der man verzehrt werden muß, will man wunschlos, leidenschaftslos werden.

Wenn ich versuche, das Wesen zu benennen, das tief in mir spricht, so gut wie in jedem anderen auch, dann muß ich dazu nicht unbedingt meine Privatsphäre zur Schau stellen.

Tiefe Freude beim Wiedersehen mit Bernard Noël...
Bernard und ich funktionieren verschiedenartig. Ich spüre in ihm eine große Fluidität, die sein Denken flexibler, direkter, rascher macht. Da, wo ich Sätze aneinanderreihen und eine gewisse Strecke zurücklegen muß, um von einem gedachten Punkt zum nächsten zu gelangen, da hat er diese Punkte mit ein paar Worten bereits miteinander verbunden. Trotzdem ist der Denkakt bei mir nicht Entfaltung, sondern Annäherung, das Suchen nach einem punktuellen, synthetischen Erfassen.

Angeschlossen an das Unveränderliche. Dann wird man flüssig, fühlt sich imstande, sich der Flut zu überlassen. Sich der Metamorphose hinzugeben.

Ein Frühlingsmorgen in strahlendem Licht, aber es weht ein scharfer Nordwind. Es ist noch früh, der Ort menschenleer. Auch auf den Feldern ringsum niemand zu sehen. Ich betrete den Friedhof. Vor drei oder vier Jahren war ich schon einmal hier, und so weiß ich, wo sich die Gräber von Vincent und Theo van Gogh befinden. Als ich bei ihnen ankomme, entdecke ich zu meiner Überraschung und großen inneren Bewegung auf dem Efeu, der die beiden Steinplatten bedeckt, zwei frisch geschnittene Rosen.

An die fünfzehn Jahre sind seit diesem Morgen vergangen, aber ich kann sagen, daß diese beiden Blumen nicht verblüht sind. Sie haben Wurzeln geschlagen, in meiner Erde, und hundert Mal bin ich zu ihnen zurückgekehrt, hundert Mal haben sie mir den Mut gegeben, den Zweifel, der mich so oft zermürbt, zu bekämpfen.

Denn wenn es jemanden gab, der vor vielen Jahren in den frühen Morgenstunden eines ganz normalen und recht kalten Tages das Grab eines toten Malers geschmückt hat, hast du kein Recht, die Notwendigkeit der Kunst in Zweifel zu ziehen — so glaubte ich, mir immer dann sagen zu dürfen, wenn mein Glaube wankte.

> Das Unendliche zu dem du strebst
> kann dich nur ergreifen
> wenn du es nicht mehr
> ergreifen willst.

Oktober 1977

Freude und Leid — die beiden unendlich liebenden Hände, mit denen das Leben in uns das Magma knetet und formt.

Was man gemeinhin das *Gute* nennt — was ist es anderes als all das, was das Leben fördert, was es wachsen und intensiver werden läßt? Umgekehrt muß anscheinend alles, was das Leben verstümmelt, was es ärmer oder unfruchtbar macht oder gar erdrückt und abtötet, als das sogenannte *Böse* angesehen werden.

Oft steht die Intensität des Austauschs, den wir mit anderen pflegen, in direktem Zusammenhang mit dem Ausmaß der Einsamkeit, die uns bedrückt.

Der Krieg in uns: Wollen wir ihn beenden, schaffen wir meist nur einen neuen Konflikt.

Die Wörter sind eher Triebsand als Stein. Also muß ich sie verdichten, versteinern, zu Granit werden lassen — und sie dann zu dem behauen, was ich bin.

Sich hervorbringen: sich befreien. Nur noch dem Gesetz unterworfen sein.

Diejenigen, für die ein angebliches Lebensproblem der Anlaß ist, sich eine bestimmte Attitüde zuzulegen, sich eine Persönlichkeit zusammenzusetzen, sich einen wohlfeilen Anflug von Einzigartigkeit zu verleihen — ja Literatur zu machen.

Und jene anderen, für die das Problem des Lebens so real ist, daß sie es wie eine Wunde, wie eine geheime Krankheit erleiden, die sie verbergen müssen, weil sie sich ihrer schämen.

Diese Zustände der Verwirrung, Auflösung, Nicht-Existenz... Aber wenn ich schreibe, ist mein Satz oft voll, klar, gut skandiert. Eindruck, daß dieses Schreiben mich nicht wiedergibt. Daß es nicht berücksichtigt, was an chaotischem Dunkel in mir ist.

Wenn du schreibst, so achte darauf, daß Erleben, Empfindungsvermögen, Denken und Formbewußtsein niemals auseinandertreten. Aus dieser Ganzheit muß das Wort hervorgehen.

Wie leicht verwundbar und in jedem Augenblick bedroht ist die Beziehung, die sich zwischen dir und dir selbst herstellt, wenn das Schreiben dich ins Äußerste führt, dich extrem aktiv macht inmitten jener wachen Passivität, die auf keinen Fall gestört werden darf. Eine kaum merkliche Verkrampfung, die Versuchung einzugreifen, ein einziger Moment der Angst, ein einziger Blick auf die Empfindlichkeit der beteiligten Mechanismen — und alles zerbricht.

Du warst in einer unendlich großen Wohnung, und plötzlich stehst du nur noch in Ruinen.

Dein Satz sollte nur die Funktion haben, dem Schweigen Leben zu verleihen.

Die Einfachheit. Obwohl die Erfahrung uns Tag für Tag lehrt, daß man sie nur unter größten Anstrengungen erreicht, begeht man fortwährend den Irrtum anzunehmen, daß sie, eben weil sie einfach ist, leicht und direkt zugänglich sei.

Nur die Schwierigkeit der Suche und die Schmerzen, die mit ihr verbunden sind, machen das, was uns von Zeit zu Zeit gewährt wird, so wertvoll.

Martine hat eine echte schriftstellerische Begabung. Sie hat einen Text von hundertfünfzig Seiten geschrieben, »Tentatives«, und ihn an verschiedene Verleger geschickt, die ihn jedoch abgelehnt haben.
Sie gab ihn mir zu lesen, und ich mußte zugeben, daß sie recht haben. Denn dieser Text ist noch nicht fertig. Ich habe Martine dazu gebracht, daß sie ihn sich noch einmal vornahm, und machte ihr sehr genaue Änderungsvorschläge. Diese zweite Fassung übergab ich dann Paul Otchakovsky-Laurens. Vor ein paar Tagen sagte er mir, daß dieses Manuskript angenommen worden sei und daß es kommendes Frühjahr bei Flammarion herauskommen werde.
Diese gute Nachricht habe ich Martine sofort telegraphisch übermittelt. Und nun erhielt ich vorgestern wie ein Blitz aus heiterem Himmel die Mitteilung, daß sie einen Selbstmordversuch unternommen habe und daß man sie gerade noch habe retten können.
Heute fuhr ich nach X., um sie im Krankenhaus zu besuchen. Ein überfüllter Saal, belegt mit Frauen von Gastarbeitern. Lärm, Unruhe, hin und her laufende Kinder. Eine

bedrückende Atmosphäre; Armut, Leiden, Unglück. In einer Ecke das Bett von Martine. Bleiches Gesicht, große malvenfarbene Schatten unter den Augen, die Stimme gebrochen, kaum hörbar, die Unterarme voller blutunterlaufener Stellen von den vielen Spritzen, die sie bekommen hat.

Sie erklärt mir, die Freude, die meine telegraphische Nachricht bei ihr auslöste, habe sie zu ihrem Schritt getrieben. Für sie sei das eine so starke Erschütterung gewesen, daß sie nicht damit fertig wurde. Obwohl ich mich in dem, was sie sagt, ganz und gar wiedererkenne, sage ich ihr, ich hätte sie nicht für so anfällig gehalten und hätte niemals gedacht, daß diese Nachricht sie derart aufwühlen könnte. Natürlich hätte ich mir eine ganz andere Wirkung erhofft. Aber es fällt mir keineswegs schwer, sie zu verstehen. Auch ich habe Zustände erlebt, in denen ich innerhalb weniger Sekunden aus einer geradezu beklemmenden Freude in selbstzerstörerische Verzweiflung stürzte. Vor allem bei den ersten Begegnungen mit Michel Leiris. Jubel bei dem Gedanken, daß ich mich gleich mit einem Schriftsteller unterhalten werde, und daß dieser Schriftsteller der Verfasser von »l'Age d'Homme«, von »Biffures«, von »Fourbis« ist, von Werken, die mich beträchtlich beeindruckt haben. Aber ein paar Sekunden später der Zusammenbruch: Ich werde ihm nichts sagen können, ich werde ihm nur seine Zeit stehlen, ich bin nicht intelligent und innerlich reich genug, als daß er sich für mich interessieren könnte... Und als er mir dann die Hand drückte, war ich so bewegt, so beeindruckt, daß ich befürchtete, in Schluchzen auszubrechen. In diesem Moment mußte ich meinen ganzen Mut zusammennehmen, um nicht davonzulaufen.

So fiel ich in der Viertelstunde, die unserer Begegnung vorausging, Dutzende Male von einem Extrem ins andere. Und als ich vor ihm stand, war ich wie zerschlagen, stumm, wütend, daß ich mir eine solche Gelegenheit verdarb, bedrückt, weil ich immer gegen das Scheitern ankämpfen mußte und mich an der Unterhaltung, die durch meine Schuld nicht in Gang kommen wollte, nicht aktiv beteiligen konnte.

Lange habe ich mich vor der Freude gefürchtet, weil sie bei manchen Anlässen so heftig war, daß ich das Gefühl hatte, sie hätte mich seelisch zerstören können. Aber wie kommt es, daß ich in der Lage war, all das zu ertragen, ohne mich fortzustehlen, während Martine sich gezwungen sah, sich ihm zu entziehen?

Ich habe natürlich versucht, sie in der Tiefe des Abgrunds, in dem sie sich befindet, zu erreichen. Aber sind meine Worte zu ihr gedrungen? Und wenn — was hat sie von ihnen gehabt?

Wir sprachen noch miteinander, als zwei ihrer Freundinnen auftauchten. Und da war plötzlich ein schmerzlicher Kontrast: die eine der beiden groß, schön, blond, braungebrannt, strotzend vor Gesundheit und Lebensfreude — und Martine, bleich, mit unstetem Blick und dermaßen geschlagen, schwach, verloren, daß man sich unwillkürlich fragte, wie lange sie das noch durchstehen würde.

Als ich die beiden so betrachtete, wurde mir bewußt, wie unausweichlich wir doch seelisch und körperlich determiniert sind. Und wieder einmal kam ich zu dem Schluß, daß wir auf dieser Welt nicht die geringste Freiheit genießen.

November 1977

Es war wohl nicht richtig, daß ich von meiner Suche nach dem Absoluten, nach dem Wesentlichen gesprochen habe, ohne zuvor aus meinem Wortschatz gewisse veraltete, abgenutzte, durch den Gebrauch in politischen oder religiösen Überlieferungen korrumpierte Begriffe verbannt zu haben, Begriffe, deren Nebenbedeutungen die Gefahr schlimmer Fehlinterpretationen bergen.

Ich verdanke diese Notiz der Schauspielerin Béatrice Audry. Bei ihr erlebte ich kürlich zwei sehr schöne Stunden im Anschluß an eine Soiree, bei der sie, gemeinsam mit einem anderen Schauspieler, die Gedichte von Nazim Hikmet zum Leben erweckt hat.

Als wir davon sprachen, daß der Mensch geradezu gezwungen sei, durch das Leiden zu gehen, wenn er sich von seinem Ich befreien will, hat sie mich auf folgendes hingewiesen: Wenn ich von diesem Problem spreche, und erst recht, wenn ich es schriftlich behandle, müsse ich deutlich machen, daß ich mit meinem Bekenntnis zu dieser dem Menschen eigenen Schicksalhaftigkeit keineswegs die Haltung der christlichen Kirche billige, die lange Zeit das Leiden um seiner selbst willen gepredigt hat und so jahrhundertelang dazu beitrug, daß der Mensch in Angst lebte, in Unglück und Unterwürfigkeit.

Sie hat recht. Aber wenn ich nicht vorsichtig genug war, dann deshalb, weil ich dieses Tagebuch nur für mich selbst geschrieben habe, ohne bei der Niederschrift auch nur einen Augenblick daran zu denken, daß es eines Tages von Fremden gelesen werden könnte.

Ich sage also mit größtem Nachdruck, daß ich dem Leiden keinen Geschmack abgewinnen kann und daß es für mich nur eine notwendige Übergangszeit ist: Nur im Hinblick darauf darf es gelebt werden, daß es ein Ziel zu erreichen ermöglicht, das seine Auslöschung oder zumindest ein allmähliches Zurückdrängen nach sich zieht. Im übrigen hoffe ich sehr, daß die Fortsetzung dieses Tagebuchs einen schlagenden Beweis für das, was ich sage, liefern wird.

Ich muß noch hinzufügen, daß es in dieser Hinsicht zwei verschiedenartige Verhaltensweisen gegenüber dem Leiden gibt: Entweder man nimmt es auf sich, stagniert und vergräbt sich — eine sterile Revolte — in Resignation und Verbitterung. Oder man lebt es als einen langsamen Aufstieg, der aus dem Gefängnis des Ich zur Geburt eines neuen Wesens führt.

Freiheit, freier Wille, freie Wahl — diese Begriffe erregen in mir immer eine dumpfe Wut. Wie kann sich der Mensch nur derart belügen? Wir haben keine andere Existenz als die, auf die uns unsere Chromosomen und unsere Geschichte festlegen. Wenn wir uns gedrängt fühlen, uns von diesen Determinismen wenigstens ein klein wenig zu befreien, dann einzig und allein deshalb, weil ein Verlangen uns dazu treibt, das wiederum aus dem einen oder anderen stammt.

Eine Über- oder Unterfunktion einer innersekretorischen Drüse, und schon ist die ganze Physiologie eines Individuums verändert. Und wenn ich mich selbst nehme: Wieso bin ich verantwortlich für das Schreibbedürfnis, das meinem Leben zugrundeliegt? Und wenn ich einräume, daß ich mich ein klein wenig den Zwängen des Ich entzogen habe — wo ist da mein Verdienst? Auch hier habe ich mich nur dem gebeugt, was mir vorgeschrieben war.

Dezember 1977

Mein *Tagebuch* wird demnächst erscheinen. Jedenfalls die ersten beiden Bände, von denen der zweite mit dem März 1968 schließt.

Wie werden sich diese Notizen, die ich aus innerem Drang und für mich selbst niederschrieb, gedruckt ausnehmen? Wenn man weiß, daß ein entstehender Text nicht unter die Leute kommen wird, läßt man sich bei der Arbeit ja von ganz anderen Kriterien leiten, als wenn es um die Veröffentlichung in einem Buch geht. Wird die Aufrichtigkeit, die bei der Entstehung dieser Notizen Pate stand, wenigstens hin und wieder ausreichen, um ihre Flachheit aufzuwiegen? Nicht wenige von ihnen scheinen mir angreifbar zu sein. Zu viele überspitzte Behauptungen. Eine verzerrte und fragmentarische Sicht der Dinge, weil es mir nicht gelungen ist, mich aus meiner Verzweiflung zu befreien.

Trotzdem werde ich auf keinen Fall nur eine Auswahl treffen. Irrtümer und Platitüden, Verwechslungen und Übertreibungen — all das gehört unabdingbar zu meiner Suche, und es hieße, ein ungenaues Bild von ihr zu geben, wollte ich jetzt aus diesem *Tagebuch* all die Stellen streichen, die nicht mehr meine Billigung haben.

1978

Wir wissen es. Das Leben hält manchmal Begegnungen für
uns bereit, die so überraschend sind, daß es uns die Sprache
verschlägt. Wie könnte ich der Versuchung widerstehen,
von einer Begegnung dieser Art zu berichten und von dem
Erstaunen, in dem sie mich zurückließ?
Es war der erste Tag von M. L.s Sommerferien, und wir
waren im Begriff, nach Jujurieux zu fahren. Im letzten Augenblick fällt ihr ein, daß sie vergessen hat, die Kaffeekan-
ne zu kaufen, die sie Maman Ruffieux mitbringen sollte.
Das Wetter ist sehr schön, und sie schlägt vor, daß wir
zu Fuß in das ziemlich entlegene Viertel gehen, in das sie
sich begeben muß. Aber davon bin ich gar nicht begeistert.
Ich liebe nur die Straßen im Zentrum der Städte, wenn
sich am Tagesende die Menschenmassen in ihnen drängen
und heftig, wie im Fieber, hin und herwogen. Dementspre-
chend fühle ich mich ausgeschlossen vom Leben, abgeschnitten von seinem Herzen, wenn ich mich irgendwo an
der Peripherie befinde; ich muß dann immer gegen eine
unüberwindliche Langeweile ankämpfen. So mußte M. L.
ziemlich insistieren, bis ich mich dreinschickte und mit ihr
ging.
Auf dem Rückweg kommen wir in die Nähe der Rhône.
Ich will zum Fluß hinuntergehen, während sie auf der Ufer-
straße bleiben möchte, wo ein großer Markt abgehalten
wird. Wieder dringt sie in mich, und ich gebe nach.
Es wimmelt von Menschen, aber wir haben ja Zeit. Wir
schlendern von einem Stand zum andern, betrachten die

Blumen, die Gemüse, bewundern die Farben und überlassen uns mit Vergnügen einer Atmosphäre, die mich einmal mehr davon überzeugt, daß Lyon in der schönen Jahreszeit schon eine südliche Stadt ist.

Plötzlich, und ohne daß da etwas Besonderes wäre, das meine Aufmerksamkeit erregt hätte, wird mein Blick unwiderstehlich vom braunen Haar einer Frau angezogen, die sich gute zehn Schritt vor mir befindet und die ich nur von hinten sehe. Im gleichen Augenblick dreht sie sich mit einem Ruck um. (Später erzählt sie mir, ihr sei gewesen, als habe man ihren Namen gerufen.) Es ist Geneviève. Ich eile zu ihr, bahne mir einen Weg durch die Gruppen von schwatzenden Hausfrauen hindurch. Ich bin so bewegt, daß ich sie umarme — zum ersten Mal, wie ich für mich feststelle. Mehr als drei Jahre haben wir uns nicht gesehen! Ihre außerordentliche Präsenz. Ihre Dynamik. Ihre rauhe Stimme. Ihre schönen Augen, deren Farbe so changierend wie undefinierbar ist (ein helles Kastanienbraun, das ins Grünliche spielt, übersät mit braun irisierenden Tupfen.) Ihre dichte dunkle Mähne, die in schweren Wellen zu beiden Seiten des Gesichts herabfällt. Ein Gesicht, das vielleicht eher ungewöhnlich als schön ist, das eine starke Persönlichkeit verrät.

Welch unglaublichem Zusammentreffen von Zufällen verdanken wir diese überraschende Begegnung!

Ich befinde mich rein zufällig in dieser Minute an diesem Ort, ich habe hier nichts zu tun.

Sie wohnt in Paris, ist auf der Durchreise in Lyon ausgestiegen, um ein paar Blumen zu kaufen.

Geneviève—Antigone. In ihr, der Rebellin, ist etwas Düsteres, Unbeirrbares, Leidenschaftliches, Unbeugsames. Dazu ihre bemerkenswerte Intelligenz. Ihre stets begründeten und persönlichen Ansichten. Ihr auf das Wesentliche gerichteter Sinn. Der heftige, unnachgiebige Anspruch, der sie drängt, alles umzustoßen, wenn sie es für notwendig hält.

Nun, da ich an sie denke, da ich mir vergegenwärtige, was sie mir bedeutet, empfinde ich Freude, Heimweh und eine gewisse Bedrückung — o Jugendzeit, wohin bist du entschwunden? Wie konnten die Jahre so einfach entfliehen? Was ist mir von ihnen geblieben? Und was ist aus uns geworden? Denn mir wird bewußt, daß wir seit mehr als einem Vierteljahrhundert niemals aufgehört haben, einander zu schreiben. Zugegeben, es gab manchmal lange Perioden des Schweigens, es gab Zeiten der Fülle und Zeiten der Dürre; sicher aber ist, daß der Kontakt niemals abgerissen ist. Und ich staune darüber, daß diese Beziehung sich als stärker erwiesen hat als alles, was sich ihr entgegenstellte.

September 1978
Verbringen einige Tage bei unseren Freunden Carrade, in ihrem Haus im Département Tarn. Glücklich, bei wirklichen Freunden zu sein, bei denen ich unbefangen bin, bei denen ich endlich ich selbst sein und von dem sprechen kann, was mich beschäftigt...
Laure umsorgt uns und verwöhnt uns mit ihren außerordentlichen Kochkünsten.
Erfüllte Augenblicke in Michels Atelier beim Betrachten seiner Bilder und beim Gespräch über Malerei. Er hat auch ein herrliches astronomisches Fernrohr aufgestellt, das er in allen Teilen selbst angefertigt hat, und in der Nacht machen wir uns an die Entdeckung der Sterne.
Eines Morgens aber — entspanntes Wohlbehagen im Liegestuhl unter den Bäumen, ein Tag, der sehr schön zu werden verspricht — schlage ich »Le Monde« auf und überfliege als erstes die Literatur-Seiten, um zu sehen, ob mich etwas interessiert. Bei einem Artikel halte ich inne. Er ist den »Tentatives« gewidmet, dem Buch, das Martine veröffentlicht hat. Ich freue mich. Und ich beschließe, ihn ihr gleich heute nachmittag zu schicken. Ich lese begierig. Was da steht, sagt mir zu, und ich bin froh für sie. Doch

plötzlich wie ein Fallbeil der Schlußsatz: Martine hat sich
zu Beginn des Sommers umgebracht.

Oktober 1978
Schreiben: Den Teil seiner selbst zum Ausdruck bringen,
den man bei den anderen entdeckt, und den Teil der anderen, den man in sich selbst erkennt.

Den Zweifel nicht mehr zu kennen heißt nicht, Gewißheit
zu haben.

Das ist das Tragische, daß ich dahin nicht kommen kann,
wohin zu gelangen mich hungert.

Es wird nicht mehr von dir verlangt, als daß du deine Stimme dem Namenlosen leihst, das in deinem Innersten murmelt.

Diese Pseudo-Künstler, die sich entgegen dem, was sie vor-
täuschen, furchtbar ernst nehmen, ihr Leben aber ohne jede Ernsthaftigkeit leben. Sie tun so, als wüßten sie nicht,
daß man sich gerade nicht ernst nehmen darf, wenn man
sich mit Würde und Ernsthaftigkeit auf das Abenteuer des
Lebens einlassen will.

Dezember 1978
Eine Schwierigkeit beim Schreiben: Wenn man formuliert,
was man ausdrücken möchte, muß man die Einwände und
Auslegungen mitbedenken, die das Gesagte hervorrufen
kann.

Eine der Aufgaben des Schriftstellers besteht darin, wahr-
heitsgemäß für die zu sprechen, die von sich selbst abgeschnitten sind, die leben, ohne daß sie wissen, was sie sind.
Ihnen so die Möglichkeit zu geben, daß sie sich selbst begegnen, sich entdecken, zur eigenen Quelle hinabsteigen,

sich bewußt werden, was sie sind und was den Menschen überhaupt ausmacht.

Klar sein, hellsichtig und genau, um alle Verworrenheit hinter sich zu lassen und fähig zu werden, das Geheimnis zu erkennen und sichtbar zu machen und eventuell denen zu helfen, die vergessen haben, daß das Geheimnis jeden Augenblick ihres Lebens heiligt.

Zum Leiden sprechen mit den Worten des Leidens.

Wenn wir das, was wir als das Geheimste in uns tragen, Gott nennen und das, was wir von ihm kennen, diesem Gott zuschreiben, dann erkennen wir damit ganz einfach an, daß wir zweigeteilt sind, daß wir zwei Ordnungen angehören, die nichts miteinander gemein haben. (Da wir aus zwei einander entgegengesetzten, einander entgegenwirkenden Wirklichkeiten bestehen, sind wir gezwungen, eine von ihnen ins Unendliche zu verbannen. Denn diese Wirklichkeit kann unmöglich jene andere in ihrer Nachbarschaft dulden, weil ihre Natur ihr unaufhebbar fremd ist und weil sich die Beziehungen zu ihr als so schwierig, so unharmonisch, so schmerzlich erweisen.)

Klugheit, Weisheit, Liebe — wir müssen sie uns erarbeiten.

Nicht der Vogel sein, sondern der Raum, den er erfüllt mit seinem Flug.

Ich bin ein écrit vain*.

---

* Wörtlich: eine vergebliche Schrift. Gleichlautend mit écrivain: Schriftsteller.

Ein April- oder Maiabend in der Militärschule von Aix-en-Provence. Ich muß sechzehn oder siebzehn sein. Es ist Nacht geworden, und ich schicke mich an, über den Hof zu gehen. Dieser ist ganz leer, und das wundert mich. Um die achthundert Zöglinge leben in dieser Kaserne, und nur selten ist man in ihren Mauern allein. Zu dieser Stunde aber befinden sich alle im Speisesaal. Auf drei Seiten wird der Hof von langen massiven Gebäuden begrenzt, an der vierten erhebt sich ein nicht ganz so gedrungenes, in dem die Büros untergebracht sind, darunter auch das des Obersten, der die Schule leitet. In keinem Fenster brennt Licht. Niemand zu sehen. Ich weiß nicht mehr, warum ich den Speisesaal verlassen habe und wohin ich eigentlich will. Aber was mit mir in den folgenden Minuten geschehen ist, das weiß ich noch ganz genau.

Die Luft ist wunderbar milde, und ich genieße sehr diesen Augenblick der Stille, der kostbaren Einsamkeit. Langsam setze ich meine Schritte und lausche dabei dem Geräusch meiner Stiefel auf der harten, steinigen Erde. Eine tiefe, ernste, machtvolle Freude breitet sich in mir aus. In dieser Sekunde bin ich mir meiner Jugend bewußt, meiner Leidenschaft für das Leben und meiner Ungeduld, dem näher zu kommen, was der Entdeckung harrt. Aber ich denke auch an die Mauern, die mich umgeben, an meine junge soldatische Existenz, an das Schicksal, das mir keine Wahl gelassen hat und mich in Verhältnissen festhält, in denen ich mich nicht wohl fühle. Trauer trübt meine Freude. Plötzlich werden wieder die Fragen wach, die mich seit drei oder vier Jahren quälen, und ich denke an das Los des Menschen, an die Unsicherheit seiner Lage, an die Tatsache, daß wir der Zeit unterworfen, zum Umherirren verurteilt, dem Tode anheimgegeben sind... Doch die Freude ist stärker, und ich sage mir schließlich, daß das Leben bestimmt ganz schön wäre, wenn wir nicht so viele Zwänge erdulden, so viel Leiden durchmachen müßten. Sicher, man mag lächeln über eine so glatte Schlußfolgerung; in dem Augenblick aber, in dem sie mich erleuchtet, ist es der Beginn eines Einverständnisses, das sich stammelnd in mir ausspricht.

Ich nähere mich dem Rosenbeet in der Mitte des Hofs. Dort erhebt sich der Mast, wo morgens und abends bei der ›Fahnenzeremonie‹ zwei weiß behandschuhte Schüler vor sechs angetretenen Kompanien die Fahne hissen und wieder einholen. Ich bleibe stehen.

Die unsagbar sanfte Luft, der Duft der Rosen, das Schweigen, das sich vertieft, all das dringt in mich ein, wird eine Welle, die alles überflutet. Ich werfe den Kopf in den Nakken und schaue zum Himmel, der sich zu mir herabsenkt mit tausend leuchtenden Sternen. Eine unendliche Verwirrung ergreift mich, Angst, Schwindel, Panik, eine tiefe Welle reißt mich mit sich, verschlingt mich; dann der Gedanke, daß ich den Verstand verliere. Und hoch schießen Freude und Leiden — eine vorzeitliche, schreckliche, aufrührerische Freude; ein Leiden aus der Tiefe der Zeiten, absolut und untröstlich —, beide vermischt und doch geschieden, einander nicht widersprechend, einander nicht bekämpfend, eher einander unterstützend, um mich noch höher hinauf, noch tiefer hinab, noch weiter fort zu ziehen. Ich will festhalten, was da in mich eingedrungen ist, aber ich fühle sogleich, wie vergeblich dieser Versuch ist. Ich leiste keinen Widerstand mehr, und plötzlich, für einen Augenblick, dessen Dauer ich nicht abschätzen kann, lache ich, von Schluchzen geschüttelt, aus vollem Hals.

Ein paar Minuten später sitze ich, mit dem Rücken gegen eine Mauer gelehnt, auf der Erde, mein Körper ist schwach geworden, benommen vor Glück. Ich würde es nicht ertragen, wenn man mich so sähe. Deshalb habe ich darauf geachtet, mich an einem abgelegenen Ort zu verbergen. Ich war im übrigen noch nie hier; man hat uns, glaube ich, das Betreten verboten. Ohne jede Eile warte ich auf das Signal zum Löschen der Lichter und darauf, daß sich Stille über die Kaserne breitet. Noch einmal lasse ich einige Zeit verstreichen. Dann stehle ich mich, voll Angst, jemandem zu begegnen, in mein Zimmer und schlüpfe ins Bett.

1979

Oktober 1979

Schöne Begegnung mit Louis-René des Forêts. Ein Mensch von großer Sensibilität, im Kampf mit einer inneren Welt, die ihn fordert. Der es offenbar niemals verwinden konnte, daß seine Kindheit eines Tages zu Ende war. Ich habe ihn lange befragt über ihn selbst, sein Werk, die Gründe seines Schweigens... In der frühen Kindheit war er fasziniert vom Meer. Wollte zur See fahren, Kapitän eines Überseeschiffes werden. Aber das war nicht möglich. Dann widmete er sich eine Zeitlang der Musik. Aber auch da mußte er verzichten. Zum Schreiben kam er nur deshalb, weil diese beiden Wege ihm verschlossen blieben.

Ich plane eine Studie über die »Furien des Meeres«, die in einer ihm gewidmeten Nummer von »Granit« erscheinen soll. Um mich darauf vorzubereiten und es mir ein wenig leichter zu machen, habe ich ihm mehrere präzise Fragen über dieses lange, schöne Gedicht vorgelegt. Aber er konnte mir auf keine eine Antwort geben (was mir übrigens gar nicht mißfallen hat). War sogar zufrieden, als ich merkte, daß er keineswegs mit Ideen und Worten jonglierte. Daß sein Text sich ihm nicht anders darstellte als mir, mit all seinen dunklen Stellen, seiner Fremdheit, seinem Geheimnis. Es blieb der Eindruck eines leidenden, innerlich zerrissenen Menschen, der immer unterwegs ist und sich nicht vormacht, eine Antwort gefunden zu haben.

Eine Zeitschrift will ein paar Gedichte von mir veröffentlichen. Man bittet mich um einen Begleittext, in dem ich

erklären soll, wie ich arbeite, was für eine Auffassung von der Dichtung ich habe, welches meine bevorzugten Themen sind.
Dazu die folgenden kurzgefaßten Hinweise.

Blicke auf die Quelle
Ein beständiges Bedürfnis, von mir fortzuschieben, was mich einschränkt, mich begrenzt. Mich zum Allgemeinen, zum Namenlosen, zum Ungeteilten hin zu entwickeln. Mich den Mitmenschen dort in mir zu nähern, wo jede Distanz und jeder Unterschied aufgehoben sind.
Das Schreiben: gleichzeitig Instrument und Produkt dieser Methode. Kein Gegensatz zwischen Prosa und Lyrik. Beide kommen aus derselben Quelle. Müssen denselben Anforderungen genügen. (Auch ihren eigenen, spezifischen.)
Das Bewußtsein, daß Wörter zu allem gebraucht, jedem Vorhaben dienstbar gemacht werden können, daß man sie außerhalb jeder Notwendigkeit und jeder Kontrolle verwenden kann. (Wenn der Ingenieur, der die Pläne für eine Brücke erstellt, wenn der Pilot, der ein Langstreckenflugzeug steuert, wenn der Chirurg, der eine Operation vornimmt — wenn sie einen schweren Fehler machen, lassen die Konsequenzen nicht auf sich warten. Aber was für eine sofortige, sichtbare und strenge Sanktion, die sein Selbstbewußtsein erschüttern würde, hat der Schriftsteller zu befürchten, der die Sprache mißbraucht?) Daher eine von großem Mißtrauen genährte Liebe zum Wort.
Bedürfnis nach Einfachheit, Strenge, Kargheit, Echtheit. Völlige Unterwerfung unter die gebieterische Notwendigkeit des Rhythmus. (Mit einer deutlichen Vorliebe für den Dreierrhythmus.)
Das ideale Gedicht ist für mich — und ich weiß, wie weit ich in der Wirklichkeit davon entfernt bin — kurz, schroff, dicht, mit deutlichen Konturen. Es kann sich aus einer ununterbrochenen Bewegung heraus entwickeln, das Aussehen eines Kiesels annehmen und einen Eindruck von

Fülle vermitteln. Oder es kann sich abgehackt darbieten, zerrissen, aus dem Widerstreit von Spannungen geboren. Es wird einerseits von gewöhnlichen Wörtern gebildet, die manchmal einen doppelten oder dreifachen Sinn haben und lange im tiefsten Humus gereift sind, andererseits von Assonanzen, Alliterationen, Bildern und Metaphern, jedes ein Echo des andern. Das Ziel ist, daß jeder Bestandteil ins Ganze eingelassen ist wie ein Stein in eine Mauer.

Meine Themen? (Seltsam, ich merke, daß ich sie nicht kenne. Oder genauer, daß ich sie zwar kenne, aber nur ganz dunkel, so, wie man eine allzu vertraute Wirklichkeit kennt, die man gewöhnlich nicht besonders beachtet. Die Abfassung dieses Textes bringt mich erst dazu, sie zu identifizieren und ihrer objektiv bewußt zu werden.) Der innere Irrweg. Die Schwierigkeit zu leben. Das unvermeidbare Scheitern. Der Tod. Das Verlangen nach dem Zeitlosen, dem Unbegrenzten. Die Mutter. Die Sehnsucht nach einem Zustand ohne ontologische Frustration. Meine Verehrung für die Frau. Das Wunder der Begegnung. Der Verschmelzung. Die Augenblicke der Dürre. Des Zerfalls. Des Jubels... Aber es kann auch vorkommen, daß das einzige Thema das Gedicht selber ist, ein Ort, an dem der Schaffensprozeß zur Erhellung drängt, sich in einem Spiegel zu gestalten trachtet, in dem er sich reflektieren und das Dunkel seiner Herkunft erforschen kann.

Das Gedicht, das ja prinzipiell einen Augenblick der Dichte fixiert — das kann ein höchstes Erleben oder ein Zusammenbruch sein —, entsteht bei mir in der Nacht, während der Schlaflosigkeit, wenn das Wesen transparent zu werden sucht. Oder wenn ich mit entleertem Kopf durch die Straßen schlendre, berauscht von der Illusion, daß ich durch nichts bestimmt und festgehalten werde, daß ich frei bin von allem, was mich fesselt und auf mir lastet.

Jedes Mal erhebt sich eine Stimme, und sofort nimmt mich ein Rhythmus gefangen, der mich skandiert.

Diese Stimme kann überaus deutlich sein und in ein paar

Sekunden ein Gedicht diktieren, das ich nur noch hinzu-
schreiben brauche. Sie kann aber auch ein kaum hörbares
Murmeln sein, dessen verwirrtes Stottern und Stammeln
mich dazu zwingt, mit den Wörtern zu kämpfen und
meinen Gesang in den formlosen Stein der Sprache zu
hauen.

Meistens aber schweigt die Stimme, besiegt von der Starre,
dem Ekel, der klarsichtigen Verzweiflung, der ich mich
nicht entziehen kann. Das sind dann Tage, Wochen, ja
Monate der Öde, der Verzweiflung, des Stillstands.

27. Oktober 1979

Die Lektüre des Buches, das er im Verlag Fata Morgana
veröffentlicht hat, weckte in mir den Wunsch, ihn kennenzulernen. Den heutigen Tag habe ich in seiner Gesellschaft verbracht.

Er muß so alt sein wie ich. Ein verbrauchtes Gesicht. Ein
Zuhause, eine Arbeit, eine gesellschaftliche Position zu haben, lehnt er ab. Hin und wieder nimmt er eine Gelegen-
heitsarbeit an: als Landarbeiter, Hilfsarbeiter auf dem Bau,
Zimmerkellner in einem großen Hotel, Stutenwärter in
einem großen Gestüt. (Er erzählt mir, daß die Stuten,
wenn ihre Zeit im Frühjahr gekommen ist, nur in der
Nacht fohlen. Das soll von der Zeit herrühren, als diese
Tiere noch wild lebten. Wenn die Herde abends Halt
machte und sich ausruhte, hatte das Fohlen einige Stunden
Zeit, zur Welt zu kommen, zu saugen und die steifen Beine
zu bewegen, so daß es bei Tagesanbruch der Herde folgen
konnte. Diese Stuten hütete er von abends acht Uhr bis
morgens acht Uhr, und diese Zeit nützte er zum Lesen
und Schreiben.)

Er schlägt sich mit den wahren Fragen herum, verspürt
in sich den unabweislichen Drang zu schreiben, und nimmt
zudem das Schreiben sehr ernst. An einer Seite sitzt er
bis zu drei Wochen, und er sagt das, als ob es selbstverständlich wäre.

Er lebt in tiefer Armut und hungert oft, aber er ist weder verbittert noch stellt er Forderungen an die Gesellschaft.

Ein sanftmütiger, leiderfüllter Mensch, und dann dieser leidenschaftliche Wille, frei zu sein und außerhalb zu bleiben. Er hat mich sehr beeindruckt.

Bevor er mich verließ, gestand er mir, daß er manchmal gern eine Wohnung wie die meine hätte, oder wenigstens ein freundliches Zimmer, um in Ruhe arbeiten zu können. Als ich ihm die Hand schüttelte, mußte ich an Franz von Assisi denken, und als ich mich mit seinen Augen sah, erkannte ich, wie privilegiert ich bin.

November 1979

Die Wahrnehmung ist der Initialakt, der alles übrige bestimmt. Darauf achten, daß sie durch nichts eingeschränkt, verfälscht, entstellt wird.

Die Wahrnehmung liefert dem Denken das, was es zu bearbeiten hat. Und sie muß auch noch die einzelnen Denkschritte überwachen und auch die Schlußfolgerungen, zu denen es gelangt.

Wer den inneren Prozeß nicht richtig wahrnimmt, denkt notwendigerweise falsch.

Dieses Streben nach Vollkommenheit im Umgang mit dem Wort. Daß es vielen lächerlich erscheint, wird mir schmerzhaft bewußt, wenn ich mich in Gesellschaft von Leuten befinde, die das Leben allein auf die materiellen und ökonomischen Gegebenheiten reduzieren. Sie sind außerstande, in meinem Bemühen etwas anderes als die harmlose Manie eines Träumers zu sehen, dem die Realitäten des Lebens entgehen.

Jetzt weiß ich, warum ich diese beklemmende Scham empfinde, wenn ich jemandem gestehen muß, daß ich meine ganze Zeit darauf verwende, Wörter reifen und Sätze sich bilden zu lassen, in denen meine Suche nach Seinszuwachs Erfüllung findet.

Die Verrückte, die durch die Straßen irrt. Sie schleppt zwei riesige, zerschlissene Koffer mit sich, an denen die Griffe fehlen, jeder zugebunden mit einem groben Strick. Da sie nicht beide zugleich tragen kann, kommt sie nur voran, indem sie mal den einen, mal den andern ein Stück vorwärts befördert.

Gestern, nach guter Arbeit, Spaziergang bei Regen in der Abenddämmerung. Ein unbefestigter, teilweise schlammiger Weg, und ein heftig tobender Wind. Ich schritt tüchtig aus und sagte mir beim Gehen laut die eben geschriebenen Sätze vor, um ihren Rhythmus zu überprüfen. Die schweren Hügel im Nebel und die hereinbrechende Nacht hatten das faszinierend Befremdliche jener ganz *anderen* Landschaften, in die uns der Film entführt, wenn die Magie des Kinos zu wirken beginnt.

Einen Augenblick lang jagte mir der Hund, der mich begleitete, einen richtigen Schrecken ein, als er plötzlich hinter einem Gebüsch hervorschoß. Und dann war da auf einmal wieder jene Angst, die ich als Kind empfunden hatte, wenn ich mit meinen Kühen allein war, weit weg vom Dorf, und ein Gewitter ging nieder, oder die Nacht brach herein.

Wie oft habe ich das schon erlebt: Man sagt etwas Bestimmtes, sei es wichtig oder nicht, und in eben diesem Augenblick ereignet sich etwas Unerwartetes, das dem, was man sagt, brutal widerspricht.

Ein Februarmorgen im Jahre 1963. Ich begleite Maman Ruffieux zur Messe. (Ein paar Tage zuvor war unsere liebe, sanfte Nanon gestorben.) Es ist noch dunkel, es schneit, aber wir haben uns untergefaßt und kommen problemlos vorwärts. Schweigend haben wir schon zwei-, dreihundert Schritt zurückgelegt, da konstatiere ich:
»Siehst du, Mama, wie gut ich dich halte. So kannst du nicht fallen.«

Im selben Augenblick rutscht sie aus, reißt mich mit sich, und ich falle schwer auf sie. Und der Schmerz und die Anspannung lösen sich in einem wahnsinnigen Gelächter, und ein Weilchen liegen wir da, mitten auf der Straße, im Schnee, und können vor Lachen nicht aufstehen.

Wenn ich Leuten begegne, die sich ernst nehmen, die sich als Persönlichkeit aufspielen, die sich gewählt ausdrücken, muß ich jedes Mal das gleiche denken: Wie schaffen sie es nur, ihre Ängste, ihre Gemeinheiten, all das, was uns bedroht, zu vergessen oder nicht zur Kenntnis zu nehmen? Und wenn sie sich eines Tages einem Ereignis oder einer Situation stellen müssen, die sie auf sich selbst zurückwerfen und sie so brutal treffen, daß keine Verstellung mehr hilft: Wie bewältigen sie dann diese plötzliche Konfrontation mit dem, was sie immer gemieden haben?

Bin ich wirklich ein Schriftsteller? Das muß ich mich immer noch fragen, nachdem ich zwanzig Jahre lang meine ganze Zeit und meine ganze Kraft auf das Schreiben verwandt habe. Eine bedrückende Feststellung, wo ich doch so wenig produziert habe.
Ich glaube, daß ich das, was ich bin und lebe, nicht spontan in Sätze einzubringen vermag. Es ist sogar so, daß ich, wenn ich sprechen oder schreiben soll, einen ganz handfesten Widerwillen überwinden muß.
Wenn ich mich in Worten mitteile, so scheint mir, daß meine Substanz nicht nur verfälscht, sondern unwiederbringlich zerstört wird.
Und doch weiß ich nur zu gut, daß ich ohne diesen Drang zu schreiben gar nicht existieren könnte.
Schreiben heißt, dichter und stärker zu leben, der Erosionskraft der Zeit Einhalt zu gebieten, das Leben seiner Vollendung, seiner Totalität entgegen zu führen. Ich habe das Gefühl, das ich freilich nicht begründen kann, daß all das, was man sich nicht intensiv bewußt gemacht und in

Worte gegossen hat, noch gar nicht ins Leben getreten
ist. Daß es nicht teilhat am Universum. Oder einem Unvollendeten angehört, das darauf wartet, im Schöpfungs-
akt seine Vollendung zu erlangen.

Gerade eben sind sie mir auf der Straße begegnet. Er etwa
vierzig. Hielt den Kopf gesenkt. Das Gesicht durch Angst
entstellt. Offenbar ziellos dahinschlendernd.
Seine Gesichtszüge, seine Kleider (zu groß, von schlechter
Qualität und stark abgenutzt), die ganze Erscheinung deu-
tete auf einen Ausländer, und ohne rechten Grund sah ich
in ihm einen Flüchtling aus einem östlichen Land.
Zwei Schritt hinter ihm kam die Frau. Der Blick ängstlich
und doch beweglich, auf der Lauer liegend, als spähe er
nach einer Gefahr aus, die nicht auf sich warten lassen würde. Und wieder zwei Schritt dahinter das Kind, etwa zehn
Jahre alt, mit völlig stupidem Gesichtsausdruck, in Holz-
pantinen und kurzen Hosen.
Und auf einmal das Gefühl, die ganze Not und Verzweiflung der umherirrenden Menschheit habe sich in diesem
erbarmungswürdigen Trio konzentriert.
Meine erste Reaktion war, zu ihnen zu gehen. Aber dann
ließ ich sie doch ihres Weges ziehen, aus Schüchternheit,
aus Angst, nicht die rechten Worte zu finden und von
ihm, der vielleicht mit dem Rücken zur Wand stand und
sich fragen mochte, was ich von ihm wolle, brüsk zurückgewiesen zu werden. (Das plötzliche Umschlagen von Verzweiflung in Wut bei dem, der an Schläge gewöhnt und
überzeugt ist, daß das, was auf ihn zukommt, nur zu seinem Untergang beitragen wird.)
Der Anblick von Menschen, die dem Leiden gegenüber
wehrlos sind, ist mir unerträglich.

1980

April 1980

Wir überqueren einen kleinen Paß und beginnen mit einer langen Abfahrt auf einer schmalen und kurvenreichen Straße. Von Zeit zu Zeit erblicken wir unter uns oder am gegenüberliegenden Hang einen Bauernhof. (Am nächsten Tag sehe ich, daß die Höfe in dieser Gegend der Drôme zumeist aufgegeben oder schon verfallen sind.)

Eine arme, karge Gegend. Fühle mich traurig, einsam. Die Nacht bricht herein, es geht ein ziemlich heftiger Wind, und es ist ungemütlich kalt.

Bram wird immer unruhiger, denn wir haben uns verirrt. Und kein Wegweiser. Und niemand, den wir nach dem Weg fragen könnten. Nach einigem Umherirren und manchen Runden in unbewohnten Bauernhöfen kommen wir endlich an.

Die Mahlzeit und der Abend in der Küche des alten Bauernhofs, der Kreis um den Kamin, in dem mächtige Holzscheite lodern. Bram ist müde und schweigt. André du Bouchet spricht selten und abrupt. Seine Tochter. Ein schönes Gesicht. Schöne Augen. Ein nicht weniger schönes Lächeln, das einen jedoch schmerzlich berührt; denn die Freude, die plötzlich aufscheint, erreicht nicht den Blick, der ernst, vielleicht traurig bleibt. Und Sarah. Überaus schweigsam. Aber ein lebendiger, lebhafter, an allem teilnehmender Blick.

(Bram teilte mir mit, daß er kürzlich in Paris nicht umhin konnte, ihnen zu sagen, was mit M. geschehen war, und diese Frau hatte zu weinen begonnen.)

Es wurden nur wenige Worte gewechselt, aber es herrschte
eine gute Atmosphäre, und ich fühlte mich wohl.
(Bei dem dreistündigen Spaziergang, den wir am nächsten
Tag mit André du Bouchet machten, waren M. L. und ich
richtig glücklich zu erfahren, daß wir in Paris in dem Bett
geschlafen hatten, das dreißig Jahre lang Giacomettis Bett
gewesen war.)

Interview mit einem Filmschauspieler im Fernsehen. Ein
wertvoller Mensch mit großen Qualitäten. Aber in dem,
was er sagte, kam nicht zum Ausdruck, was er ist.
Außerstande, seine Gedanken zu formulieren, benützte er
Klischees und Redensarten, ohne zu ahnen, daß sie das
Gegenteil dessen sagten, was er ausdrücken wollte.
Wie unglücklich war ich für ihn. Mir schien er uns alle
zu verkörpern, die wir doppelt verraten werden: zuerst
von unseren Worten und Taten, dann von der Art und
Weise, in der sie aufgenommen werden.

Ein Mann, der hohe Ämter bekleidet hat. Eines Tages entschloß er sich, zurückzutreten und zu seinem eigenen
Nachteil in den vorzeitigen Ruhestand zu gehen.
Er war der Verpflichtungen und Zwänge müde geworden,
die ihn einengten, fühlte sich immer unwohler in seiner
Machtposition, in der er manchmal Strafen verhängen
mußte. Vor allem wollte er einem Drang nachgeben, der
ihn seit seiner Jugend quälte: auf die Stimme des anderen
in ihm zu hören, den großen Fragen nicht länger auszuwei-
chen und durch strengere Anforderungen an das Schreiben
zu einem intensiveren Leben zu kommen.
Aber diese radikale existentielle Veränderung hatte Folgen, die er nicht voraussehen konnte: Sein Leben hatte
die Basis eingebüßt; die Beziehungen zu seiner Familie, zu
seinen Bekannten und Freunden änderten sich grundlegend; die Tatsache, daß er nun über viel Zeit verfügte,
mit der er nichts anzufangen wußte, bedrückte ihn; die

innere Erschütterung ging so tief, daß er nicht mehr schreiben konnte...

Nach einem Jahr der Verwirrung, der Ratlosigkeit bekommt er jetzt allmählich wieder festen Boden unter die Füße.

Wie scharfsinnig und wie demütig erzählte er mir von dieser Prüfung, und vergaß auch nicht zu bemerken, daß sie Menschen, die von materiellen Nöten heimgesucht seien, möglicherweise ganz harmlos vorkommen könne. Sicher, es gibt Menschen, die unter furchtbaren Bedingungen leben, die arbeitslos sind, krank oder voller Gram über den Tod eines lieben Menschen. Aber nur, wer die Abgründe des inneren Lebens nicht kennt, kann lächeln, wenn ein Mensch, der ansonsten ein sozial Privilegierter ist, vom Abstieg in die Hölle spricht.

Diese Leute, die einen sofort hassen, sobald sie spüren, daß sie einen nicht beherrschen können.

Vor ein paar Tagen war ich bei Sylva. Da ich einen Artikel über einen Film gelesen hatte, der das Leben eines Zöglings in einer Militärschule vor 1940 schilderte, erzählte ich ihr ein bißchen davon, was das für Jahre für mich gewesen waren in Aix. Nur, daß ich danach nicht mehr schlafen konnte...

Die Sprachlosigkeit der ersten Tage in jener Kaserne in Montélimar. Die Entdeckung des militärischen Lebens mit Antreten und Appell, Hornsignalen und Unteroffiziersgebrüll. Die Uniform und die Schnürstiefel. Die langen Stunden, bis man gelernt hat, im Gleichschritt zu marschieren. Das schlechte und unzureichende Essen. (Eine Schicht von Rüsselkäfern, über den Bohnen schwimmend; im Kohl fette Raupen zu Dutzenden — aber alles war im Nu vertilgt, und das Eßgeschirr ging so sauber zurück, als wäre es gespült worden.) Die Burschen, die aus allen Ecken Frankreichs kommen. Ihre verschiedenen Akzente. Die sich bildenden Gruppen. Die Suche nach Schülern, die aus derselben Gegend stammen wie man selbst. Mein Zimmernachbar, der jeden Abend, den Kopf unter der Decke, heftig schluchzt, wochenlang. Die Schikanen der Älteren, die jede Gelegenheit nutzen, uns zu erpressen (Geld, Lebensmittelpakete); am Ausgang des Speisesaals müssen wir ihnen unsere Scheibe Brot und unsere Nachspeise abliefern (drei verfaulte Feigen, ein mageres Stück Käse). Einer von uns wird in die Krankenstation eingeliefert mit Verbrennungen dritten Grades auf dem Rücken: Ältere hatten ihm Konservendosen als Schröpfköpfe aufgesetzt. Morgens, nach der ›Entschlackungskur‹ auf dem ehemaligen Jahrmarktsplatz neben der Kaserne, ein Becher schlechten, kaum gesüßten Kaffees mit einer hauchdünnen Scheibe Brot, dazu eine Sardine mit einer Tomate. Der Zwang, sich genau zur selben Zeit wie die anderen hierzu einzufinden; schon die kleinste Verspätung bedeutet, daß man einen abgeräumten Tisch vorfindet. Sonntag nachmittags die endlosen Spaziergänge die Straßen entlang, und dann die beiden Unterrichtsstunden, die durch den Hunger endlos lang werden. Die verfluchten Tage, an denen der Mistral bläst und heult und einen anfällt. Das Warten am Abend, zwischen acht und zehn Uhr, bis der diensthabende Unteroffizier zum Appell antreten läßt und kontrolliert, ob auch alle da sind. Das Hornsignal, wenn das Licht gelöscht wird. Die eiskalten Laken aus dickem rauhem Leinen. Und dann klappern die Zähne vor Kälte, und man wartet darauf, daß der Schlaf kommt. Der Augenblick, den ich am meisten fürchte. Der einzige vielleicht am Tag, der einen mit sich allein sein läßt. Das quälende Heimweh nach der Familie, dem Dorf, den vergangenen Jahren. Das Leiden unter der Trennung, durch das man die Existenz der Zeit entdeckt. Die immer gleichen Tage und Wochen, und das Gefühl, daß die Zeit überhaupt nicht mehr vergeht, ein bißchen wie auf einem Schiff im offenen Meer, wenn man keinen Anhaltspunkt dafür hat, daß es von der

Stelle kommt. Und Angst schnürt mir die Kehle zu, als ich begreife, daß ich mit niemandem mehr rechnen kann, daß ich nun selbst allem die Stirn bieten muß und daß es keine Möglichkeit gibt, diesem Leben zu entkommen, das von nun an für mehrere Jahre mein Los sein wird.

Die ersten freien Tage. Wir sind außer Rand und Band, nichts kann uns mehr halten. Zurück in der Familie, aber man kann nicht sprechen; denn nichts ist, wie es war. Das Bewußtsein, ein anderer geworden zu sein. Die Scham über die Uniform. Die Tage überschattet vom Gedanken an die Rückreise; ich weiß von jetzt an, was es heißt, drei Monate lang warten zu müssen. Die unglaubliche Beschleunigung der Zeit. Kaum beginnt man, zu vergessen und sich treiben zu lassen, muß man schon wieder in den Zug steigen. Die Angst, daß ich mich verfahre. Die Angst, auf der Fahrt allein zu sein.

Aix-en-Provence, wo die Schule nun untergebracht ist. Von neuem die Routine. Wegen der Kälte ist das zweite Trimester bei weitem härter als das erste. Die Finger werden bald unförmig durch die Frostbeulen, die Haut platzt auf, und aus den Schrunden, die zwei oder drei Monate brauchen, bis sie zugeheilt sind, läuft immer wieder ein dünner Faden Blut. Husten und Schnupfen. Das eine Taschentuch, das einem pro Woche zugeteilt wird, ist bereits eine Stunde nach der Ausgabe nicht mehr zu gebrauchen. Man schneuzt sich in Blätter, die man aus den Heften reißt. Aber eines Tages kommt die Strafe dafür, daß man nicht mehr die vorgeschriebene Anzahl von Heften vorweisen kann. Dann bleibt einem nur noch, auch wenn man sich noch so beschmutzt fühlt, sich mit den Fingern zu schneuzen und sie an der Wand oder am Stuhlbein abzuwischen. Aber dann gehen auch diese Wochen zu Ende, und schließlich auch die Monate. Ostern. Abfahrt, Rückkehr. Drittes Trimester. Die großen Ferien.

Schon wieder Schulbeginn. Und wieder das gleiche Leben. Die Freude, meinen Zugführer wiederzusehen. Der Graus vor den Deutschstunden. Ein Arbeitstier von Lehrer, aber keine Ahnung von Psychologie. Er stellt mir eine Frage. Ich stehe auf, glücklich, daß ich mein Pensum gelernt habe. Aber ich habe solche Angst vor ihm, daß ich zu stottern anfange. Setzen. Null Punkte. Die Razzien der Älteren, die Diebstähle, die Schlägereien. Der Trübsinn. Kälte und Hunger. Die Zeit bleibt wieder stehen. Die Augenblicke bitterer Melancholie, wenn die Abenddämmerung kommt. Das Gefühl, daß ich niemals mehr meine Familie sehen werde. Der Tauschhandel mit einem Brief, den ich lesen darf, wenn ich dafür ein Stück Brot hergebe oder etwas abarbeite. Die Aufregung in der Kompanie, als einer von uns eine große Dummheit gemacht hat und die Disziplin verschärft wird. Die Mutlosigkeit. Die Anfälle von Depression. Und immer wieder die Frage: Werde ich durchhalten? Aber auch die Augenblicke, in denen Rabatz gemacht wird, die Kissenschlachten, das Vergnügen, wenn man einem unserer Kommandeure einen Streich gespielt hat und einer Strafe entgangen ist.

Oder auch die Unterrichtsstunden, in denen wir an den Lippen eines unwahrscheinlich sympathischen, lustigen und wohlbeleibten Unteroffiziers hängen, der unsere uneingeschränkte Bewunderung genießt. Ohne sich lange bitten zu lassen, wenn auch angestachelt durch unsere Fragen, erzählt er in allen Einzelheiten von seinen Taten in den Bordellen von Marseille. Oder von seiner Tapferkeit bei der Niederschlagung eines Aufstands auf Madagaskar, und wie er mit der Machete den gefangengenommenen Rebellen den Schädel spaltete.

Gelegentlich unterbricht ein unerwartetes Ereignis die Einförmigkeit der Tage... Einer der besten Schüler unserer Klasse wird krank und geht ins Krankenrevier. Er wird als Drückeberger abgewiesen. Zwei Tage später geht er wieder. Er wird bestraft. Nach drei Tagen stirbt er an Bauchfellentzündung.

Oder jener wachhabende Unteroffizier, der sich lang-

weilt... Eines Abends versammelt er die dreißig Schüler
seines Zuges im ›Laden‹, dem Raum, in dem die Gerät-
schaften der Kompanie gelagert werden. Er läßt einen vor-
treten, den, der sich an den Rhythmus des Lebens in der
Schule nicht gewöhnen kann, einen Begriffsstutzigen, der
nie richtig begreift, was man von ihm verlangt, und der
natürlich die Zielscheibe unseres Spotts ist. Er stellt ihn
mit dem Rücken gegen eine Wand und bindet ihn fest.
Ihm gegenüber, auf der anderen Seite des Raumes, läßt
er etwa zehn Schüler Aufstellung nehmen und teilt Gewe-
re an sie aus. Geräusche von sich öffnenden und sich schlie-
ßenden Gewehrschlössern und von Gewehrkolben, die auf
dem Boden aufstoßen. Er zählt umständlich auf, was er
diesem Schüler, der nur Sand im Getriebe sei, vorzuwerfen
hat. Dann das Urteil: Tod durch Erschießen. Und die ge-
spielte Hinrichtung.
Vor fünf Tagen nach Lyon zurückgekehrt, schrieb ich, als
diese Erinnerungen mich nicht loslassen wollten, eine kleine Erzählung. Sie gibt sich aus als Teil eines Tagebuchs,
in dem festgehalten ist, was ich seit meinem zwölften Lebensjahr erlebt habe — nüchtern konstatierend, ohne
Kommentare, ohne meine Reaktionen und Gefühle zu er-
wähnen.
(Pola hat gerade die paar Seiten gelesen, und es bereitet
mir Vergnügen, daß sie glaubte, sie seien tatsächlich in den
ersten Monaten meines Kasernenlebens abgefaßt worden.
Wenn es nur so gewesen wäre! Es würde ja bedeuten, daß
das Schreiben für mich nicht ein solcher Kampf gewesen
wäre.)

Zur vorstehenden Notiz noch folgendes: Jener Abschnitt
meines Lebens liegt weit zurück. Um so mehr überrascht
mich der Ansturm von Erinnerungen, die ich längst versunken glaubte. Wenn ich mich dazu verleiten ließ, sie hier
zum ersten Mal auszubreiten, bleibe ich mir bewußt, daß
die Schikanen, Brutalitäten und Erniedrigungen, deren Op-

fer wir manchmal wurden, immer nur Bagatellen waren (der »Erschossene« hat sich freilich nie wieder von seiner Hinrichtung erholt). Ich verliere keineswegs aus den Augen, daß das, was ich da zu ertragen hatte, in keiner Weise verglichen werden kann mit dem, was Männer und Frauen meiner Generation, und vor allem der Generation davor, durch das Verhalten der Gesellschaft und die Stürme der Geschichte erleiden mußten. (Nicht zu reden von denen unter uns, die sich zur Armee verpflichten mußten, weil sie ihr Examen nicht bestanden oder die Aufnahme in die Oberstufe nicht geschafft hatten, und die ein paar Monate später, noch nicht neunzehn Jahre alt, in den Reisfeldern von Indochina ihr Leben ließen.)

Juni 1980

Wie viele Jahre hat mich die Erinnerung an jenen Augenblick bedrückt...

In Jujurieux. Ein Märzmorgen, ich bin fünfundzwanzig Jahre alt. Wir stehen früh auf, damit wir vor acht Uhr in Lyon sind. Es ist kalt. Angst. Erschöpfung. Ekel vor dem beginnenden Tag. Ich stoße die Fensterläden auf, und was ich sehe, ist wie ein Faustschlag ins Gesicht: Unser Nachbar, ein über siebzigjähriger Maurer, ein hagerer, kräftiger, rechtschaffener, heiterer Mann, begibt sich singend zu seiner Arbeit.

September 1980

Menschen ohne Persönlichkeit, die bereit sind, sich dem ganz auszuliefern, was sie beherrschen wird, können eines Tages fürchterlich werden.

Nach zwanzig Jahren Arbeit entdecke ich, was ich nie für möglich gehalten hätte: Schreiben kann auch ein Vergnügen sein.

Vergraben in die Arbeit. Und ich fühle mich so wohl, daß

alles andere mir als nebensächlich erscheint. (Nein, es handelt sich nicht um die widerwärtige Ichbesessenheit des Künstlers, der einzig und allein mit sich selbst beschäftigt ist und mit dem, was er zu machen versucht. Denn ich komme gerade durch die Arbeit meinen Mitmenschen am nächsten, dringe durch sie am tiefsten in das Leben ein.)

1981

Mai 1981

Mit Henri und Germaine bei Pierre und Régine, um mit
Champagner und Umarmungen den Sieg Mitterands zu
feiern.

Die geistige Blindheit gibt dem Blick die Macht, das, was
er sieht, völlig zu verfälschen.

Daß ich das nicht früher erkannt habe: Was ich das Ich
nenne, ist die Wurzel des Faschismus, den jeder in sich
trägt.

Die sich vom Unverhofften nichts mehr erhoffen — wie
können die noch leben?

September 1981

Die Schatten, die über meinem Leben liegen. Manchmal
freue ich mich sogar über sie (was nicht heißt, daß ich mich
mit ihnen abfinde). Denn immer, wenn ich versucht sein
könnte, andern gegenüber zu streng zu sein, sind sie zur
Stelle, ziehen mir einen Peitschenhieb über und ermahnen
mich, mich erst einmal selbst zu betrachten.

Das Problem der Linken: Wie kann man einen moralischen
Standpunkt geltend machen in einer Welt, die sich befleißigt, die Moral zu ignorieren?

Oktober 1981

Gespräch mit Pierre Gascar. Dieser Zweifel an dem, was ich bin und tue. Unüberwindbar. Bekomme ich Zustimmung oder Lob, so bemühe ich mich, ihnen ihre Berechtigung abzusprechen. Ich denke dann, der andere ist nicht aufrichtig. Oder er will mir nur eine Freude machen. Oder er fühlt sich von einer bestimmten Passage angesprochen und überträgt nun seine Gemütsbewegung oder seine Passion auf das ganze Buch. Meine verblüffende Fähigkeit, alles zu torpedieren, was mir helfen könnte, auch nur ein wenig Selbstvertrauen zu erlangen. Unglücklicherweise ist das kein selbstgefälliges Spiel. Es ist ein Verhängnis, das ich erleide und gegen das ich unablässig, wenn auch vergebens, kämpfe.

November 1981

Wie kümmerlich, wie dürr sind meine Worte. Wie kann ich es wagen, sie zu gebrauchen, um jene einzigartigen Stunden zu beschreiben? Eine so ungewöhnliche Erfahrung läßt sich nicht in Worte fassen. Trotzdem muß ich die Spuren des Erlebten hier zu bewahren suchen.

Es war vor ungefähr zehn Jahren. Am frühen Nachmittag steige ich in Paris in den Zug. Ich bin in einem ganz normalen Zustand, normaler geht's nicht.

Etwa eine Stunde später, ich befinde mich allein im Abteil, nimmt das Licht von mir Besitz. Ein bernsteinfarbenes, sämiges, laues, friedliches, unsagbar sanftes Licht. Der Raum hat sich gedehnt, und mit dem Abteil bin auch ich größer geworden. Über allem aber herrscht der Friede und die Stille, die mich ergriffen haben. Eine Stille, wie ich sie nie zuvor kannte, unangreifbar und tief; sie verschluckt die Geräusche, läßt sie mich aber noch wahrnehmen.

Ich sehe das alles und bin doch ein Teil davon, und so kenne ich auch kein Staunen. Ein Mann mit einer khakifarbenen Tasche spricht mich an, und ich stehe ihm gegenüber im Gang. Seine Worte kommen von sehr weit her, und doch kann ich sie deutlich hören. Und immer dieses ruhige, reiche, fleischige, gleichmäßige Licht, ein warmes Rostrot, das in mir strahlt und sich üppig über die Landschaft ergießt, die hinter dem Fenster vorbeihuscht.

Es gibt keine Ängste mehr, keine Furcht, und da auch die Zeit nicht mehr ist, bin ich in einen Frieden hineingenommen, von dem ich ahne, daß er niemals enden wird. Kein Denken. Die Vergangenheit ist aufgehoben, und die Zukunft existiert nicht. Nur eines gilt: die tiefe Heiterkeit, die mich erfüllt. Nichts kann dieses unendliche Wohlsein bedrohen.

Bei meiner Ankunft in Lyon ist alles versunken. Das Gedränge, der Lärm sind wie eine Wunde. Die Lampen leuchten, geben aber kein Licht. Von fern her, undeutlich, verspüre ich ein starkes Bedürfnis, mich zu verbergen, mich auf das gerade Erlebte zurückzuziehen, mir nicht alles nehmen zu lassen durch das brutale Eindringen dieser Welt, die ich ganz und gar vergessen hatte.

Am nächsten Tag nach Jujurieux, obwohl ich am liebsten das Sprechen vermieden hätte und allein geblieben wäre. Dann bei meinem Vater.

Strahlender Sonnenschein, und trotzdem das zumindest merkwürdige Gefühl, daß kein Licht da ist, daß die Nacht beginnt.

Eine andere Erinnerung, die mit dieser nichts zu tun hat und die ich doch von ihr nicht trennen kann: Mein Vater befindet sich auf einer Wiese, um seine Kühe zu hüten. Ich sehe ihn nirgends. Der Nordwind weht. Es ist kalt. Ich finde ihn hinter einer Hecke ausgestreckt, Kopf und Schultern eingehüllt in einen Kartoffelsack aus grober Jute.

Ein unauslöschliches Bild. Ich kann es nicht analysieren, bin tief betroffen, diesen Mann so daliegen zu sehen, gegen die Hecke gedrückt, unter der klaren Mittagssonne eines Oktobertages, als ob schon die Dämmerung regierte.

Die Kastanienbäume und die Platanen des Bellecour-Platzes sind, mit dem Himmel und den beiden Flüssen, der einzige Kontakt, den ich hier mit der Natur habe.

Die Kastanienbäume sind meine Begleiter im Jahreskreis. Im Winter sehe ich gerne, wie sich ihre hohen Äste als starre schwarze Striche von dem matten Grau oder Blau des Himmels abheben.

Im Februar, manchmal sogar im Januar, beginnen ihre Enden zu schwellen und zu glänzen. Aber ein Kälteeinbruch zügelt dieses erste Erwachen.

März. Jeden Morgen und jeden Abend werfe ich im Vorübergehen einen Blick auf diese Knospen, die sich anschikken aufzubrechen, immer größer werden und dann platzen. Und in der schwarzen klebrigen Schale, die aufspringt, erscheinen die mattgelben, samtigen Keimlinge, denen die ganze Bedrohtheit eines solchen ersten Beginnens anzusehen ist. Kampf, Konfrontation, der Schatten der überwundenen Schwierigkeit — die ersten ungelenken Bewegungen des Kindes, die rührenden Anstrengungen des Kälbchens oder des gerade geborenen Fohlens, das sich schon streckt, seine ersten Bewegungen wagt, sich abquält, um auf die Beine zu kommen, einknickt, sich aufrichtet und schwankend steht.

Gelb noch, werden diese Keimlinge kräftiger, sie wachsen, weiten sich und behaupten sich bald in einem Grün, das zunehmend intensiver wird.

Eine seltsame, jedes Jahr neue, tief bewegende Freude: zu sehen, wie die wachsenden Knospen zu Hunderten aufspringen. Oder eines Abends, wenn die Dunkelheit zunimmt, der Himmel aber noch letzte Lichtspuren aufweist, ein wenig abseits vom Platz diese dunkle Fläche zu entdecken, die eingehüllt ist von einem mattgelben Schimmern.

Intensive Arbeit im Innern des Stammes und der Zweige. Nach und nach setzt sich das Grün durch, behauptet sich, verdrängt die schwarze Farbe.

Maianfang mit Regengüssen. Dann gleißende Sonne, und man staunt über diese überquellende grüne Masse, die nun durchsetzt ist von weißen Blütentrauben in Hülle und Fülle.

Üppigkeit. Übermaß an Leben. Wie ein Anruf, eine Aufforderung zu erwachen, sich diesem Wachsen anzuschließen, an diesem Aufblühen teilzunehmen.

Langsame Sommertage. Die Sonne brennt, aber die Hitze entströmt auch dem Teer. Am Ende des Tages bleibe ich am Becken stehen, in dem eine Taube badet. Wohltuende Frische unter dem dicken Laubdach, und wenn das Licht schwindet, ist das Dunkel so dicht, daß das Auge zuerst kaum etwas sieht.

Ende September. Freude, wieder in der Stadt zu sein. Die Blätter haben ihren Glanz verloren und jenen brennenden Lebensdrang, dank dem sie sich entfalten und zum Himmel strecken konnten. Staubbedeckt. Entsagend. Niedergebeugt zur Erde.

Nebel der Melancholie. Niedergang. Langsam nähert sich der Tod...

Das Blatt umgibt sich mit einem dünnen gelben Saum, der immer breiter wird, bis sich das Gelb schließlich über das ganze Blatt ausdehnt. Und zwei oder drei Wochen später ist da eine ganze Farbpalette, die von Dunkelgrün bis zu Rostrot und Gold reicht und an der ich mich nicht sattsehen kann.

Vergnügen, durch die den Boden bedeckenden Blätter zu gehen, aus denen ein leichter Geruch von Fäulnis steigt.

Flackernd verlöschender Glanz — Herbst, du meine Jahreszeit... Eine Jahreszeit, die sich für mich in eine Frau verwandelt hat, die reich ist an Früchten und Gaben und an jenem mütterlichen und allmählich nachlassenden Licht, das mich so rührt, erregt und mir das Herz zerreißt, das mir vom Tode spricht und meine Liebe zum Leben um so heftiger werden läßt... Licht, das mir ein Drama enthüllt. Licht, an dem ich mich berausche. Von dem ich soviel wie möglich in mich aufnehme, bevor es mich der Kälte überläßt und dem Rätsel der Nacht.